Hanna Ratuszna / Adam Jarosz
(Wyd.)

ŻYCIE I TWÓRCZOŚĆ
GABRIELI ZAPOLSKIEJ

Hanna Ratuszna / Adam Jarosz
(Wyd.)

ŻYCIE I TWÓRCZOŚĆ
GABRIELI ZAPOLSKIEJ

ibidem-Verlag
Stuttgart

Bibliografische Information der Deutschen Nationalbibliothek
Die Deutsche Nationalbibliothek verzeichnet diese Publikation in der Deutschen Nationalbibliografie; detaillierte bibliografische Daten sind im Internet über http://dnb.d-nb.de abrufbar.

Bibliographic information published by the Deutsche Nationalbibliothek
Die Deutsche Nationalbibliothek lists this publication in the Deutsche Nationalbibliografie; detailed bibliographic data are available in the Internet at http://dnb.d-nb.de.

Coverabbildung: Gabriela Zapolska (1857-1921), ca. 1885. Quelle: National Digital Library Polona, unter http://www.polona.pl/dlibra/doccontent?id=8413&from=FBC.Public Domain.

∞

Gedruckt auf alterungsbeständigem, säurefreien Papier
Printed on acid-free paper

ISBN: 978-3-8382-0516-8

© *ibidem*-Verlag
Stuttgart 2013

Alle Rechte vorbehalten

Das Werk einschließlich aller seiner Teile ist urheberrechtlich geschützt. Jede Verwertung außerhalb der engen Grenzen des Urheberrechtsgesetzes ist ohne Zustimmung des Verlages unzulässig und strafbar. Dies gilt insbesondere für Vervielfältigungen, Übersetzungen, Mikroverfilmungen und elektronische Speicherformen sowie die Einspeicherung und Verarbeitung in elektronischen Systemen.

All rights reserved. No part of this publication may be reproduced, stored in or introduced into a retrieval system, or transmitted, in any form, or by any means (electronical, mechanical, photocopying, recording or otherwise) without the prior written permission of the publisher. Any person who does any unauthorized act in relation to this publication may be liable to criminal prosecution and civil claims for damages.

Printed in Germany

Spis treści

„Auf dem Weg zum Parnass" – Eine Erinnerung an Gabriela Zapolska
Hanna Ratuszna 7

„W drodze na Parnas" - wspomnienie o Gabrieli Zapolskiej
Hanna Ratuszna 35

Temat Zapolskiej
Jarosław Ławski 61

Gabrieli Zapolskiej zwycięstwa i porażki w batalii o „nową sztukę"
Maria Jolanta Olszewska 87

„Kilka gestów tragicznych nie starczy." - Gabriela Zapolska a dramat symboliczny epoki
Adam Jarosz 119

„... aby ta śliczna historia inaczej wyglądała...". O niepowodzeniach i powodzeniach filmowych adaptacji Moralności Pani Dulskiej
Piotr Skrzypczak: 133

Paryż jako przestrzeń nowoczesnego spektaklu
Piotr Siemaszko 145

Widok z okna. Lwowskie felietony Gabrieli Zapolskiej
Anna Janicka 157

Kultura wsi i przedmieść w prozie Gabrieli Zapolskiej
Violetta Wróblewska 173

Higiena jako mechanizm biowładzy. Uwagi o *Przedpieklu* Gabrieli Zapolskiej
Dariusz Brzostek 191

O tym, „o czym się nie mówi" – tabu w twórczości Gabrieli Zapolskiej
Agnieszka Straburzyńska-Glaner 201

Sztuka polska w pismach Gabrieli Zapolskiej
Piotr Rosiński 215

Hanna Ratuszna

„Auf dem Weg zum Parnass"
– Eine Erinnerung an Gabriela Zapolska

Das Schaffen von Gabriela Zapolska gehört der Epoche des polnischen Modernismus an. Die Künstlerin debütierte in der Zeit des späten Positivismus. In ihren Werken analysierte sie die schwierige Lage der Frauen, die am häufigsten den „gesellschaftlichen Niederungen" entstammten. Ebenfalls interessierte sie sich für die Probleme des künstlerischen Milieus, insbesondere für die des Theaters. Mit dem Theater verband sie ihr Los ziemlich früh. Sie debütierte auf den polnischen Bühnen als eine sog. Charakter-Schauspielerin (sie spielte die Rollen einer Liebhaberin). Zapolska – außer dem schlechten Ruhm (die damalige Lage der Frauen, insbesondere der Künstlerinnen, war nicht die beste), wurde jedoch nicht berühmt. Für viele Künstler der polnischen Bühne war sie keine nennenswerte Person. In zahlreichen Memoiren, Tagebüchern der Gründer des polnischen Modernismus wie Przybyszewski, Miciński oder Żeromski fehlen Erwähnungen über ihre Tätigkeit. Sie verbrachte viele Jahre in Paris, wovon die reiche Korrespondenz u. a. mit Stefan Laurysiewicz zeugt. Die Pariser Zeit gestaltete sie als eine bewusste Künstlerin, die sich den neuen Strömungen öffnet, eine Freundin der Bildkunst.

Der europäische Werkkontext

Die Pariser Briefe an Stefan Laurysiewicz umfassen die Zeit der Ankunft der Künstlerin in der Hauptstadt Frankreichs bis zum Jahre 1892 (zu dieser Zeit sind die Beziehungen der beiden am intensivsten, später ändert sich der Ton der Korrespondenz). Es lohnt sich, diese Briefe als ein wertvolles Material für Zapolskas Biographie zu betrachten – trotz vieler wichtiger Arbeiten (Rurawski, Czachowska) –, die voll von Lücken und nicht zu Ende Gesagtem ist.

Eigentlich weiß man nicht, in welchen Umständen die Künstlerin den jungen, vielversprechenden Künstler – Kaufmann kennen lernte? Er war u. a. einer der Teilnehmer an den Aufführungen, die von einer sog. Kolonie organisiert wurden

– einer Gruppe von Polen, die vorübergehend in Paris wohnten. Indem Zapolska am Leben dieser Gruppe teilnahm, knüpfte sie neue Bekanntschaften an, die häufig zu ungewöhnlichen, emotional intensiven Beziehungen wurden. Zu dieser Zeit war sie bereits eine bekannte Person, eine Schauspielerin von polnischen Wandertheatern und eine Romanautorin (etwa *Małaszka*). Ihre Ankunft in Paris war mit dem Wunsch verbunden, eine Berühmtheit zu erlangen, obgleich sie gleichermaßen eine Flucht von Menschen und Situationen war.[1]

Die Ankunft und dann auch die Beziehung mit dem zehn Jahre jüngeren Stefan Laurysiewicz fanden keine Zustimmung der Umgebung. In einem der Briefe belehrt Zapolska ihren Freund folgendermaßen:

„Vernichte alle meine Briefe, ich bitte Dich darum. Die Väter haben in solchen Fällen keinerlei Skrupel. Sie tun, als ginge es um des Kindes Glück und stöbern in allen Ecken! Man soll sich in der Hinsicht keine Illusionen machen. Auf diese Weise kann der Vater auf die Spur unserer Beziehung stoßen und drauf los auf den Soplica! Unterschätze meine Ratschläge nicht, ich bitte Dich! Ich flehe Dich an! Mach es auch nachher, immer wieder bei Erhalt, vernichte sie! Trage nie einen Brief bei Dir, weil Du tief schläfst, und die Kleidung zieht man für die Nacht aus!"[2]

Die Vorwarnungen hatten nicht nur den „Schutz" des Sohnes vor dem Vater zum Ziel, sie waren auch verzweifelte Versuche, seinen eigenen durch die früheren Ereignisse stark in Mitleidenschaft gezogenen Namen zu verteidigen. In einem anderen Brief an Laurysiewicz schrieb Zapolska:

„... Meine zwei Tanten, alte Jungfer, von denen ich Dir erzählte, sagten, ‚es sei entsetzlich, was vor sich gehe! Jetzt riss Lunia den jungen Laurysiewicz an sich und ließ ihn nicht wegfahren, zu seiner Verlobten zurückkehren.' Weiter erzählten sie, dass Du meinetwegen ein sehr ehrliches und rechtschaffenes Fräulein gemein verließest (!), dass Du von mir benommen ihre Zukunft zerschlügest..."[3]

---

[1] G. Zapolska, Listy do S. Laurysiewicza [im Folg. für die Ausgabe als: Zapolska an S. L.], 11. Apr. 1892, in: Gabriela Zapolska, [Listy] Briefe, zebrała [besorgt von] St. Linowska, Warszawa 1970, tom [Bd.] 1., S. 319. Es sei daran erinnert, darauf weisen ebenfalls die Erwähnungen in den Briefen hin, dass die Künstlerin auch mit der nächsten Familie im Konflikt stand. In einem Brief vom 11. Apr. 1892 schreibt Zapolska: „Man tat mir eine Gemeinheit an. Jemand schickte an Papa nach Wolhynien einen anonymen Brief, dass ich bei Chirac spielte, in dieser berühmten Aufführung im Théâtre Realiste, in dem die Polizei den Vorhang fallen ließ. Dieser Jemand... - natürlich meine Mutter...", ebd.
[2] Zapolska an S. L., Paris, 21. Apr. 1891, Sonntag, S. 187.
[3] Zapolska an S. L., Paris, 22. Sept. 1891, S. 230.

Stefan Laurysiewicz wurde in einer Adelsfamilie großgezogen. Sein Vater Władysław war Zuckerfabrikdirektor in Dobrzelin, und eben in diese Richtung forcierte er die Ausbildung seines Sohnes, mit ihm verband er große Hoffnungen.

Noch als Student war Laurysiewicz in bildungssozialistischen Geheimgesellschaften tätig, was im Endeffekt zu einer Zwangsemigration führte. Im Jahre 1889, in Angst vor Verhaftungen, wurde er zur Ausreise nach Paris gezwungen. Hier blühte eben seine Beziehung mit Gabriela Zapolska auf, die 1890 in der Stadt an der Seine erschien.

Welch großen Eindruck auf ihn die Stadt der Freiheit, Ungebundenheit und Kunst sowie das Treffen mit einer außergewöhnlichen Frau machte, davon kann ein Fragment eines nächsten Briefes zeugen, in dem sich Zapolska für die unverhoffte Romanze entschuldigt:

„Ich sagte mir: Er ist jung! Hier in Paris hat er niemanden. Er hat mich herzlich gern, es stimmt, doch dafür haben andere Gegebenheiten einen Einfluss. Die Vereinsamung, das Vergessen seiner Nächsten, der Kampf mit dem Vater..."[4].

Die Briefe an Stefan Laurysiewicz umfassen eine überaus reiche Sammlung, in der neben Persönlichem, das unmittelbar mit den erlebten Gefühlen verbunden ist, auch interessante Reflexionen über die Bildkunst, moderne Tendenzen in der Malerei, über die Bühnenkunst (die Bemühungen der Künstlerin um einen Platz auf der Pariser Szene, der Aufenthalt im Theater von Antoine) sowie die Literatur auftauchen.

Die Pariser Periode ist für Zapolska eine Zeit ungewöhnlicher künstlerischer und gesellschaftlicher Erfahrungen. Die Beziehung mit Laurysiewicz sensibilisiert sie für die Bildkunst, lässt sie sich den modernen Tendenzen in der Malerei öffnen, mit denen zusammen die Diskussion über die damalige Kunst, Literatur beginnt. Die Künstlerin, „erzogen in der Schule des Naturalismus", findet als Schauspielerin „naturalistische Lösungen" im Theater von Antoine. Durch die Kontakte mit der Weltmalerei, dank Laurysiewicz' Unterstützung, beginnt sie, den Symbolismus zu verstehen, sie öffnet sich auch der impressionistischen Kunst.

---

[4] Zapolska an S. L., Paris, 14. Juli 1891, S. 198.

Die Schauspielerin und die Kritikerin

Zapolska gewinnt Laurysiewicz für die Zusammenarbeit mit Adam Wiślicki, dem Redakteur der Wochenrevue „Przegląd Tygodniowy". Die Künstlerin selbst ist eine unermüdliche Korrespondentin der „Revue", sie schickt nach Polen ihre neuen Werke sowie „Pariser Briefe", Künstler – Feuilletons.

Laurysiewicz veröffentlichte dank dieser Vermittlung drei Skizzen: „Die Ausstellung der Unabhängigen in Paris" und „Im Salon der französischen Pastellmaler" (Nr. 17. und 20.) sowie „Neue Richtungen der Malerei in Frankreich" (Monatsbeilage zur Wochenrevue „Przegląd Tygodniowy", S. 597, Erstes Halbjahr)[5]. Aus Zapolskas Briefen geht hervor, dass ihr junger Freund ebenfalls damit liebäugelte, eine Skizze über ihr Schaffen zu schreiben. Laurysiewicz war zweifellos von der impressionistischen Kunst bezaubert, obwohl er sich über Impressionisten nicht schmeichelhaft äußerte:

„Ich werde nicht weit von der Wahrheit entfernt, wenn ich sage, dass die Mehrheit von diesen Bildern einer Wüste ähnelt, welche die Kinder auf den Landkarten mithilfe einer kleinen Bürste machen, die in eine entsprechende Farbe getaucht wird, von der sie einen filigranen Regen spritzen lassen, indem sie diese gegen die Borsten ziehen, oder – besser noch – es ist ein Wettbewerb, den man für Zimmermaler veranstaltet, indem man sie auf den Wanderwegen marmoriertes Muster machen lässt, der durch den Schlag eines nass gemachten Pinsels gegen ein Stück Holz entsteht"[6].

Dieser Widerwille, wie Ewa Korzeniowska im *Vorwort* der publizistischen Schriften vermuten lässt, entsprang wahrscheinlich den „Rezipienten-Erwartungen"[7]. Zapolska zeigte anfangs kein Interesse für bildende Künste[8]. Wie anzunehmen ist, wurde eben der gebildete Laurysiewicz ihr Leiter, Orakel im Bereich der Kunst. Durch ihn engagierte sie sich in die Reflexionen über die Bildkunst, analysierte Meisterwerke, nahm an Ausstellungen teil, begann die Kunstwerke zu sammeln. In einem der Briefe an Laurysiewicz gab Zapolska sogar zu:

---

[5] E. Korzeniewska, in: G. Zapolska, Publicystyka [Publizistik], Bd. 1., J. Czachowska / E. Korzeniewska (Bearb.), Wrocław, Warszawa 1958, S. LVII.
[6] Ebd. S. LVII.
[7] Ebd.
[8] Ebd.

"Du gabst mir viel, Licht und Farben"[9]

sowie

„Mit Dir ist etwas anderes. Man konnte eine Empfindung teilen und das, was man mit Dir sieht, und obwohl ich manchesmal einen ästhetischen Fauxpas beging, Du reparietest ihn stets und berichtigtest..."[10].

In privaten Briefen sprach Zapolska ungezwungen über die Kunst, kommentierte auch Laurysiewicz' Äußerungen, benutzte seine Notizen und Anmerkungen:

„Schreib mir was auch immer, eine kleine Notiz über Pissarro – Du weißt, über diesen Impressionisten"[11].

In einem Brief unter dem Titel „Neue Richtungen in der Kunst" an die Wochenrevue „Tygodnik Powszechny" rekonstruiert Zapolska die Impressionismusquellen, sie schreibt auch über die herrschenden Unterschiede zwischen einem „Maler-Handwerker" und einem „Maler-Künstler". Indem sie diese zwei Strategien analysiert, ruft sie positivistische Gesichtspunkte in Erinnerung, laut deren die Kunst einen gesellschaftlichen Widerhall, ein Engagement erlangen muss, sie stellt auch Künstler dar. Unter ihnen erscheint Pissarro – von ihr hoch geschätzt. Dieser Maler: „..., da er sich an eine Doktrin nicht blindlings hält, verwendet Pointilismus und erreicht positive Ergebnisse"[12].

Zapolska schreibt ebenfalls interessant über die Bilder von Van Gogh, bemüht sich, ihre Einzigartigkeit zu erfassen, etwas, was sie vor dem Hintergrund der Errungenschaften von Impressionisten unterscheidet. Eine Originalität findet sie in einer in den Bildern dieses Künstlers gegenwärtigen symbolistischen Landschaft, einer symbolischen Objektkonfiguration wieder. Es sei erwähnt, dass die Künstlerin den Symbolismus in den Bildern von Van Gogh „sehr modern auffasst", beinahe im Geiste der Lehren von Przybyszewski. In einem der Feuilletons schreibt sie:

„Der Symbolismus ist also ein vollkommenster Individualismus und jeder der Symbolisten gibt uns in seinem Bild, indem er das Können in Beherrschung von Farben und deren Verbindung zu Hilfe ruft, ein Stück des Zustands seiner Seele, einer solchen,

---

[9] Zapolska an S. L., Paris, 14. Juni 1891, S. 199.
[10] Zapolska an S. L., Paris, 10. August. 1891, S. 211.
[11] E. Korzeniewska, G. Zapolska, Publicystyka [Publizistik], zit. S. LVII.
[12] Ebd. S. 299.

wie sie im Moment des Schaffens war – d. i. keiner Photographie-Sklavin, sondern einer freien, ungezwungenen Seele, die im Augenblick der Inspiration nicht zögert."[13].

In dieser Äußerung, in der das Prinzip einer photographischen Wiedergabe kritisiert wird, erscheint die Kategorie der Eingebung. Die Modernisten betonten ziemlich konsequent die Eingebung als ein „schöpferisches Element", ein „Element", ohne das es nur schwer fällt, über einen schöpferischen Akt zu sprechen. Ignacy Matuszewski schrieb im Artikel „Kunst und Gesellschaft":

„...Lässt der Künstler die Eingebung rücksichtslos auf sich wirken, d. h. aufrichtig und ehrlich die Eindrücke wiedergeben, welche die Welt und das Leben auf ihn ausüben, so kann er kein unmoralisches Werk erschaffen, denn die Welt und das Leben sind für sich allein weder moralisch noch unmoralisch..."[14].

Der Kritiker verband also diesen Begriff mit einem allgemeinen Verständnis von Kunstaufgaben, Kunstzielen, insbesondere aber mit den Ethikfragen. Ebenfalls wird für Artur Górski das Kunsterlebnis eine „lebende Wahrheit"[15]. Zapolska verbindet diese Fragen; die höchste, wahre Kunst zeigt sich also durch die Originalität und Eingebung. Sie nennt Van Gogh einen Wahnsinnigen – sie schreibt über die Seele eines Wahnsinnigen, der aber die Dinge „mit Verstand und nüchtern"[16] schaut, zugleich aber betont seine Kunst, die sich in der Naturbetrachtung offenbart, in einem Können symbolischer Darstellung. In der Analyse des Bildes „Gaugins Sessel" aus dem Jahre 1888, die eines der Feuilletons beinhaltet, machte Zapolska auf die Darstellung der Objekte aufmerksam, auf ihre Konfiguration, gänzlich überging sie aber die Fragen der Form, der künstlerischen Technik; mit Recht interpretierte sie aber das Thema als „Abwesenheit"[17]. In ihrem Bildkunstverständnis kommt eine gewisse Oberflächlichkeit zum Vorschein. In den Äußerungen fehlen jedoch überraschende Feststellungen, die sich auch auf die formale Werkanalyse beziehen:

---

[13] Ebd. S. 303.
[14] I. Matuszewski, Sztuka i społeczeństwo [Kunst und Gesellschaft], „Tygodnik Ilustrowany" [„Illustrierte Wochenschau"] 1899, Nr. 10, zit. B. Szymańska, Spór o wartości w Młodej Polsce [Streit um die Werte im Jungen Polen], in: Stulecie Młodej Polski [Hundert Jahre des Jungen Polen], M. Podraza-Kwiatkowska (Red.), Kraków 1995, S. 12.
[15] A. Górski, Monsalwat. Rzecz o Adamie Mickiewiczu [Monsalvat. Überlegungen zu Adam Mickiewicz], Warszawa 1908, S. 104.
[16] E. Korzeniewska, G. Zapolska, Publicystyka [Publizistik], Bd. 2, S. 302.
[17] Ebd. S. 301.

„In meinem Atelier hängt auch ein Bild von Van Gogh, ein Juwel, das in etlichen zehn Jahren keinen Preis haben wird, auf dem die Bäume orangen-, die Blätter saphirfarben sind, die Erde schwarz und in der Ferne verliert sich eine Frauengestalt im bläulichen Nebel. Van Gogh nahm die Formen der Bäume, der Frau – und warf sie in einen harmonischen Regenbogen von Farben"[18].

In den Briefen an Stefan Laurysiewicz fehlt es an eingehenden Reflexionen über Impressionisten und Neoimpressionisten, es erscheinen allerdings zahlreiche Anmerkungen über die gegenwärtigen polnischen Künstler, z. B. Pankiewicz, dessen Bilder Zapolska alleine ebenfalls sammelte. Pankiewicz' Name kehrt in der Reflexion über die Lage der gegenwärtigen Boheme zurück. Aus dem Zusammenhang geht hervor, dass Laurysiewicz um den unbemittelten Maler sorgte, versuchte eines seiner Bilder zu verkaufen. Zapolska erwähnt auch die Porträts von Loevy[19] (sie diente für ein Salome-Porträt[20]), dem Ehemann von Maria Szeliga, sowie das Schaffen von Makowski[21].

Sie urteilt in den Briefen über die Werke dieser Künstler nicht. Diese Beurteilungen erscheinen in den an die Redaktion der „Wochenschrift" geschriebenen Feuilletons. Die Faszination für die Kunstwerke bleibt jahrelang bestehen. In einem Brief an Laurysiewicz vom 16. Nov. 1894 schrieb Zapolska:

„Meine Wohnung verwandelt sich in ein Museum. Ich habe Van Gogh, Gaugin, Denis, Vuillard, Anquetin, Plastiken von Lacombe, Riotto und anderen. Ich habe eine solche Menge von Gemälden und Reliefs, dass mir an Wänden fehlt, sechs Bilder stehen im cabinet de toilette und harren besserer Zeiten, wenn ich eine größere Wohnung haben werde"[22].

---

[18] Ebd. S. 302.
[19] G. Zapolska, Brief vom 16. Sept. 1891, in: zit. S. 204.
[20] „Dafür diene ich ihm (Loevy) für Salome in einem weißen Musselin-Kleid, mit Deinem Stoff von diesen großen Rädern umgelegt. Ich sitze auf einem Geländer eines weit geöffneten Fensters. Meine Idee und meine Haltung. Ich habe nackte Hände und entblößten Hals. Die Haare wie bei einem Direktorium, hoch gekämmt und mit einem Kamm gefasst. Das wird sehr schön werden und wenn es ihm gelingt, so macht es einen sehr guten Eindruck. Auf den Beinen schwarze Spitzenstrümpfe und Deine bunten Pantoffeln. Das Porträt wird in Naturgröße", Brief an S. L. vom 22. Juli 1891, in: zit. S. 206.
[21] Ebd.
[22] Zit. J. Czachowska, Gabriela Zapolska. Monografia biograficzna [Eine biographische Monographie], Kraków 1966, S. 132.

Ihre ungewöhnliche Sammlung, über die es hieß, sie sei „eine der wertvollsten"[23], wurde in Polen vorgestellt. Die Reaktion der Besucher war enthusiastisch. Es fehlte allerdings auch nicht an kritischen Stimmen derjenigen, welche die neuen Tendenzen in der Kunst nicht begriffen. In der Lemberger Zeitung „Gazeta lwowska" erschienen Vorwürfe japanischer Einflüsse und eines Fehlens an Individualität.[24] Diese Stimmen bezogen sich jedoch auf neue Kunsttendenzen, nicht aber auf die Idee der Ausstellung selbst.

1906 (ein Jahr nach der Rückkehr nach Polen) wurde in den Sälen der Gesellschaft der Schönen Künste in Lemberg eine Ausstellung aller in Paris gesammelten Werke veranstaltet. Dort befanden sich u. a. Bilder von Van Gogh, Pissarro, Van Mois; von den polnischen Werken waren es Bilder von Pankiewicz, Boznańska, und *Die Melancholie* von Peszka. Zapolskas Sammlung wurde noch einmal in Krakau bei der XIV. Ausstellung der Gesellschaft der Polnischen Künstler „Kunst" gezeigt, wo sie ebenfalls enthusiastisch aufgenommen wurde. 1910, wegen finanzieller Schwierigkeiten, verkaufte die Künstlerin die Bilder von Van Gogh, Gaugin und Seurat an eine Pariser Galerie. Nach ihrem Tode kam die Sammlung an die Erben[25].

Die szenische Kunst

Ein weiteres, wichtiges Thema, das in den Briefen an Laurysiewicz zurückkehrt, stellt die szenische Kunst dar. In den privaten Briefen an den Geliebten beschreibt Zapolska ausführlich ihre Bemühungen um die Aufnahme in Antoines schauspielerische Truppe. Über den Regisseur des Théâtre Libre schreibt sie ziemlich rätselhaft, er sei ein Mensch von einer geradezu genialen Intuition, doch: „Dumm wie Stroh, dabei weiß man nicht, auf welchem Wege nur er solche Effekte erzielt, dass man aus dem Staunen nicht herauskommt"[26]. Eine Spur Überhebung kann womöglich daher rühren, dass Zapolska, gleichzeitig mit dem Schauspielen, schriftstellerisch geehrt wird, in Paris für ihr Oeuvre wichtige Werke veröffentlicht, langsam eine unabhängige Künstlerin

---

[23] Ebd. S. 333.
[24] Ebd. S. 332.
[25] Ebd.
[26] Zapolska an S. L. vom 14. Jan. 1892, S. 265.

wird. In den Briefen an Laurysiewicz beschreibt sie mit Pietät Ereignisse, an welchen sie als eine geschätzte Person teilnimmt. So behandelt sie u. a. Stanisław Rzewuski, der sich über sie auf den Seiten Pariser Tageszeitungen schmeichelhaft äußert (der erste Artikel erschien 1900 in L'Evenement); ebenfalls bemüht er sich, ihre Werke auf den französischen Markt zu bringen[27]. Rzewuski macht auf den europäischen Charakter ihrer literarischen Errungenschaften aufmerksam, indem er sie „George Sand der Epoche in den slavischen Ländern"[28] nennt; auch in der literarischen Beilage zu „Le Figaro" vom 22. Febr. 1908 erwähnt er ihr Werk. Seine Reflexionen umfassen das ganze Schaffen Zapolskas, auch die Bühnenrollen, insbesondere diejenigen, in denen die Schauspielerin im Théâtre Libre auftrat. Die Künstlerin erinnert sich an sein Wohlwollen in einem Brief an Laurysiewicz:

> „Antoine, der Köter, ging zu Rzewuski, um sich zu erkundigen, wer ich bin. Natürlich hob mich Rzewuski in den Himmel und nannte mich ‚une femme geniale'. Antoine war sprachlos"[29].

Die Rezensionen von Rzewuski – , den, wie Czachowska[30] sagt, Zapolska 1883 wahrscheinlich noch in Petersburg kennen lernte (während der Gastaufführungen), als sie in seinem Stück „Von den Gegenlagern" [„Z przeciwnych obozów"] spielte –, gehörten jedoch zu einer Ausnahme. Interessant kann in diesem Fall die Tatsache erscheinen, dass eine wesentliche Rolle in ihrem Schaffen auch ein „Sittenaspekt" spielt; Rzewuski schreibt über Zapolska, sie sei eine „ungewöhnliche Person", er betont ihren Mut und Modernität. Eine wichtige Rolle in einer Gesamtbewertung spielte ebenfalls die publizistische Tätigkeit von Zapolska, welche die Welt als eine Anhängerin der Modernität, eine Frau, die einen Erfolg erlangen will, kennen lernen sollte.

In und außerhalb Europas, mit der gleichzeitigen Entwicklung der emanzipatorischen Bewegung, triumphierten hervorragende Frauen, die einen künstlerischen Dialog mit den Männern aufnahmen, Lou Andreas-Salome, Frida Kahlo oder Isadora Duncan. Diese Frauen bildeten die künstlerische Avantgarde,

---

[27] F. Ziejka, Paryż młodopolski [Das jungpolnische Paris], Warszawa 1993, S. 175.
[28] Zit. ebd., S. 176.
[29] Zapolska an S. L. vom 14. Jan. 1892, S. 265.
[30] J. Czachowska, zit. S. 91.

zugleich aber, dank ihrer Tätigkeit, beeinflussten die Änderung in der Auffassung über ihre Rolle in der Welt.

Rzewuskis Äußerungen über Zapolska lassen vermuten, dass der Kritiker ihre Person eben derart wahrnahm, als eine Wegbereiterin gewisser Haltungen, die für Frauen typisch sind, welche „zur Feder greifen" und auf diesem Gebiet Erfolge genießen. Zapolska hatte jedoch kein Glück mit der Kritik, weder im Ausland noch in Polen. Nicht gerade schmeichelhaft drückte sich über sie u. a. Adam Grzymała-Siedlecki[31] aus.

Während ihres Parisaufenthalts erlebte die Künstlerin eine große Euphorie, die mit der Auftrittmöglichkeit auf der ausländischen Bühne verbunden war.[32] Doch die Rollen, die sie erhielt, Bühnen, auf denen sie spielte, stellten sie nicht ganz zufrieden. Es waren meistens zweit- und drittrangige Rollen und obwohl die Künstlerin in den Briefen an Laurysiewicz darüber mit Enthusiasmus sprach (z. B. über die Rolle im Stück *Les deux Camilles*, die in Montmorency gespielt wurde, erwähnt im Brief vom 16. Apr. 1891), so wurde er ziemlich schnell von Entmutigung verdrängt.

In einem Brief vom 19. Juli 1891 schreibt sie: „Ich habe es satt. Ich will nichts, sehen will ich nicht mehr diese widerlichen französischen Kulissen, voller Prostituierten und Zuhälter. Das ist nichts für mich. Ich würde wohl verrückt werden, würde ich da mit ihnen sitzen. Ich! Ich! Die französischen Kulissen abwischen wie irgendeine Prostituierte, die es zu einem Posten bringen will! Und das sofort! Ich bedaure die Lehre nicht, da mich dies als Schauspielerin entwickeln ließ"[33]. Wesentlich erweist sich für sie die Erfahrung selbst, wenngleich ihre schauspielerischen Ambitionen sehr groß sind. In einem Brief an Maria Szeliga vergleicht sich Zapolska mit Modrzejewska:

> „...Wie stand es um Modrzejewska, als sie die englische Bühne betreten sollte: Sie war vierzig, der schwierigsten Sprache unter der Sonne ganz und gar nicht mächtig. Doch der starke Wille war in ihr groß. Diesen starken Willen habe ich, ich will ihn haben"[34].

---

[31] F. Ziejka, zit. S. 177.
[32] Schon nach der Rückkehr nach Polen, als sie im Theater von Pawlikowski kurz arbeitete, legte sie vor der Aufführung Maulkörbe auf die Plätze, die für die Kritiker reserviert wurden, was ihren großen Widerwillen gegenüber den Presseunterstellungen suggerieren sollte.
[33] Zapolska an S. L. vom 19. Juli 1891, S. 204.
[34] G. Zapolska, Briefe, Bd. 1. S. 98.

Der große schauspielerische Ehrgeiz ging also nicht in Erfüllung, wiewohl es auch erfolgreiche Rollen gab (z. B. die Rolle bei Antoine im Bühnenstück von Bourget, Zapolska schreibt darüber in einem Brief an Laurysiewicz vom 9. Jan. 1892). Die Künstlerin greift sogar zur Hilfe eines Theateragenten. Im Brief vom 11. Mai 1891 erwähnt sie einen Besuch von Anetroselli, „diesen in ganz Europa berühmten Theateragenten [...] Er empfing mich herrlich und sagte, mir würde es mit meiner Anmut und sogar mit meinem Akzent nicht schwerfallen, etwas zu finden, die er für sehr angenehm hält. Er gab mir zwei Briefe: für Ambig und Chatelet"[35]. Wie sich später herausstellte, erbrachten die Empfehlungsschreiben nicht das erhoffte Ergebnis. Auch der Unterricht bei Miss Samary und Antoine selbst halfen nicht.

Zapolska überarbeitet zu dieser Zeit ebenfalls eigene Romane. In einem Brief vom 22. Sept. 1891 erwähnt sie eine ungewöhnliche Begegnung auf dem Bahnhof, während deren sie Paul Renard kennen lernte, den einstigen Besitzer des *Eden*. Renard empfahl ihr die szenische Bearbeitung von *Małaszka* („Geld hat er, der Rest kommt leicht"[36], schrieb sie). Gleichzeitig fanden Verhandlungen mit Tatarkiewicz und Kotarbiński statt, die ihr die Rollen nach Paris schickten. Im Brief vom 24. Sept. 1891 lesen wir: „Sie wählten aus, was sie problemlos wieder aufnehmen und ohne Verwirrung im Repertoire geben können [...] Sie gaben mir also nach Rakiewiczowa die Rolle von Joanna in *Die Arbeiter* von E. Manuel. Ich lernte sie mit Samary, dann *Die Frau von Sokrates* in Duchińskas Übersetzung, eine herrliche Komödie, *Marie-Jeanne* von A. Dennery und J. Mallian und die Rolle von Justine in *Mann und Frau* von Fredro. Sie schrieben, sie würden dann mit mir *Germinie Lacerteux* von E. Goncourt und *Sappho* von A. Daudet und A. Belot auf die Bühne bringen. Ich will ihnen nicht widersprechen, ich sehe, dass sie das Beste für mich wollen, ich mache also, was sie sagen"[37]. Zapolska kauft ebenfalls Bühnenwerke für die Warschauer Theater, arbeitet an ihren Übersetzungen.[38] Über ihre Übersetzungen äußerte sich nicht gerade schmeichelhaft u. a. Bolesław Prus[39].

---

[35] Zapolska an S. L. vom 11. Mai 1891, S. 152.
[36] Zapolska an S. L. vom 22. Sept. 1891, S. 232.
[37] Zapolska an S. L. vom 24. Sept. 1891, S. 234.
[38] Vgl. Brief vom 28. Sept. 1891, S. 235.
[39] Im Brief an Laurysiewicz vom Febr. 1893 schrieb Zapolska: „Prus und Zalewski griffen mich beide an wie ein Rudel von Jagdhunden", S. 234.

Die wichtigste Etappe der künstlerischen Entwicklung ist aber das Theater von Antoine, das von einer veristischen Darbietung der Bühnenwerke (zahlreichen Anknüpfungen an den Naturalismus) bekannt war. Antoine verzichtete auf das Prinzip der Vereinbarung von Inszenierung. Das Bühnenbild, die Kleidung der Schauspieler sollten die Ereignisse, Spielorte, den gesellschaftlichen Stand der Figuren treu widerspiegeln. Wie Ewa Korzeniowska schreibt, kamen in Antoines Aufführungen ebenfalls „drastische Requisiten" – Fleischstücke, von denen das Blut träufelte, vor. Das Theater von Antoine hatte einen „Studio-Charakter", die Stücke wurden an verschiedenen Orten in gemieteten Sälen, in unterschiedlichen Zeitabständen gespielt.

Das Theaterrepertoire wurde auch kritisiert. In den Rezensionen erscheinen Bemerkungen hinsichtlich der in den Stücken verwendeten naturalistischen Methoden, die mit dem Naturalismus nicht allzu viel zu tun hatten. Antoine verzichtete auf die Rollenbesetzung durch einen Star, dadurch gestaltete er – gemäß den naturalistischen Prinzipien – einen Spielstil von einer Schauspielertruppe, die ein „dichtes Ensemble"[40] werden sollte. Der Aufenthalt bei Antoine markierte nicht nur eine wichtige Etappe im Schaffen von Zapolska, er war ein Moment der „Konfrontation von Haltungen". Die in der Literatur, in der französischen (europäischen) Kunst vorhandenen naturalistischen Tendenzen trafen auf moderne Lösungen, die für die literarischen und künstlerischen Strömungen typisch waren.

Dieses Aufeinanderprallen war auch im Theater selbst zu sehen. Neben Théâtre Libre waren in Paris auch andere Theater tätig, in ihrem Spielstil und im Herangehen an den schauspielerischen Individualismus innovativ, so das Theater d'Art und de l'Oeuvre. Zapolska, als eine von Antoine engagierte Schauspielerin, identifizierte sich mit den von ihm vertretenen Ansichten, die auch in den Aufführungen realisiert wurden; zugleich aber interessierte sie sich für neue Kunstrichtungen (ihre Faszination für die Gemälde der Impressionisten, lobende Meinung über das Schaffen von Van Gogh, den sie als Symbolisten wahrnahm). In den zu Pariser Zeit geschriebenen Werken griff sie zu neuartigen Lösungen wie Erzählung in der 1. Person, Wortimpressionen. Gleichzeitig achtete sie aber

---

[40] E. Korzeniewska, Wstęp [Einführung], G. Zapolska, Publicystyka [Publizistik], zit. S. XXXII.

auf den Verismus der Handlungselemente. In einem der Briefe an Laurysiewicz schrieb sie:

> „Mir ist im Kopf ein sehr schöner Roman entstanden, betitelt: ‚Grabgeheimnis' - aus dem Leben von Złotnicki […] Mein Handwerk ist der Seziersaal! Man nimmt eine Leiche und schneidet sie. Die Seele zittert wie Froschschenkel. Ich schreibe dieses Zittern nieder. Dann liest es der Plebs und isst dabei die Käsenudeln ohne zu ahnen, dass dies aus wahren, blutigen Tränen entstand!…"[41].

Die Künstlerin besuchte ebenfalls das sog. „Rote Diebeswirtshaus"[42].

Zapolskas Bezug zum Programm von Zola und den modernen Strömungen bezeichnete Cezary Jellenta als „verkappten Idealismus"[43]. Bemerkenswert, dass die Künstlerin, worauf im Vorwort zur Publizistik ebenfalls Ewa Korzeniowska aufmerksam macht, in der frühen Pariser Zeit nur selten zu selbständigen Urteilen greift, „indem sie neue Theorien, neue Namen und Probleme aufnahm, konnte sie sich im Chaos dieser Informationen noch nicht zurechtfinden"[44]. Diese Urteile schimmerten dagegen in den Briefen durch. Zapolska, die z. B. Ibsens Besuch im Théâtre Libre erwähnt, macht auf die Neuartigkeit von Antoine aufmerksam. Ibsen selbst wurde von ihr kritisiert:

> „Es ist ein Ungeheuer, ein schieres Gespenst mit zerzaustem Haar. Er sagte, er habe nie als nur betrunken etwas geschrieben"[45].

In Antoines Theater traf die Künstlerin auch Emil Zola, Jules Goncourt, Catulle Mendes. In den „Pariser Briefen", die dem Théâtre Libre gewidmet sind, verherrlicht Zapolska ihren Meister. Für die wichtigste „Kategorie" seiner Stücke hält sie die Wahrheit, die, wie sie schreibt, „zu den einfachen, nicht analysierenden und im Gaslichte der Cafés nicht verbrannten Seelen leichter einen Zugang fand"[46]. Die Wahrheit in der szenischen, schauspielerischen Kunst fasst sie etwas anders als in den bildenden Künsten auf.

---

[41] Zapolska an S. L. vom 7. Okt. 1891, S. 132.
[42] Ebd.
[43] C. Jellenta, Zakapturzony idealizm [Der verkappte Idealismus], Prawda [Wahrheit] 1888, Nr. 35-36.
[44] E. Korzeniewska, Wstęp do Publicystyki [Einführung in die Publizistik], S. XXXIX.
[45] G. Zapolska, Listy do S. L. vom 11. Apr. 1892, S. 320.
[46] G. Zapolska, Publicystyka [Publizistik], a. a. O., Bd. 2, S. 129.

Hanna Ratuszna

Im Angesicht der polnischen Gemeinschaft in Frankreich

Ein essenzielles Thema, das in den Briefen erscheint und einen Individualitätszug der Künstlerin sowie den Bezug-Charakter zum Vorschein kommen lässt, der sie mit Laurysiewicz verband, war die polnische Kolonie in Paris.

Zapolska, was sie in den analysierten Briefen deutlich erkennen lässt, identifiziert sich nicht mit der „Kolonie", der polnischen Boheme, die in Paris weilt. Bewusst beschränkt sie Kontakte und nähert sich nur einigen wenigen, etwa Oksza-Orzechowski, der sie finanziell unterstützt, Lorentowicz, Makowski, Łoziński, den Krakowows. Befreundet ist sie ebenfalls mit den Limanowskis und mit Maria Sulicka (Medizinstudentin).

Im ersten Pariser Jahr nimmt Zapolska an den Unternehmungen der Gesellschaft für die gegenseitige Hilfe der polnischen Studenten „Spójnia" [„Das Band"] teil. Am 18. Jan. 1890 spielte sie u. a. die Rolle von Jadwiga in der Komödie von Sienkiewicz *Czyja wina?* [*Wessen Schuld*] [47] (auf der Bühne im Saal des Fantaisies Parisiennes traf sie Laurysiewicz, der Leons Rolle spielte). Auch trug sie patriotische Gedichte vor und nahm an der Gedenkfeier des Kościuszko-Aufstandes[48] teil. Diese Aktivitäten kann man aber als eine „momentane Beschäftigung", als Versuche behandeln, „auf dem Pariser Straßenpflaster" einen Platz zu finden. In einem Brief an Wiślicki, geschrieben am 20. Dez. 1890, lesen wir: „Ich leide jetzt wie ein fortgejagter Welpe, ich leide sehr"[49].

Zapolska nahm seit den ersten Momenten ihres Pariser Aufenthalts eine unglaubliche Mühe auf sich, um einen künstlerischen Erfolg zu erzielen. Alle Bestrebungen, eine „angestrengte Arbeit" – in einem Brief vom 20. Apr. 1891 schrieb sie: „Ich arbeite wie ein Tier"[50] –, so Zbigniew Rurawski in Zapolskas Monographie[51], brachten jedoch nicht das ersehnte Ergebnis. Im Januar 1890 beschloss sie, nach vier Monaten, nach Polen zurückzukehren.[52] Letztlich

---

[47] J. Czachowska, zit. S. 89.
[48] Ebd. 89.
[49] J. Rurawski, Gabriela Zapolska, Warszawa 1987, S. 34.
[50] Zapolska an S. L. vom 20. Apr. 1891, S. 138.
[51] Z. Rurawski, zit. S. 34.
[52] Ebd.

jedoch, dank der wertvollen Ratschläge von Wiślicki, dem Redakteur der Wochenrevue „Przegląd Tygodniowy", mit dem sie sich befreundete, blieb sie. Den Briefen an Laurysiewicz aus dieser Zeit lässt sich sehr oft ein Zweifel, ein großer Wunsch entnehmen, „sich das Leben zu ordnen": „Ich weiß, dass dein jetziges Leben eine Qual und ein Herumirren ist, meins hier – einfach Verbannung"[53]

Es sei daran erinnert, dass die Künstlerin vor der Abreise nach Paris eine Lebensenttäuschung erfuhr. Józef Rurawski erwähnt in Zapolska-Buch ein uneheliches Kind, das der Romanze mit Marian Gawalewicz entsprang. Die Ereignisse waren von einer Skandalatmosphäre umgeben, und dies wurde durch die Aura vom Leben einer Wanderschauspielerin begünstigt (- die zwischen 1885 und 1887 im Posener Theater auftrat. Im Juni 1887 trat sie im Warschauer Sommertheater im Saski-Garten auf). Im Oktober 1888 in einem Hotel in Piotrków versuchte sie den Selbstmord.

Józef Rurawski machte darauf aufmerksam, dass Zapolska „im Theater lebte und im Leben das Theater schuf"[54], sogar in den Briefen, so Rurawski, war sie nicht authentisch. In den Briefen an Laurysiewicz erscheint ein Ton einer Autokreation. In den akkuraten Alltagsbeschreibungen, an welchen die Briefe reich sind, spricht Zapolska aber auch „aus sich", des Öfteren erwähnt sie finanzielle Angelegenheiten (Laurysiewicz unterstützt sie materiell), erzählt von ihrem Aussehen und kritisiert das Milieu der französischen Schauspieler. Die Kritik der Schauspielermilieus ging aus dem Entmutigungsgefühl hervor, welches die Schriftstellerin erlebte, die eines Erfolgs harrte. Ihre ungewöhnliche berufliche, gesellschaftliche Aktivität lässt sich vornehmlich dadurch erklären, dass die Künstlerin nach den Skandalen in Polen nun in Paris „nichts zu verlieren" hatte. Allein der Ruhm konnte die hinterlassenen beunruhigenden Gefühle verwischen. In den Briefen bemüht sie sich, ihre Tätigkeiten im besten Lichte erscheinen zu lassen, doch häufig wirft sie die Maske ab, schreibt über finanzielle Schwierigkeiten und über sie plagende Krankheiten. Die Briefe an Laurysiewicz können somit als „ehrlich" betrachtet werden. Die Kategorie der „Ehrlichkeit" gewinnt in diesem Falle eine ästhetische Bedeutung. Sie ist nicht nur ein Wahrheitsmaß der gegebenen Inhalte, sondern bezieht sich auf die Lage

---

[53] Zapolska an S. L. vom 11. März 1892, S. 307.
[54] J. Rurawski, Gabriela Zapolska, zit. S. 28.

und die Rolle des Künstlers um die Jahrhundertwende. Die Modernisten bezogen sich gerne auf die „Ehrlichkeit" als Begriff, der die Kunst eines bestimmten Werkes beschreibt. Der Künstler war dann ehrlich, wenn er die „Vorgefühle sprechen", die Ängste zu Wort kommen ließ, der zugleich aber die Tagträume zum Ausdruck brachte. Wie Artur Górski in *Monsalvat* schreibt, ist „ihre reale Sicherheit ein Bewusstsein der gefühlsbedingter Überzeugungen"[55]. Zapolska fand in Paris viele neue Themen, beendete einige Erzählungen und Romane, arbeitete ebenfalls als Übersetzerin. Die literarische Tätigkeit, wenngleich sie ihren Briefen an Laurysiewicz zu entnehmen ist, wird von ihr selbst etwas zweitrangig behandelt, sie wird eine Beilage zum Schauspielen. Zapolska schreibt u. a.: „Noch etwas Herrliches. Ich betrete die Bühne [im Stück von Fievre]. Ich habe ein weißes blumiges Kleid an, am Mieder graue Federn, die Haare vom Friseur gerichtet, mit einem Wort: Schick"[56]. Allerdings finden sich in den Briefen kaum Bemerkungen über die geschriebenen Werke. Zapolska nennt lediglich ihre Titel[57], erwähnt zuweilen deren Schicksal (einen eventuellen

---

[55] B. Szymańska, Spór o wartości w Młodej Polsce [Streit um die Werte im Jungen Polen], in: Stulecie Młodej Polski [Hundert Jahre des Jungen Polen], M. Podraza-Kwiatkowska (Red.), Kraków 1995, S. 11.
[56] Zapolska an S. L. vom 11. März 1892, S. 305.
[57] Es sind u. a. „Szmat życia". Powieść [Ein Stück Leben. Roman] (28. Sept. 1890), Wspomnienie. Fantazja [Eine Erinnerung. Phantasie] (erschienen in Tygodnik Ilustrowany [Illustrierte Wochenschrift] 1890, Nr. 4), Kozioł ofiarny [Der Sündenbock] (22. Jan. 1890), Portierka [Die Pförtnerin] (25. Jan. 1890), Kundel [Ein Köter] (30. Jan. 1890), Oślica [Die Eselin] (10. Febr. 1890), Kukułka [Der Kuckuck] (20. Apr. 1890), Lewek (11. Jun. 1890), Buciki Maryni [Mariechen Schuhe] [Kurier Codzienny] [Tageskurier] 1890, Nr. 167), Małpa. Powieść [Der Affe. Roman] (17. Juli 1890), Awanturnica [Radaumacherin] (Kurier codzienny [Tageskurier] 1890, Nr. 247), Szakale [Die Schakale], Sept. 1890), Kobieta - Potwór [Monsterfrau] (3. Feb. 1890), U Talbota [Bei Talbot] (März 1891), Mozaika paryska (Kurier warszawski [Warschauer Kurier 1891), W salonie [Im Salon] (Mai 1890), Skandal w Theatre Libre [Ein Skandal im Théâtre Libre] (15. Juni 1890), 14-ty lipca w Paryżu [Der 14. Juli in Paris] (15. Juli 1890), Listy paryskie [Pariser Briefe]. (Przegląd tygodniowy [Wochenschau] 1890), Fantazje i drobnostki [Phantasien und Kleinigkeiten] (Warszawa 1891 w Księgarni Paprockiego [in Paprockis Buchhandlung]. Der abgeschlossene Vertrag war für Zapolska kaum von Vorteil und zog einen Streit mit dem Verleger nach sich, der für sich gleichermaßen das Recht für die in der Wochenschau gedruckten Novellen beanspruchte, die Zapolska an Wiślicki zu verkaufen gedachte), We krwi. Powieść [Im Blut. Roman] (1891), Krowa [Die Kuh] (3. Jan. 1891), Papuzia [Der Papagei] (28. Juni 1891), Bydlę. Szkic [Das Vieh. Skizze] (Apr. 1891), Listy paryskie. [Pariser Briefe] (Przegląd tygodniowy [Wochenschau] 1891), Karnawał paryski [Pariser Karneval] (26. Jan. 1891), Menażeria ludzka [Die menschliche Menagerie] (Warszawa

Druck). Manchmal informiert sie aber den Geliebten über Ereignisse, Erfahrungen, die in die kommenden Werke ihren Eingang finden. So war im Falle des ungewöhnlichen Besuchs der Diebschenke „Château Rouge" (in der Begleitung von Kazimierz Kelles-Krauz) im April 1892. Dieses Ereignis beschrieb Zapolska im Brief an Laurysiewicz vom 6. Apr. 1892: „Ich kann Dir diesen Anblick nicht beschreiben. Ganze Menschenschichten schlafen in Lumpen an den Ecken [...] Plötzlich beginnt ein Riese, sich zu entkleiden und will uns seine Tätowierung zeigen"[58]. Der Brief, aus dem das zitierte Fragment stammt, ist in der betrachteten Korrespondenz einmalig. Zapolska wechselt nämlich die Perspektive der bisher gegebenen Erzählung, der Brief beinhaltet feuilletonistische Fragmente, die Autorin berichtet über die Ereignisse, die Stimmung wird im Schauer-Ton gehalten.

Die erschütternden Ereignisse wurden im Roman *Janka* verwendet, genauso wie die Besuche im Krankenhaus Salpêtrière (diese wurden zum Gegenstand der Korrespondenz für die Wochenrevue „Przegląd Tygodniowy". Die Erinnerungen daran tauchen in den Briefen an Laurysiewicz nur gelegentlich auf). Zapolska fügt sich ins Leben der Stadt ein und beginnt gleichzeitig, ihre eigene Existenz nach Vorbild der Kunst zu stilisieren. Die „Pose" einer Künstlerin erscheint in den Briefen zu der Zeit, in der Zapolska an den Abbruch der Freundschaft mit Laurysiewicz denkt. Die Briefe nehmen dann eine dramatische Form an. Der Grund für den Abbruch ist „der Wunsch nach einer Weltkarriere". Zapolska schreibt: „Das Leben einer Schauspielerin, und besonders einer, die einen solchen Weg wie ich betrat, d. i., die sich eine Weltkarriere ersehnt, kann mit niemandem verbunden sein..."[59]. Die Antworten der nächsten Briefe zeugen davon, dass Laurysiewicz die Beziehung retten wollte, seit vielen Monaten bereitete er Zapolskas Besuch in Moskau vor, des Öfteren stand er ihr finanziell bei, beschenkte, half endlich neue Richtungen in der Kunst zu verstehen.

1893 [1892]), Gołąbki. Szkic [Die Täubchen. Skizze] (März 1892), Blanszetta (9. Juni 1892), Do oddania – na własność. Nowela [Die Gabe zum Besitz. Novelle] (15. Sept. 1892), Zakuta głowa [Ein Dickkopf] (Okt. 1892), Agonia miłości [Die Liebesagonie] (Kurier codzienny [Tageskurier] 1892), Janka. Powieść współczesna [Janka. Ein Roman aus der Gegenwart] (Okt. 1893), zahlreiche Besprechungen von Bühnenwerken, u. a. von Rzewuski, Interviews, z. B. mit dem Dramatiker Piotr Wolff, Übersetzungen, Theater-Feuilletons) . Vgl. J. Czachowska, zit. S. 230.
[58] Zapolska an S. L. vom 6. Apr. 1892, S. 317.
[59] Zapolska an S. L. vom 27. Juli 1892, S. 364.

Zapolska wollte aber keine gemeinsame Zukunft, sie plante eine Reise mit Antoines Theater nach Amerika für eine achtmonatige Tournee.

Die Freundschaft endete jedoch nicht, Laurysiewicz bat um die Möglichkeit einer weiteren Korrespondenz. Seine Briefe kann man ebenfalls in der Korrespondenzsammlung aus dem Jahre 1905 finden. Darin ändert sich der Ton. Zapolska ist nicht mehr die einzige, geliebte Frau (Laurysiewicz heiratet zweimal), sondern eine Vertraute der Geheimnisse, eine Künstlerin, die ihre Erfahrungen, Beobachtungen mit einem Freund teilt. Die Geschichte der Pariser Bekanntschaft (Laurysiewicz kehrt 1903 nach Polen) ist also zugleich die Geschichte einer künstlerischen Suche.

Zapolska ist vor allen Dingen eine Künstlerin mit großem Ehrgeiz. In den im Sommer 1892 geschriebenen Briefen an Laurysiewicz stellt sie die Rollen-, Kleiderbeschreibungen, Berichte der Aufführungen und Reaktionen der Kritiker dar. Die Schriftstellerin informiert den Geliebten über die geschickten Zeitungsausschnitte und den Enthusiasmus der befreundeten Kolonievertreter (Sulicka, Szeliga, Makowski, Złotnicki sowie Lorentowicz, den sie trotz Hikstryk [Hysteriker] nennt). Sie stellt sich als eine „zweite „Modrzejewska" dar, die, wie sie schreibt, „mehr als Modrzejewska" erreichen will, sie habe „dazu Nötiges und eine vollkommene Grundlage"[60]. So beurteilt Zapolska eigene Leistungen: „Ich war freilich ein ungewöhnliches Phänomen. Ein wohl bester Schriftsteller von unseren zeitgenössischen und ich strebe danach, eine der besten gegenwärtigen europäischen Schauspielerinnen zu werden"[61].

Die Frauenfrage

In den Pariser Briefen erscheint auch die im Werk und Leben von Zapolska gegenwärtige – Frauenfrage.

Es fällt schwer, sich des Eindrucks zu erwehren, dass die Schriftstellerin die Rolle einer Frau anders wahrnahm, als sie die Positivisten sahen, denn sie machte auf etwas andere Fragen aufmerksam als es Orzeszkowa oder Konopnicka taten. Die Protagonistinnen ihrer Werke entstammen unterschiedlichen Milieus: den Salons, einem bürgerlichen oder einem

---

[60] Zapolska an S. L. vom 7. Juni 1892, S. 352.
[61] Ebd.

Arbeitermilieu. Die Künstlerin führt in die Literatur Frauen aus den gesellschaftlichen Niederungen ein. Damit bereichert sie zugleich das literarische Bild der Stadt. Die Arbeiterinnen, Schauspielerinnen erfahren häufig dasselbe Schicksal, sie werden zu Maitressen oder sterben vor Hunger in den Kellerstuben.

Zapolska bereichert das Frauenbild, indem sie u. a. die mit der Physiologie verbundenen Themen aufgreift (etwa Kindergeburt im Werk *O czym sie nawet myśleć nie chce*, 1914 [Woran man nicht denken mag]). Ihre Protagonistinnen, wenngleich für gewöhnlich ‚wirklich' (Zapolska gebraucht in den Briefen oft Worte, die sich auf das Schreiben beziehen, etwa „einen Charakter skizzieren"), wurden zuweilen in einem etwas ironischen Lichte dargestellt. Sowohl der Charakter ihrer Heldinnen, deren literarische Existenz als auch eine klar umrissene Persönlichkeit, eine detaillierte Verhaltensbeschreibung verrieten eine Ähnlichkeit mit realen Personen.

In den Briefen an Laurysiewicz erscheinen am häufigsten Beschreibungen von Begegnungen zur Verteidigung der Frauenrechte. In der Zeit, aus der die betrachteten Briefe stammen, nahm Zapolska an zwei Kongressen teil. Den ersten (ein Treffen im Rahmen der Weltunion der Frauen) beschrieb sie auf eine sehr ironische Weise im Brief vom 27. Apr. 1891[62]. Der zweite Bericht betraf den Kongress, der vom 3. bis zum 5. Mai 1892 tagte[63]. Er war in einem ähnlichen Ton gehalten. Zapolska schrieb: „Skandal über Skandale". Die Frauentreffen endeten sogar mit Handgreiflichkeiten. In den Briefen fehlen Berichte, die sich auf die Thesen der Vorträge beziehen. Man kann sie dagegen in den publizistischen Schriften finden, in denen Zapolska die Organisatorinnen darstellt, etwa Potonnie Pierre, Maria Deraismes, Klemencja Royer sowie Maria Szeliga. Der Artikel: *Der Frauenkongress in Paris* wird vom folgenden Satz gekrönt: „Aber die Frauen – das ist eine Großmacht!"[64].

In den Reflexionen über die Frauen schimmert für gewöhnlich ein didaktischer Ton durch. Zapolska konfrontiert des Öfteren die unterschiedlichsten Standpunkte miteinander, wichtig ist ihr die Wahl einer

---

[62] Zapolska an S. L. vom 27. Apr. 1891, S. 143.
[63] Zapolska an S. L. vom 18. Mai 1892, S. 341.
[64] G. Zapolska, Kongres kobiecy w Paryżu [Der Frauenkongress in Paris], in: E. Korzeniewska, G. Zapolska, Publicystyka [Publizistik], a. a. O., Bd. 2, S. 96.

richtigen Stellungnahme. In einem ähnlichen Ton wurden diejenigen Artikel gehalten, die in Polen unmittelbar vor der Abreise nach Paris geschrieben wurden. In der im „Warschauer Kurier" veröffentlichten Skizze mit dem Titel *In Sache der Emanzipation* verteidigt die Autorin die Lage der Frauen, die nach Wissen streben (sie knüpft an das Erlangen der Doktorwürde für Medizin von Karolina Szulc in Paris des Jahres 1888 an.). Im Brief vom 2 Okt. 1891 schreibt Zapolska: „Ich sage, ich bin keine emanzipierte Frau, doch einen Mann, der die Frau schlägt, halte ich für ein gemeines Tier und eine niedere Gattung"[65]. Eine emanzipierte Frau zu sein, erinnerte an eine bereits zu dieser Zeit verklungene Tradition, an den Lebensstil einer Frau, über welche die Künstlerin selbst schrieb: „Ein Androgyne mit einer langen Krawatte auf den eingefallenen Brüsten"[66]. Diese „Perspektive" entsprach in keiner Weise dem Lebensstil, den Zapolska führte.

Sie erwähnt ebenfalls herausragende, interessante Frauen aus ihrer Umgebung. Eine von ihnen war Anna Bilińska, dargestellt im Brief vom 24. Mai 1891, eine Malerin und Porträtzeichnerin (sie weilte in Paris von 1882 bis 1892, für ihr Schaffen in der Kunst erhielt sie sogar einen Preis für das Jahr 1889, sie studierte an der Academie Julien). Ihr Gemälde, wie Zapolska schreibt, wurde vom Salon der Unabhängigen zurückgewiesen, die die neue Kunst förderten, vor allem die Impressionisten. Es war, so die Künstlerin, ein „desperater" Akt.

In einem der Briefe, vom 5 Juni 1891, schrieb Zapolska: „Mit den Polen treffe ich mich nicht"[67], in einem anderen, vom 9. Jan. 1892, erinnerte sie sich: „Antoine verbot mir unter schwerer Strafe, Polnisch überhaupt zu sprechen"[68]. Sie unterhielt jedoch nahe Kontakte zu Maria Szeliga. Zapolska hoffte auf die Hilfe der polnischen Romanautorin, Publizistin, doch verliefen die Beziehungen im ersten Pariser Jahr nicht gut. In den Briefen an Laurysiewicz wurde Szeliga im ungünstigen Lichte dargestellt, vornehmlich als eine Feministin, die ihre Ansichten hartnäckig verteidigt. Auch macht Lorentowicz in seinen Erinnerungen an die Pariser Kolonie darauf aufmerksam, dass Maria Szeliga

---

[65] Zapolska an S. L. vom 2. Okt. 1891, S. 240.
[66] E. Korzeniewska, G. Zapolska, Publicystyka [Publizistik], a. a. O., Bd. 2, S. 97.
[67] Ebd.
[68] Zapolska an S. L. vom 9. Jan. 1892, S. 263.

Zapolska in ein Netz von Intrigen und Verleumdungen hin und wieder verwickelte und sie anfangs als eine Konkurrentin betrachtete.[69]

In die 3. Nummer der Wochenrevue „Przegląd Tygodniowy" aus dem Jahre 1890 setzt Zapolska eine kurze Notiz über Maria Szeliga. Ihre Beschreibung ist nur oberflächlich. Szeliga sei vor allem die Redakteurin der Frauenschrift „Bulletin de l'Union des Femmes". – Zapolska beschreibt ihre Tätigkeit nicht, erwähnt dagegen die „Verfechterinnen der Emanzipation" und das Bedauern darüber, dass Szeliga ihr Talent „auf fremdem Boden zum Vorschein kommen ließ. Doch daran ist sie nicht schuld. Bei ins – fügt sie hinzu – liegen die Frauenschriften brach..."[70].

Sie identifiziert sich nicht einmal mit den neuesten, modernen Stellungen. In einem der Briefe schreibt sie:

„Ich bin keine emanzipierte Frau"[71], in einem anderen beschreibt sie wiederum das Treffen der Weltunion der Frauen, wo sie die Stimme ergriff:

„Ich hatte einen Platz für die Presse an einem eigenen Tisch unter den Redakteuren. Es war ein widerliches und dummes Affentheater. Szeliga ließ den Blick nicht vom Blatt schweifen und stichelte gegen die Männer. Dann schlug sie vor, Orzeszkowa zum Ehrenmitglied zu nennen. Oh Grauen!!! Keine Seele im Saal votierte so! Die Kandidatur wurde fallen gelassen. Ich schämte mich für Orzeszkowa angesichts dieses französischen Viehs. Unter den Reden fand sich... Frau Majewska. Sie sprach über die Lage von studierenden Frauen und sagte, dass diese Frau ihren Bourget noch nicht fand! Ich wand mich buchstäblich vor Lachen. Alle Männer von der Presse starben, zeichneten Karikaturen von den Weibern, die auf der Bühne saßen, sprachen Obszönes, wie es Franzosen können, du weißt! Sie zeichneten Szeliga mit einer Pfeife und die Präsidentin Clemence Royer mit Fes und einem Schnurrbart. Ich war aus ihrem Spott natürlich ausgeschlossen und erntete freilich allerlei Komplimente von der ganzen Clique, da ich ihnen gleich meine Theorien darlegte..."[72].

Ein Ton des Spottes erweckt eine Verwunderung bei der Künstlerin, die hoch hinaus wollte, sich eine „Weltkarriere" wünschte, sich ihrer Anmut, des Wertes der eigenen Person bewusst war. Gleichzeitig aber arbeitete sie intensiv, indem sie für andere schrieb, auch arbeitete sie an sich, nahm Unterricht, der sie auf die künstlerischen Auftritte vorbereiten sollte. Die mit dem Kongress verbundenen Ereignisse hatten eine ganz andere Aussage im Brief, der an die Allgemeine

---

[69] Czachowska, zit. S. 230.
[70] G. Zapolska, Publicystyka [Publizistik], a. a. O., Bd. 1, S. 184.
[71] Zapolska an S. L., Paris, 2. Okt. 1891, S. 239.
[72] Zapolska an S. L. vom Apr. 1891, s. 143.

Wochenschrift „Tygodnik Powszechny" geschickt wurde („Der Frauenkongress in Paris"). Zapolska schrieb darin: „Wie wir sehen, hatte der ganze Kongress zur Aufgabe, das Schicksal der Frauen wirklich zu verbessern. Diese Aufgabe wurde sicherlich nicht ganz erreicht. Das Schicksal der Frauenbefreiung ist allzu sehr mit dem Schicksal der gesamten Menschheit verbunden"[73].

Die Distanz gegen Maria Szeliga und ihre Tätigkeiten ändert sich im nächsten Jahr 1892; Zapolska wird dann eine „Freundin des Hauses". In den Briefen an Laurysiewicz erwähnt Zapolska zahlreiche Begegnungen und u. a. eine Malsession, die in Szeligas Atelier stattfand. Im Brief vom 23. Okt. 1891 erwähnt sie sogar eine gemeinsame Arbeit an einem Drama: „Ich werde mit Szeliga ein Drama zu einem Wettbewerb schreiben"[74].

An viele Freundschaften, die zu dieser Zeit angeknüpft wurden, verzichtete Zapolska. Nach Laurysiewicz' Abreise nach Moskau im April 1891, wo er sich u. a. mit der Organisierung der französischen Ausstellung beschäftigte, ändert sich der Ton der Briefe. Es kehrt ein Alltagsthema zurück und die Zukunftspläne tauchen auf. Mehrmals erwähnt Zapolska, dass sie die „schwierige Wirklichkeit" nur aus Rücksicht auf eine gemeinsame Zukunft erträgt: „Gäbe es nicht Dich, würde ich mich so abquälen? Schon längst würde ich eines späten Nachts an einem Haken hängen"[75] Auch ändert sich der Freundeskreis. Es erscheinen darunter bekannte französische Künstler und Philosophen, welche größtenteils die einstigen Bekannten ersetzen. Im Brief vom 10. Juli 1891 nennt Zapolska mit Scherz die Namen von drei französischen Künstlern, mit denen sie sich gerade befreundete, es waren: Austen, Władysław Ratuld (Augenarzt) und Emile Meyerson (Philosoph). Im Brief vom 23. Febr. 1892 erwähnt die Künstlerin dagegen ein Treffen, während dessen sie Max Nordau kennen lernte: „Ich amüsierte mich herrlich. Es waren Max Nordau und eine ganze Menge von Größen. Ich werde in ‚Evenement', ‚France', ‚Radical' und ‚Echo de Paris' zitiert." [76] Zu ihren Aufführungen im Théâtre Libre kamen La Bruyere, Severine und Rzewuski: „Hinter die Kulissen kamen zu mir Severine, La Bruyere und

---

[73] G. Zapolska, Publicystyka [Publizistik], Bd. 1. zit. S. 96.
[74] Zapolska an S. L. vom 23. Okt. 1891, S. 253.
[75] Zapolska an S. L. vom 25. Jan. 1892, S. 271.
[76] Zapolska an S. L. vom 23. Febr. 1892, S. 295.

Rzewuski"[77]. Der Erfolg, der ihre künstlerischen und gesellschaftlichen Tätigkeiten in Paris begleitete, spiegelte sich in Polen jedoch nicht wieder, wo sie letztlich nach fünf Jahren Frankreichaufenthalt zurückkehrte.

Die erlangten Erfahrungen, Eindrücke, Freundschaften fruchteten aber in der in Polen geführten Tätigkeit und beeinflussten ihr Bild einer „Künstlerin – befreiten Frau" im Lande.

Der vorliegende Band mit den Skizzen unter dem Titel *Leben und Werk von Gabriela Zapolska* ist ein Versuch, die Biographie und das Schaffen einer Künstlerin der Jahrhundertwende von der gegenwärtigen Perspektive aus zu betrachten. Zapolska und ihr Werk entziehen sich schematischen Analysen. Die Künstlerin ist zweifellos eine Vertreterin der europäischen Boheme (ihre Parisreise soll als eine Initiation betrachtet werden). Das mit ihren Augen gesehene Paris ist jedoch weit von seinem Musterbild entfernt. Die Bühnenerfahrungen, die Einsamkeit hinterließen deutliche Spuren in den Vorstellungen einer modernen Stadt, der Kunsthauptstadt des damaligen Europas.

Zapolskas Werk soll nicht allein mit dem Element der Städte verbunden werden. Der moderne Charakter ihrer Prosa, in der kompositorische Lösungen erscheinen, die den modernistischen Strömungen inhärent sind (etwa das Onirische, die Poetik des Tagtraums, ein Wechsel der Erzählung: Die Erzählung in der dritten Person wird von der personalen Erzählung abgelöst, es erscheint die erlebte Rede), werden durch die Gegenwart eines neuen Arbeiter-Helden, eines Proletariers bereichert. Zapolska ist somit eine Künstlerin, in deren Werken die Themen erhellt werden, die für den literarischen Rand typisch sind. Darin beruht ihre Außergewöhnlichkeit. In der polnischen Literatur werden es Jan Stanisław Liciński oder Janusz Korczak sein, die ähnliche Themen aufgreifen. Außer Reflexionen, die in dem Band einer genauen Analyse ihres Schaffens, ihrer Bezüge zu den Symbolisten, dem Einfluss der Musik oder Malerei gewidmet wurden, sind ebenfalls interessante Stadt-Landschaften und Porträts der Menschen aus der Epoche zu finden. Der Artikel von Maria Jolanta Olszewska mit dem Titel *Gabrieli Zapolskiej zwycięstwa i porażki w batalii o „nową sztukę"* [Gabriela Zapolskas Erfolge und Niederlagen im Kampf um die

---

[77] Zapolska an S. L. vom 11. März 1892, S. 305.

„neue Kunst"] ist ein Versuch, Gabriela Zapolskas Schaffen durch das Prisma ihrer Lebenserfahrungen zu betrachten. Die Etappenanalyse der künstlerischen Entwicklung zeigte überaus interessante Zusammenhänge. Indem Zapolska die Biographie ihrer Protagonisten schrieb, griff sie auf die eigenen Erfahrungen zurück. Die biographischen Elemente ergänzen in eine hervorragende Weise die modernistische Ästhetik zusammen mit der durch ihre Vertreter verkündeten Losung vom „Schreiben mit Herzblut". Der Artikel von Adam Jarosz *„Kilka gestów tragicznych nie starczy." Gabriela Zapolska a dramat symboliczny epoki* [„Einige tragische Gesten reichen nicht aus." Gabriela Zapolska und das symbolische Drama der Epoche] lässt interessante Bezüge des Schaffens von Zapolska mit dem Drama der europäischen Schriftsteller zum Vorschein kommen. Zapolska war nicht nur Autorin von Dramen, in denen sie einige Prinzipien des Symbolismus realisierte (u. a. das Prinzip der Abhängigkeit vom „Inneren und Äußeren"), sie ergriff ebenfalls Kritikeraufgaben, da sie die Stücke der europäischen Künstler analysierte, in denen sie als Schauspielerin auftrat. Die in der Skizze von Adam Jarosz gezeichnete Perspektive lässt das Wesen der europäischen Dramenästhetik zutiefst verstehen, ihrer Gegenwart im Werk etwa von Stanisław Przybyszewski. Daher der große Wert der von dem Forscher analysierten kritischen Artikel. Die Analyse „schwieriger" Probleme, welche die Autorin aufgriff, unternimmt Agnieszka Straburzyńska-Glaner im Artikel *O tym, „o czym się nie mówi" – tabu w twórczości Gabrieli Zapolskiej* [Davon, „wovon man nicht spricht" – Das Tabu im Werk von Gabriela Zapolska]. Zapolska führt in die Literatur einen neuen Heldinnentypus ein: Die Arbeiterinnen, Näherinnen, Straßenfrauen, sie reflektiert über die sog. bürgerliche Moral, verkündet Frauenrechte für Lebensschutz. Die Frage einer „käuflichen Liebe", in der Diskussion über das Bürgertum ungemein wichtig, wird in Zapolskas Werk als Ergebnis gesellschaftlicher Ungleichheiten dargestellt. Die Autorin des Artikels präsentiert die Etappen der Diskussion, die die Werke der Künstlerin hervorriefen. Die „schwierigen" Themen, welche die Mechanismen menschlicher Wahlen, die Bilder der Vorstädte, der sog. gesellschaftlichen Niederungen, Geisteskrankheiten zeigen und die ein Drama vom Verlust der gesellschaftlichen Stellung zum Vorschein bringen, waren für sie überaus wichtig, für die Wandlungen und Zeiten, in denen sie lebte, symptomatisch. Über das Wesen, den Sinn der Themen von Zapolska schreibt

Jarosław Ławski in seinem Artikel mit dem Titel *Temat Zapolskiej* [Zapolskas Thema]. Nach der Meinung des Forschers griff die Schriftstellerin am liebsten zu Fragen, die sich auf das Leben als Wechselrhythmus (Geburt und Sterben), Energie, Wirklichkeit bezogen. Ein Fehlen einer metaphysischen oder historiosophischen Reflexion wurde durch einen Bilderreichtum ergänzt, der die menschlichen Sehnsüchte, ein Streben nach Glück zeigte, das sich nur in einer harmonischen Beziehung zweier Menschen erfüllen kann. Jarosław Ławski deckt in seinem Artikel die Denkstereotype über das Schaffen von Zapolska auf, die von den Kritikern als Skandalistin bezeichnet wurde.

Die Schriftstellerin zähmt die Wirklichkeit, lernt an vielen „Schulen", einer symbolistischen, impressionistischen oder naturalistischen in Paris die schwierige Kunst, die Welt zu beobachten. Die von ihr erlangten Erfahrungen markieren den Problembereich, der in ihrem Werk auftaucht, es werden Arbeiterhäuser, Bühnenkulissen, Junggesellenwohnungen, Häuserzeilen und bürgerliche Salons sein. Violetta Wróblewska weist im Artikel *Kultura wsi i przedmieść w prozie Gabrieli Zapolskiej* [Die Dorf- und Vorstädtekultur in der Prosa von Gabriela Zapolska] noch auf ein im Schaffen der Schriftstellering vorhandenes Thema mit Elementen eines Kulturkreises der Vorstädte und Dörfer. Die Forscherin analysiert ausgewählte Romane und Erzählungen von Zapolska, beschreibt das Assimilationsphänomen, das ein Durchdringen der Elemente einer Kultur in die andere, die Einflüsse unterschiedlicher Traditionen meint. Nach der Ansicht der Autorin diagnostizierte Zapolska, ähnlich den späteren Vertretern der Bauernströmung in der polnischen Literatur, etwa Julian Kawalec, Juliusz Stryjkowski, eine Krise, die der Opposition von Kultur und Natur entsprang und die zu einer Unangepasstheit des Individuums, Furcht und zum Persönlichkeitskonflikt wurde.

Eine ähnliche Perspektive struktureller Analyse erscheint im Artikel von Anna Janicka *Widok z okna. Lwowskie felietony Gabrieli Zapolskiej* [Ein Fensterblick. Lemberger Feuilletons von Gabriela Zapolska], der den Lemberger Feuilletons Zapolska gewidmet wurde. Die Forscherin präsentiert nun *Małaszka* als eine Person, die neue Ausdrucksformen sucht, für die Alltäglichkeit interessiert ist, die sie im Zyklus der Lemberger Feuilletons schildert. Zur Hauptfigur der Darstellung wird das Fenster, das in den dem Lemberger Alltag gewidmeten Feuilletons hervorragend funktioniert (als Synonym sowohl für eine tätige Teilnahme am Leben – das „Fenster eines Beobachters" –, setzt aber zugleich die Gegenwart einer gewissen Distanz voraus, denn das Fenster trennt die äußere Welt von der intimen, die im Inneren des Hauses verborgen ist). Ein rasches Leben, bestimmt u. a. durch den Streit mit den führenden Kritikern des Lemberger Modernismus, kehrt im Werk von Zapolska wieder.

Ein anderes wichtiges Thema, das Piotr Rosiński in seinem Artikel *Sztuka polska w pismach Gabrieli Zapolskiej* [Die polnische Kunst in den Schriften von Gabriela Zapolska] erwähnt, ist die Bildkunst. Zapolska stellte nicht nur mit großem Bedacht ihre eigene Sammlung zusammen, sie äußerte sich auch zum Werk vieler Künstler, und förderte sogar (etwa im Fall von Z. Pronaszko) ihre Werke. Der Autor analysiert drei wichtigere Aussagen der Schriftstellerin, die dem Werk von Malczewski, Dunikowski und Jan Mirosław Peszke gewidmet sind. Die Kontexte, die in den kritischen Aussagen von Zapolska auftauchten und einen Einfluss des Werkes von Rodin auf Dunikowskis Schaffen erkennen lassen, bezeugen nicht nur die Kenntnis der wichtigsten Richtungen in der polnischen und europäischen Malerei, sondern ebenfalls eine besondere („emphatische") Sensibilität, die Beobachtungseindringlichkeit der Schriftstellerin.

In einer interessanten Skizze von Piotr Skrzypczak mit dem Titel *"... aby ta śliczna historia inaczej wyglądała..."*. *O niepowodzeniach i powodzeniach filmowych adaptacji Moralności Pani Dulskiej* [„... Damit diese herrliche Geschichte anders aussieht...". Über die Misserfolge und Erfolge der Filmadaptationen von *Moral der Frau Dulski*] kann man die Analysen der ersten Verfilmungen des berühmtesten Bühnenwerkes von Zapolska *Die Moral der Frau Dulski* finden. Der Autor der vorliegenden Skizze beschreibt nicht nur die Aspekte des Schauspiels in den ersten, stummen Filmen, sondern präsentiert auch die Kritikeraussagen und sogar die Zuschauerreaktionen. Interessant erscheint der Hinweis auf die Lebendigkeit, Aktualität der in Zapolskas Stück vorhandenen Motive (u. a. die menschliche Heuchelei, das Funktionierungsschema einer bürgerlichen Familie, ökonomische Probleme der Vertreter niederer Gesellschaftsschichten), die in den zeitgenössischen Filmen wiederkehren, welche die menschlichen Charaktere darstellen. Die Filmadaptation eines Bühnenstücks bedurfte in den ersten Jahren des polnischen Kinos enormer Fertigkeiten. Der Charakter des Bühnenwerkes in Form einer

Verfilmung musste also geändert werden (in Richtung einer Burleske), ihre Bedeutung beeinflusste den Interpretationsstil.

Dariusz Brzostek (*Higiena jako mechanizm biowładzy. Uwagi o Przedpiekłu Gabrieli Zapolskiej* [Die Hygiene als Mechanismus einer Biomacht. Anmerkungen zu *Przedpiekle* / *Die Hölle der Jungfrauen* von Gabriela Zapolska) entdeckt im Schaffen der Autorin von *Die Hölle der Jungfrauen* noch ein weiteres wesentliches Thema, es ist die Analyse der Lage von Frauen ohne Recht auf die Entscheidung über ihr eigenes Schicksal. Zapolska verkündet äußerst fortschrittliche Losungen, die der Forscher mit den zeitgenössischen Aussagen etwa von Foucault konfrontiert, die sich auf die Projektion einer neuen Identität, das Gestaltungssystem einer Persönlichkeit beziehen. *Die Hölle der Jungfrauen* ist nach der Autorin ein Bildungsroman, in dem es an Ironie nicht fehlt. Die Autorin nimmt die Unzulänglichkeiten des Bildungssystems der Frauen wahr, ihre Diagnose ist zugleich eine Negation der „bürgerlichen Sittlichkeit".

Diese Anklage kehrt in den ungewöhnlichen Pariser Bildern zurück, die Piotr Siemaszko in seinem Artikel *Paryż jako przestrzeń nowoczesnego spektaklu* [Paris als Raum eines modernen Schauspiels] analysiert. Der Forscher macht darauf aufmerksam, dass Zapolska den künstlerischen Pariser „Modeerscheinungen" unterliegt, sie entdeckt den Reiz der Stadt als ein Theaterraum. Die Modernisten verachten große städtische Ballungsgebiete, in denen die Individualität schwindet, Zapolska erblickt in Paris jedoch einen anderen Raum – einen mentalen, künstlerischen. Piotr Siemaszko stellt die Stadt als Ort dar, an dem die Kunst entsteht (Theaterleben, Ausstellungen), zugleich aber behandelt sie als ein Kunstwerk für sich, ein Kunstgebilde, das in Opposition zur Natur steht. Die gezeichnete Perspektive fand einen interessanten Bezug in den Briefen und Feuilletons der Künstlerin.

Zapolska, wenngleich in der Finsternis der vergangenen Zeit verborgen, kann immer noch das Interesse der Forscher erwecken, denn ihr Schaffen ist ein Zeugnis der vergangenen Tradition. Gleichzeitig erlauben ihr Lebensstil, ein ungewöhnliches Interesse am Dasein die Neuartigkeit, den Gedankenreichtum und das Kommen neuer Lösungen für die zeitgenössischen literarischen Richtungen zu gewahren.

Hanna Ratuszna

„W drodze na Parnas" - wspomnienie o Gabrieli Zapolskiej

Twórczość Gabrieli Zapolskiej przynależy do epoki polskiego modernizmu. Artystka zadebiutowała w okresie późnego pozytywizmu. W swoich utworach analizowała trudną sytuację kobiet pochodzących najczęściej „z nizin społecznych", interesowały ją także problemy środowisk artystycznych, zwłaszcza teatralnego. Z teatrem związała swój los dość wcześnie, debiutowała na polskich scenach jako tzw. aktorka charakterystyczna (grając role amantek). Zapolska – poza złą sławą (ówczesna sytuacja kobiet – artystek nie była najlepsza) nie zyskała jednak rozgłosu. Dla wielu artystów sceny polskiej nie była kimś interesującym. W licznych wspomnieniach, pamiętnikach twórców polskiego modernizmu: Przybyszewskiego, Micińskiego, czy Żeromskiego brakuje wzmianek o jej działalności. Artystka spędziła wiele lat w Paryżu, o czym świadczy bogata korespondencja m.in. ze Stefanem Laurysiewiczem. Okres paryski ukształtował ją jako artystkę świadomą, otwierającą się na nowatorskie prądy, wielbicielkę sztuki obrazu.

EUROPEJSKI KONTEKST TWÓRCZOŚCI

Paryskie listy do Stefana Laurysiewicza obejmują okres od przyjazdu artystki do stolicy Francji aż po rok 1892 (w tym czasie relacje obojga są najintensywniejsze, później ton korespondencji ulega zmianie). Listy te warto potraktować jako cenny materiał do biografii Zapolskiej – mimo wielu ważnych prac (Rurawski, Czachowska), pełnej luk i niedopowiedzeń.

Właściwie nie wiadomo w jakich okolicznościach artystka poznała młodego, dobrze zapowiadającego się kupca – artystę? Był on m.in. jednym z uczestników przedstawień organizowanych przez tzw. kolonię – grupę Polaków osiedlonych tymczasowo w Paryżu. Zapolska wchodząc w życie tej grupy nawiązywała nowe znajomości, które często przeradzały się w niezwykłe, pełne emocji związki. W tym czasie była już postacią znaną, aktorką objazdowych teatrów polskich i autorką powieści (np. *Małaszka*). Jej przyjazd do Paryża wiązał się z chęcią zdobycia sławy, choć równocześnie był także ucieczką od ludzi i sytuacji[1].

Przyjaźń, a potem także związek z młodszym o 10 lat Stefanem Laurysiewiczem, nie spotkały się z aprobatą otoczenia. W jednym z listów Zapolska tak poucza swojego przyjaciela:

„Zniszcz moje listy wszystkie, proszę Cię o to. Ojcowie nie mają skrupułów w takich razach. Zastawiają się szczęściem dziecka i szperają po wszystkich kątach! Nie trzeba sobie robić iluzji w tym względzie. W ten sposób ojciec wpaść może na trop naszego stosunku i hajże na Soplicę! Nie lekceważ rad moich proszę Cię! Błagam! Zrób to i potem, w miarę odbierania, niszcz! Nie noś nigdy przy sobie żadnego listu, bo śpisz mocno, a ubranie się na noc zdejmuje!"[2]

Przestrogi miały na celu nie tylko „ochronę" syna przed ojcem, były także desperackimi próbami obrony własnego – mocno nadszarpniętego przez wcześniejsze wydarzenia – imienia. W innym liście do Laurysiewicza Zapolska pisała:

„...dwie moje ciotki, stare panny, o których Ci opowiadałam mówiły, że „zgroza, co się wyprawia! Teraz Lunia uwięziła przy sobie młodego Laurysiewicza i nie pozwoliła mu wyjechać i wrócić do narzeczonej". „Dalej opowiadały, żeś porzucił nikczemnie bardzo uczciwą i zacną panienkę dla mnie (!), żeś złamał jej przyszłość oszołomiony przeze mnie..."[3]

Stefan Laurysiewicz wychował się w rodzinie szlacheckiej, jego ojciec, Władysław był dyrektorem cukrowni w Dobrzelinie i w tym właśnie kierunku edukował swojego syna, wiązał z nim wielkie nadzieje.

Laurysiewicz jeszcze jako student działał w tajnych stowarzyszeniach oświatowo-socjalistycznych, co w rezultacie doprowadziło do przymusowej emigracji. W 1889 roku, w obawie przed aresztowaniami, został zmuszony do wyjazdu do Paryża. Tu właśnie rozkwitł jego związek z Gabrielą Zapolską, która znalazła się w mieście nad Sekwaną w 1890 roku.

---

[1] G. Zapolska, Listy do S. Laurysiewicza, 11 IV 1892, w: Gabriela Zapolska, Listy, zebrała St. Linowska, Warszawa 1970, tom. 1., s. 319. Warto przypomnieć, wskazują na to także wzmianki w listach, że artystka była skonfliktowana także z najbliższą rodziną. W liście z 11 IV 1892 Zapolska pisze: „ Zrobiono mi nikczemność. Ktoś posłał Papie na Wołyń anonim, że ja grałam u Chiraca, na tym sławnym przedstawieniu w Theatre Realiste, na którym policja kazała spuścić kurtynę. Ten ktoś...-naturalnie moja matka...", tamże.
[2] G. Zapolska, List do S.L. Paryż 21 VI 1891 niedziela, s. 187.
[3] G. Zapolska, List do S.L. Paryż 22 IX 1891, s. 230.

Jak wielkie wrażenie sprawiło na nim miasto wolności, swobody i sztuki oraz spotkanie z nieprzeciętną kobietą, świadczyć może fragment kolejnego listu, w którym Zapolska tłumaczy się z niespodziewanego romansu:

„Mówiłam sobie: młody jest! Tu w Paryżu nie ma nikogo. Przywiązał się do mnie serdecznie, prawda, ale wiele na to wpływają postronne okoliczności. Osamotnienie, zapomnienie o swoich, walka z ojcem..."[4].

Listy do Stefana Laurysiewicza obejmują niezwykle bogaty zbiór, w którym obok wątków osobistych, związanych bezpośrednio z przeżywanymi uczuciami, pojawiają się także interesujące refleksje na temat sztuki obrazu: nowoczesnych tendencji w malarstwie, sztuki teatralnej (zabiegi artystki o miejsce na paryskiej scenie, pobyt w teatrze Antoine'a) oraz literatury.

Okres paryski jest dla Zapolskiej czasem niezwykłych doświadczeń artystycznych i towarzyskich. Związek z Laurysiewiczem uwrażliwia ją na sztukę obrazu, pozwala poznać i otworzyć się na nowoczesne tendencje w malarstwie, wraz z którymi rozpoczyna się dyskusja o ówczesnej sztuce, literaturze. Artystka „wychowana w szkole naturalizmu", jako aktorka odnajduje „naturalistyczne rozwiązania" w teatrze Antoine'a. Poprzez kontakty z malarstwem światowym, dzięki wsparciu Laurysiewicza – zaczyna rozumieć symbolizm, otwiera się także na sztukę impresjonistyczną.

AKTORKA I KRYTYK

Zapolska angażuje Laurysiewicza do współpracy z Adamem Wiślickim, redaktorem „Przeglądu Tygodniowego". Sama artystka jest niestrudzoną korespondentką „Przeglądu", przesyła do kraju swoje nowe utwory oraz „Paryskie listy", felietony artystyczne.

Laurysiewicz, dzięki temu wstawiennictwu opublikował trzy szkice „Wystawa Niepodległych w Paryżu" i „W Salonie Pastelistów francuskich" (nr 17 i 20) oraz „Nowe kierunki malarstwa we Francji" (Dodatek Miesięczny do „Przeglądu Tygodniowego", s. 597, pierwsze półrocze)[5]. Z listów Zapolskiej wynika, że jej młody przyjaciel nosił się także z zamiarem napisania szkicu o jej

---

[4] G. Zapolska, Listy do S. L. Paryż 14. VII 1891, s. 198.
[5] E. Korzeniewska, [w:] G. Zapolska, Publicystyka, cz. 1, oprac. J. Czachowska, E. Korzeniewska, Wrocław – Warszawa 1958, s. LVII.

twórczości. Laurysiewicz pozostawał pod niewątpliwym urokiem sztuki impresjonistycznej, choć o neoimpresjonistach nie wyrażał się pochlebnie:

„Nie będę dalekim od prawdy, gdy powiem, że większość tych obrazów podobną jest do pustyni, robionej przez dzieci na mapach za pomocą szczoteczki umaczanej w odpowiedniej farbie, z której pryskają drobnym deszczem, pociągając pod włos: albo - jeszcze lepiej – jest to konkurencja wyrządzana malarzom pokojowym w robieniu na szlakach marmuru, który powstaje przez uderzenie umoczonego pędzla o kawałek drewna"[6].

Ta niechęć, jak sugeruje Ewa Korzeniewska w *Przedmowie* do tomu pism publicystycznych, brała się prawdopodobnie z „oczekiwań odbiorców"[7]. Zapolska nie przejawiała początkowo zainteresowania sztukami plastycznymi[8]. Jak można sądzić, to właśnie wykształcony Laurysiewicz stał się jej przewodnikiem, wyrocznią w dziedzinie sztuki. Dzięki niemu artystka zaangażowała się w refleksje o sztuce obrazu, analizowała dzieła mistrzów, brała udział w wernisażach, zaczęła kolekcjonować dzieła sztuki. W jednym z listów do Laurysiewicza, Zapolska przyznała nawet:

„Ty mi dałeś dużo, bo światło i barwy"[9]

oraz

„Z Tobą to co innego. Można było podzielić się wrażeniem i tym, co z Tobą się widzi, i choć ja nieraz bąka estetycznego strzeliłam, to zawsze Ty go naprawiłeś i sprostowałeś..."[10].

W prywatnych listach Zapolska swobodnie wypowiadała się na temat sztuki, komentowała także wypowiedzi Laurysiewicza, korzystała z jego notatek i uwag:

„napisz mi cokolwiek, małą notatkę o Pissarro – wiesz, tym impresjoniście"[11].

W liście do „Tygodnika Powszechnego" pt. „Nowe kierunki w sztuce" Zapolska rekonstruuje źródła impresjonizmu, pisze także o różnicach panujących między

---

[6] Tamże, s. LVII.
[7] Tamże, s. LVII.
[8] Tamże.
[9] G. Zapolska, Listy do S. L. Paryż 14.VI 1891, s. 199.
[10] G. Zapolska, Listy do S. L. Paryż 10 VIII 1891, s. 211.
[11] E. Korzeniewska, G. Zapolska, Publicystyka, dz. cyt., s. LVII

„malarzem – rzemieślnikiem" a „malarzem – artystą". Analizując te dwie strategie – artystka przywołuje pozytywistyczne sądy, zgodnie z którymi sztuka musi zyskać społeczny oddźwięk, zaangażowanie, prezentuje także sylwetki artystów. Wśród nich pojawia się Pissarro – wysoko przez Nią ceniony. Malarz ten: „...nie trzymając się ślepo (...) doktryny, używa pointylizmu i osiąga dodatnie rezultaty"[12].

Zapolska pisze także interesująco o obrazach Van Gogha, stara się uchwycić ich wyjątkowość, coś, co wyróżnia je na tle dokonań neoimpresjonistów. Oryginalność odnajduje w obecnym na płótnach tego artysty – symbolistycznym pejzażu, symbolicznej konfiguracji obiektów. Warto dodać, że symbolizm na obrazach Van Gogha Artystka „pojmuje bardzo współcześnie", niemalże w duchu nauk Przybyszewskiego. Jak pisze w jednym z felietonów:

„Symbolizm więc jest najdoskonalszym indywidualizmem i każdy z symbolistów daje nam w swym obrazie, przywoławszy na pomoc umiejętność używania farb i łączenia barw, cząstkę stanu swej duszy, takiej, jaką była w chwili tworzenia – to jest nie niewolnicy-fotografki, lecz duszy wolnej, swobodnej, nie krępującej się w chwili natchnienia"[13].

W tej wypowiedzi, w której krytyce podlega zasada fotograficznego odtworzenia, pojawia się kategoria natchnienia. Moderniści dość konsekwentnie wyróżniali natchnienie jako „twórczy pierwiastek", „element", bez którego trudno mówić o akcie twórczym. Ignacy Matuszewski pisał w artykule „Sztuka i społeczeństwo":

„...jeżeli artysta podda się bezwzględnie natchnieniu, to znaczy: będzie odtwarzał szczerze i uczciwie wrażenia, jakie na niego wywiera świat i życie, nie może zrodzić rzeczy niemoralnej, bo świat i życie nie są ani moralne, ani niemoralne same w sobie..."[14].

Krytyk łączył więc to pojęcie z ogólnym rozumieniem zadań sztuki, artystycznych celów, w szczególności zaś z zagadnieniami etyki. Również dla Artura Górskiego przeżycie w sztuce – staje się „prawdą żywą"[15]. Zapolska

---

[12] Tamże, s. 299.
[13] Tamże, s. 303.
[14] I. Matuszewski, Sztuka i społeczeństwo, „Tygodnik Ilustrowany" 1899, nr 10, cytat za. B. Szymańska, Spór o wartości w Młodej Polsce, w: Stulecie Młodej Polski, pod red. M. Podrazy-Kwiatkowskiej, Kraków 1995, s. 12.
[15] A. Górski, Monsalwat. Rzecz o Adamie Mickiewiczu, Warszawa 1908, s. 104.

łączy te zagadnienia, sztuka najwyższa, prawdziwa przejawia się więc w oryginalności i natchnieniu. Artystka nazywa Van Gogha szaleńcem (pisze o duszy szaleńca, patrzącego jednak na rzeczy „rozumnie i trzeźwo"[16], równocześnie jednak podkreśla jego artyzm objawiający się w spojrzeniu na naturę, umiejętności symbolicznego obrazowania. W analizie obrazu „Fotel Gauguina" (z 1888 roku) zawartej w jednym z felietonów, Zapolska zwróciła uwagę na przedstawienia obiektów, ich konfiguracje, całkowicie zaś pominęła kwestie formy, twórczej techniki, słusznie jednak zinterpretowała temat – jako „nieobecność"[17]. W jej rozumieniu sztuki obrazu przejawia się pewna powierzchowność. W wypowiedziach nie brakuje jednak stwierdzeń zaskakujących, odnoszących się także do analizy formalnej dzieła:

„W mojej pracowni wisi także płótno Van Gogha, klejnot, który za lat kilkanaście nie będzie mieć ceny, na którym drzewa są oranżowe, liście szafirowe, ziemia czarna, a w głębi jakaś postać kobieca niknie w mgle błękitnawej. Van Gogh wziął formę drzew, ziemi, kobiety – i rzucił je w tęcze harmonijną barw"[18].

W listach pisanych do Stefana Laurysiewicza brakuje wyczerpujących refleksji o impresjonistach i neoimpresjonistach, pojawiają się jednak liczne uwagi o współczesnych artystach polskich, np. o Pankiewiczu, którego obrazy gromadziła także sama Zapolska. Nazwisko Pankiewicza powraca w refleksji o kondycji współczesnej cyganerii. Z kontekstu wypowiedzi artystki wynika, że Laurysiewicz opiekował się niezamożnym malarzem, podejmował się sprzedaży któregoś z jego obrazów. Zapolska wspomina także o portretach Loevy'ego[19] (pozowała do portretu Salome[20]), który był mężem Marii Szeligi, oraz o twórczości Makowskiego[21].

---

[16] E. Korzeniewska, G. Zapolska, Publicystyka, t. 2, s. 302.
[17] Tamże, s. 301.
[18] Tamże, s. 302.
[19] G. Zapolska, List z 16 IX 1891, w: dz. cyt., s. 204.
[20] „Za to pozuję mu (Loevy'emu) do Salome w białej, muślinowej sukni przepasana Twoją materią w te wielkie koła. Siedzę na balustradzie okna szeroko rozwartego. Mój pomysł i moja poza. Ręce mam nagie i szyję odsłoniętą. Włosy jak z dyrektoriatu wysoko uczesane i przypięte grzebieniem. To będzie bardzo ładne i jeśli mu się uda, zrobi bardzo ładny efekt. Na nogach czarne, ażurowe pończochy i Twoje kolorowe pantofle. Portret będzie naturalnej wielkości", List do S. Laurysiewicza, 22 VII 1891, w: dz. cyt., s. 206.
[21] Tamże.

Artystka nie ocenia w listach dzieł tych twórców. Oceny te pojawią się w pisanych do redakcji „Tygodnika" felietonach. Fascynacja dziełami sztuki pozostanie jednak na długie lata. W liście do Laurysiewicza z 16 listopada 1894 roku Zapolska pisała:

„Mieszkanie moje zamienia się w muzeum. Mam Van Gogha, Gaugina, Denis, Vuillard, Anquetin, rzeźby Lacombe'a, Riotto i innych. Mam taką moc obrazów i płaskorzeźb, że nie mam ścian, i sześć płócien stoi w cabinet de toilette, czekając lepszych czasów, kiedy będę miała większe mieszkanie"[22].

Jej niezwykła kolekcja, o której pisano, że jest „jedną z najcenniejszych"[23], została zaprezentowana w kraju. Reakcja zwiedzających była entuzjastyczna. Nie brakowało jednak także głosów przeciwnych, pochodzących od tych, którzy nie rozumieli nowatorskich tendencji w sztuce. W „Gazecie lwowskiej" pojawiły się zarzuty ulegania japońszczyźnie i braku indywidualności[24]- uwagi te dotyczyły jednak nowych tendencji w sztuce, nie idei samej wystawy.

W 1906 roku (w rok po powrocie do kraju) zorganizowano w Salach Towarzystwa Sztuk Pięknych we Lwowie wystawę wszystkich, zgromadzonych w Paryżu dzieł. Znalazły się tam m.in. obrazy Gauguina, Van Gogha, Pissarro, Van Moisa, z dzieł malarzy polskich - obrazy Pankiewicza, Boznańskiej, i „Melancholia" Peszkego. Kolekcja Zapolskiej została jeszcze raz wystawiona w Krakowie na XIV Wystawie Towarzystwa Artystów Polskich „Sztuka", gdzie również odbierano ją entuzjastycznie . W 1910 roku, z powodu kłopotów finansowych, artystka sprzedała obrazy Van Gogha, Gaugina i Seurata paryskiej galerii. Po jej śmierci kolekcja przeszła w ręce spadkobierców[25].

SZTUKA SCENICZNA

Kolejny, ważny temat, który powraca w listach do Laurysiewicza, to sztuka sceniczna. W prywatnych listach do ukochanego Zapolska drobiazgowo opisuje swoje starania o przyjęcie do trupy aktorskiej Antoine'a. O samym reżyserze Theatre Libre pisze dość zagadkowo, że jest to człowiek o genialnej wprost

---

[22] Cyt. za J. Czachowska, Gabriela Zapolska. Monografia biograficzna, Kraków 1966, s. 132
[23] Tamże, s. 333.
[24] Tamże, s. 332.
[25] Tamże.

intuicji, jednak: „Głupi jak but, a nie wiadomo skąd chwyta takie efekta, że się usta otwiera"[26]. Nuta wyższości bierze się być może stąd, że Zapolska równocześnie z aktorstwem, zdobywa laury pisarskie, publikuje w Paryżu ważne w swoim dorobku literackim dzieła, staje się też powoli niezależną artystką. W listach do Laurysiewicza opisuje z pietyzmem zdarzenia, w których uczestniczy jako osoba ceniona. Tak m.in. traktuje ją Stanisław Rzewuski, który wypowiada się o niej bardzo pochlebnie na łamach paryskich dzienników (pierwszy artykuł ukazał się w „L'Evenement", w 1900 roku), zabiega też o wprowadzenie jej dzieł na francuski rynek czytelniczy[27]. Rzewuski zwraca uwagę na europejski charakter jej dokonań literackich, nazywając „George Sand epoki w krajach słowiańskich"[28], przywołuje jej twórczość także w dodatku literackim do „Le Figaro" (22 II 1908). Jego refleksje obejmują cały dorobek Zapolskiej, również teatralne role, zwłaszcza te, w których aktorka wystąpiła w Theatre Libre. Artystka wspomina o jego życzliwości w liście do Laurysiewicza:

„Antoine, kundel, poszedł do Rzewuskiego, aby się dowiedzieć, kto ja jestem. Naturalnie Rzewuski rozpadał się nade mną i nazwał mnie „une femme geniale". Antoine zgłupiał"[29].

Recenzje Rzewuskiego, którego – jak podaje Czachowska[30], Zapolska poznała prawdopodobnie jeszcze w Petersburgu (w czasie gościnnych występów) w 1883 roku, kiedy grała w jego sztuce „Z przeciwnych obozów" - stanowiły jednak wyjątek. Ciekawy może w tym przypadku wydawać się fakt, że istotną rolę w ocenie jej dorobku odgrywa także „aspekt obyczajowy", Rzewuski pisze o Zapolskiej, że jest „niezwykłą osobą", akcentuje jej odwagę i nowoczesność. Ważną rolę w ogólnej ocenie odegrała także działalność publicystyczna Zapolskiej, która dała się poznać światu właśnie jako zwolenniczka nowoczesności, kobieta pragnąca osiągnąć sukces.

W Europie i poza nią, wraz z rozwojem ruchu emancypacyjnego, triumfy święciły wybitne kobiety, które podejmowały artystyczny dialog z mężczyznami, Lou Salome-Andreas, Frida Kahlo, czy Isadora Duncan. Kobiety

---

[26] G. Zapolska, Listy do S. Laurysiewicza z dnia 14.01. 1892, s. 265.
[27] F. Ziejka, Paryż młodopolski, Warszawa 1993, s. 175.
[28] Cyt. za tamże, s. 176.
[29] G. Zapolska, Listy do S. Laurysiewicza z dnia 14 I 1892, s. 265.
[30] J. Czachowska, dz. cyt., s. 91

te tworzyły awangardę artystyczną, równocześnie jednak, dzięki działalności, wpływały na zmianę stylu myślenia o ich roli w świecie.

Wypowiedzi Rzewuskiego o Zapolskiej pozwalają sądzić, że krytyk tak właśnie postrzegał jej osobę, jako prekursorkę pewnych postaw typowych dla kobiet „chwytających za pióra", które osiągały w tej dziedzinie sukcesy. Zapolska nie miała jednak szczęścia do krytyków ani za granicą, ani w Polsce. Niezbyt pochlebne opinie o jej twórczości wyrażał m.in. Adam Grzymała-Siedlecki[31].

W czasie pobytu w Paryżu artystka przeżywała wielką euforię związaną z możliwością występowania na zagranicznej scenie[32]. Jednak role jakie otrzymywała, sceny, na których grała – nie zadowalały jej w pełni. Były to najczęściej role drugo i trzecioplanowe, i choć w listach do Laurysiewicza, artystka mówiła o nich z entuzjazmem (np. rola w sztuce Les deux Camilles, grana w Montmorency, o której wspomina w liście z 16 VI 1891 roku), to jednak dość szybko wypierało go zniechęcenie.

W liście z 19 VII 1891 roku artystka pisze: „Mam ich dosyć. Nie chcę nic, ani widzieć tych obrzydliwych francuskich kulis, gdzie są same prostytutki i sutenery. To nie dla mnie. Dostałabym chyba bzika, siedząc tam z nimi. Ja! Ja! Wycierać kulisy francuskie, jak jaka prostytutka chcąc się dorobić stanowiska! I zaraz! Nie żałuję nauki, bo mnie to rozwinęło jako aktorkę"[33]. Istotne okazuje się dla niej samo doświadczenie, choć jej aspiracje aktorskie są bardzo duże. W liście, pisanym do Marii Szeligi, Zapolska porównuje siebie do Modrzejewskiej:

„...co miała Modrzejewska idąca na scenę angielską: czterdzieści lat, zupełną nieznajomość najtrudniejszego języka pod słońcem. Ale silna wola była w niej wielka. Tę silną wolę ja mam, chcę ją mieć"[34].

Wielkie ambicje aktorskie nie zostały więc spełnione, choć zdarzały się role, które przynosiły ze sobą sukces (np. rola u Antoine'a w sztuce Bourgeta, Zapolska pisze o niej w liście do Laurysiewicza z 9 I 1892 roku). Artystka korzysta nawet z pomocy agenta teatralnego. W liście z 11 V 1891 roku

---

[31] F. Ziejka, dz. cyt., s. 177.
[32] Już po powrocie do kraju, gdy pracowała krótko w teatrze Pawlikowskiego, przed przedstawieniem rozkładała kagańce na fotelach zarezerwowanych dla krytyków, co miało sugerować jej wielką niechęć do prasowych oszczerstw
[33] G. Zapolska, Listy do S. Laurysiewicza z dnia 19 VII 1891, s. 204.
[34] G. Zapolska, Listy, t.1, s. 98

wspomina o wizycie u Anetrosellego: „ tego sławnego agenta teatralnego na całą Europę (...). Przyjął mnie cudownie i powiedział, że mi nietrudno będzie coś znaleźć z moją urodą i nawet z moim akcentem, który znajduje bardzo przyjemny. Dał mi dwa listy: do Ambigu i Chatelet"[35]. Jak się później okazało – listy polecające nie przyniosły spodziewanego rezultatu. Nie pomogły także lekcje pobierane u Miss Samary i samego Antoine'a.

Artystka pracuje w tym czasie także nad przeróbkami własnych powieści. W liście z 22 IX 1891 roku, Zapolska wspomina o niezwykłym spotkaniu na dworcu, podczas którego poznała Paula Renarda, dawnego właściciela *Edenu*. Renard polecił jej sceniczne opracowanie *Małaszki* („Pieniądze ma, więc łatwo reszta przyjdzie"[36] - jak pisała). Równocześnie trwały pertraktacje z Tatarkiewiczem i Kotarbińskim, którzy przysyłali jej role do Paryża. W liście z 24 IX 1891 można przeczytać: „Wybrali, co mogą bez trudu wznowić i bez zamieszania w repertuarze dać (...) dali mi więc Joannę w *Robotnikach* (E. Manuela) po Rakiewiczowej. Uczyłam się ją z Samary, potem *Żonę Sokratesa* w przekładzie Duchińskiej, doskonałą komedię, *Marię-Joannę* [A. Dennery'ego i J. Malliana] i Justysię w *Mężu i żonie* Fredry. Napisali, że potem wystawią ze mną Germinie Lacerteux [E. Goncourta] i Sapho [A. Daudeta i A. Belota]. Nie chcę się im sprzeciwiać, widzę, że są ożywieni najlepszymi dla mnie chęciami, robię więc to, co mi każą"[37]. Zapolska kupuje także sztuki dla teatrów warszawskich, pracuje nad ich tłumaczeniami[38]. O jej tłumaczeniach dość niepochlebnie wypowiadał się m.in. Bolesław Prus[39].

Najważniejszy etap artystycznego rozwoju stanowi jednak teatr Antoina'e – który słynął z werystycznej prezentacji sztuk scenicznych (licznych nawiązań do naturalizmu). Antoine rezygnował z zasady umowności inscenizacyjnej. Dekoracje, stroje aktorów miały wiernie odzwierciedlać wydarzenia, miejsce akcji, status społeczny postaci. Jak pisze Ewa Korzeniowska, zdarzały się w przedstawieniach Antoine'a także „drastyczne rekwizyty" - kawały ociekającego

---

[35] G. Zapolska, Listy do Laurysiewicza z dnia 11 V 1891, s. 152.
[36] G. Zapolska, Listy do Laurysiewicza z dnia 22 IX 1891, s. 232.
[37] G. Zapolska, Listy do Laurysiewicza z dnia 24 IX 1891, s. 234.
[38] Por. list z 28 IX 1891, s. 235.
[39] W liście do Laurysiewicza z II 1893 roku Zapolska pisała: „Prus i Zalewski napadli na mnie wspólnie jak sfora psów gończych", s. 234.

krwią mięsa. Teatr Antoina miał charakter - „studyjny", sztuki grywano w różnych miejscach w wynajmowanych salach, w zmiennych odstępach czasu. Repertuar teatru także stanowił przedmiot krytyki. W recenzjach pojawiały się uwagi dotyczące metod naturalistycznych stosowanych w sztukach, które z naturalizmem niewiele miały wspólnego. Antoine zrezygnował z gwiazdorskiej obsady aktorskiej, kształtował w ten sposób – zgodnie z zasadami naturalizmu – styl gry aktorskiej trupy, która miała stanowić „zwarty zespół"[40]. Pobyt u Antoina'e wyznaczył nie tylko ważny etap w twórczości Zapolskiej, był momentem „konfrontacji postaw". Tendencje naturalistyczne obecne w literaturze, sztuce francuskiej (europejskiej) spotkały się bowiem z nowoczesnymi rozwiązaniami typowymi dla prądów literackich i artystycznych.

To zderzenie było widoczne także w łonie samego teatru. Obok Theatre Libre Antoine'a funkcjonowały w Paryżu także nowatorskie w stylu grania, podejściu do indywidualizmu aktorskiego, teatr d'Art i de l'Oeuvre. Zapolska jako aktorka zaangażowana przez Antoine'a – identyfikowała się z głoszonymi przez niego - realizowanymi także w przedstawieniach, poglądami, równocześnie jednak interesowała się nowymi kierunkami w sztuce (jej fascynacje obrazami impresjonistów, pochwalne sądy wobec twórczości Van Gogha, którego postrzegała jako symbolistę). W utworach, pisanych w czasie pobytu w Paryżu – sięgała po nowatorskie rozwiązania – narracja pierwszoosobowa, impresje słowne, równocześnie jednak dbała o weryzm elementów akcji. W jednym z listów do Laurysiewicza Zapolska pisała:

„Ułożyła mi się bardzo ładna powieść w głowie pt. „Tajemnica grobu" - z życia Złotnickiego (...) Rzemiosło moje to prosektorium! Bierze się trupa i kraje. Dusza drga jak uda żabki. Drgnięcie to się zapisuje. Potem plebs czyta i przegryza makaronem z serem, nie czując, że to spisane z prawdziwych, krwawych łez!..."[41].

Artystka odwiedziła także tzw. Złodziejską Czerwoną Oberżę[42].

Stosunek Zapolskiej do programu Zoli i nowoczesnych nurtów Cezary Jellenta określił jako „zakapturzony idealizm"[43]. Warto podkreślić, że artystka, na co zwraca uwagę w przedmowie do pism publicystycznych także Ewa

---

[40] E. Korzeniewska, Wstęp, G. Zapolska, Publicystyka, dz. cyt., s. XXXII
[41] G. Zapolska, Listy do S. Laurysiewicza z dnia 7 X 1891, s. 132.
[42] Tamże.
[43] C. Jellenta, Zakapturzony idealizm, Prawda 1888, nr 35-36.

Korzeniowska, rzadko zdobywała się we wczesnym okresie paryskim na samodzielność sądów, „chłonąc nowe teorie, nowe nazwiska i problemy, nie umiała jeszcze zorientować się w chaosie tych informacji"[44]. Sądy te pobrzmiewały natomiast w listach. Zapolska wspominając np. o wizycie Ibsena w Theatre Libre zwraca uwagę na nowatorstwo Antoine'a. Sam Ibsen był jednak przez nią skrytykowany:

> „Jest to potwór, zupełnie widmo z rozczochraną głową. Mówił, że nigdy nic nie napisał inaczej jak tylko po pijanemu"[45].

W teatrze Antoine'a artystka spotkała także Emila Zolę, Jules'a Goncourta, Catulle'a Mendesa. W „Listach paryskich", poświęconych Theatre Libre, Zapolska gloryfikuje swojego mistrza. Za najważniejszą „kategorię" jego sztuk uznaje prawdę, która – jak pisze „łatwiej znalazła przystęp do dusz prostych, nie analizujących i w świetle kawiarnianego gazu nie spalonych"[46]. Prawdę zaś w sztuce scenicznej, aktorskiej, artystka pojmuje nieco inaczej niż w sztukach plastycznych.

WOBEC SPOŁECZNOŚCI POLSKIEJ WE FRANCJI

Istotnym tematem pojawiającym się w listach, ujawniającym rys osobowości artystki i typ łączących ją z Laurysiewiczem relacji – była kolonia polska w Paryżu.

Zapolska, co wyraźnie ujawnia się w analizowanych listach, nie identyfikuje się z „kolonią", polskimi cyganami, przebywającymi w Paryżu. Świadomie ogranicza kontakty zbliżając się jedynie do nielicznych: Okszy-Orzechowskiego, który wspomaga ją finansowo, Lorentowicza, Makowskiego, Łozińskiego, Kraków. Przyjaźni się także z Limanowskimi i Marią Sulicką (studentką medycyny).

W pierwszym roku pobytu w Paryżu Zapolska bierze udział w przedsięwzięciach Towarzystwa Wzajemnej Pomocy Studentów Polaków „Spójnia". 18 stycznia 1890 roku zagrała m.in. rolę Jadwigi w komedii H.

---
[44] E. Korzeniewska, Wstęp do Publicystyka, s. XXXIX
[45] G. Zapolska, Listy do S. Laurysiewicza z dnia 11 IV 1892, s. 320.
[46] G. Zapolska, Publicystyka, t. 2, s. 129.

Sienkiewicza *Czyja wina*?[47] (na scenie w sali Fantaisies Parisiennes spotkała Laurysiewicza, grającego rolę Leona). Deklamowała także wiersze patriotyczne i uczestniczyła w obchodach organizowanych ku czci powstania kościuszkowskiego[48]. Działania te można jednak potraktować jako „chwilowe zajęcie", próby odnalezienia miejsca „na paryskim bruku". W liście do Wiślickiego, pisanym 20 XII 1890 roku, czytamy: „Cierpię w tej chwili jak wygnane szczenię, cierpię bardzo"[49].

Zapolska od pierwszych chwil swojego pobytu, podejmowała niezwykły wysiłek, by odnieść sukces artystyczny. Wszystkie zabiegi - „wytężona praca" – w liście z 20 IV 1891 roku artystka pisała „pracuję jak zwierzę"- [50]jak pisał Zbigniew Rurawski, w monografii poświęconej artystce[51] - nie przyniosły jednak oczekiwanego skutku. W styczniu 1890 roku Zapolska, po czterech miesiącach pobytu, postanowiła wrócić do kraju[52]. Ostatecznie jednak, dzięki cennym radom Wiślickiego, redaktora „Przeglądu Tygodniowego", z którym zawarła przyjaźń, pozostała. W listach pisanych do Laurysiewicza, pochodzących z tego okresu bardzo często pobrzmiewa nuta zwątpienia, wielkie pragnienie „ułożenia sobie życia": „Wiem, że teraźniejsze życie Twoje to udręka i tułaczka, moje tutaj – to po prostu wygnanie"[53]

Warto pamiętać, że przed wyjazdem do Paryża artystka przeżyła życiowy zawód. Józef Rurawski, w książce poświęconej Zapolskiej wspomina o nieślubnym dziecku, zrodzonym w wyniku romansu z Marianem Gawalewiczem. Wydarzeniom towarzyszyła atmosfera skandalu, któremu sprzyjała aura życia wędrownej aktorki (która w latach 1885-1887 występowała w teatrze poznańskim. W 1887, w czerwcu – wystąpiła w Warszawie, w Teatrze Letnim w Ogrodzie Saskim). W październiku 1888 roku w hotelu w Piotrkowie miała miejsce samobójcza próba.

---

[47] J. Czachowska, dz. cyt., s. 89.
[48] Tamże, s. 89.
[49] J. Rurawski, Gabriela Zapolska, Warszawa 1987, s. 34.
[50] G. Zapolska, Listy do S. Laurysiewicza z dnia 20 IV 1891, s. 138
[51] Z. Rurawski, dz. cyt., s. 34
[52] Tamże.
[53] G. Zapolska, Listy do S. Laurysiewicza z dnia 11 III 1892, s. 307.

Józef Rurawski zwrócił uwagę na to, że Zapolska „żyła w teatrze i tworzyła teatr w życiu"[54], nawet w listach – zdaniem badacza, nie była autentyczna. W listach do Laurysiewicza pojawia się ton autokreacji. W drobiazgowych opisach codzienności, w które obfitują listy, Zapolska mówi jednak także „od siebie", często wspomina o sprawach finansowych (Laurysiewicz wspiera ją materialnie), opowiada o swoim wyglądzie i krytykuje środowisko francuskich aktorów. Krytyka środowisk aktorskich wynikała z poczucia zniechęcenia, jakie przeżywała oczekująca sukcesu Pisarka. Jej niezwykłą aktywność zawodową, towarzyską tłumaczyć może przede wszystkim fakt, że po skandalach w kraju, w Paryżu artystka nie miała „już nic do stracenia". Jedynie sława mogła zatrzeć niepokojące wrażenia, jakie pozostawiła po sobie. W listach stara się przedstawić swoje zabiegi w jak najkorzystniejszym świetle, często jednak porzuca maskę, pisze o kłopotach finansowych i o nękających ją chorobach. Listy do Laurysiewicza można zatem traktować jako „szczere". Kategoria „szczerości" nabiera w tym wypadku estetycznego znaczenia. Jest ona nie tylko miarą prawdziwości przekazywanych treści, odnosi się bowiem do statusu i roli artysty przełomu wieków. Moderniści chętnie powoływali się na „szczerość", jako pojęcie określające artyzm danego dzieła. Artysta był szczery wówczas, gdy pozwalał „mówić przeczuciom", dopuszczał do głosu lęki, równocześnie zaś – uzewnętrzniał marzenia. Jak pisał w *Monsalwat* Artur Górski: „... ich pewność realna to świadomość czuciowych przeświadczeń"[55]. Zapolska znalazła w Paryżu wiele nowych tematów, ukończyła kilka obrazków i powieści, pracowała także jako translatorka. Działalność literacka, choć wybrzmiewa w jej listach do Laurysiewcza, jest przez nią samą traktowana nieco wtórnie, staje się dodatkiem do aktorskich ról, działań. Zapolska pisze m.in.: „Jeszcze coś pysznego. Wychodzę na scenę (w sztuce Fievre'a]. Mam suknię białą w kwiaty, przy staniku szare pióra, głowa uczesana przez fryzjera, słowem szyk"[56]. Niewiele natomiast uwag można odnaleźć w listach o pisanych dziełach. Zapolska wymienia jedynie ich tytuły[57], wspomina czasem o ich losach

---

[54] J. Rurawski, Gabriela Zapolska, dz. cyt., s. 28.
[55] B. Szymańska, Spór o wartości w Młodej Polsce, w: Stulecie Młodej Polski, pod red. M. Podrazy-Kwiatkowskiej, Kraków 1995, s. 11.
[56] G. Zapolska, Listy do S. Laurysiewicza z dnia 11. III 1892, s. 305.
[57] Są to m.in. „Szmat życia". Powieść (28 IX 1890), Wspomnienie. Fantazja (drukowane w Tygodniku Ilustrowanym 1890 nr 4), Kozioł ofiarny (22 I 1890), Portierka (25 I 1890),

(ewentualnym druku). Niekiedy jednak informuje ukochanego o wydarzeniach, doświadczeniach, które znajdą się w przyszłych utworach. Tak było w przypadku niezwykłych odwiedzin w złodziejskim szynku „Chateau Rouge" (w towarzystwie Kazimierza Kelles - Krauza) w kwietniu 1892 roku. Zdarzenie to Zapolska opisała w liście do Laurysiewicza 6 IV 1892 roku: „Widoku tego Ci opisać nie mogę. Całe stosy ludzi w łachmanach śpią po kątach (...) Nagle jakiś drab zaczyna się rozbierać i pokazywać nam chce swoje tatuowanie"[58]. List, z którego pochodzi cytowany fragment, jest wyjątkowy w analizowanym zbiorze korespondencji. Zapolska zmienia bowiem perspektywę prowadzonej – jak dotąd narracji – list zawiera fragmenty felietonistyczne, autorka relacjonuje wydarzenia, nastrój wypowiedzi jest utrzymany w tonacji grozy.

Wstrząsające doświadczenia zostały wykorzystane w powieści Janka, podobnie jak wizyty w szpitalu w Salpetriere (które były przedmiotem korespondencji dla „Przeglądu Tygodniowego". Wspomnienia o nich w listach do Laurysiewicza pojawiają się jedynie okazjonalnie). Zapolska wkomponowuje się w życie miasta i równocześnie zaczyna stylizować własne istnienie na wzór sztuki. „Poza" artystki pojawia się w listach w czasie, w którym Zapolska myśli o zerwaniu znajomości z Laurysiewiczem. Listy przybierają wówczas dramatyczną formę. Powodem zerwania jest „pragnienie wszechświatowej kariery". Zapolska pisze: „Życie aktorki, a zwłaszcza takiej, która poszła tą co ja drogą, to jest pragnie wszechświatowej kariery, nie może być związane z

---

Kundel (30 I 1890), Oślica (10 II 1890), Kukułka (20 IV 1890), Lewek (11 VI 1890), Buciki Maryni (Kurier Codzienny 1890, nr 167), Małpa. Powieść (17 VII 1890), Awanturnica (Kurier codzienny 1890 nr 247), Szakale (wrzesień 1890), Kobieta-Potwór (3 II 1890), U Talbota (III 1891), Mozaika paryska (Kurier warszawski 1890), W salonie (V 1890), Skandal w Theatre Libre (15 VI 1890), 14-ty lipca w Paryżu (15 VII 1890), Listy paryskie (Przegląd tygodniowy 1890), Fantazje i drobnostki (Warszawa 1891 w Księgarni Paprockiego). Zawarta umowa była mało korzystna dla Zapolskiej i wywołała spory z wydawcą, który rościł sobie prawo także do nowel drukowanych w Przeglądzie, które Autorka chciała sprzedać Wiślickiemu), We krwi. Powieść (1891), Krowa (3 I 1891), Papuzia (28 VI 1891), Bydlę. Szkic (IV 1891), Listy paryskie (Przegląd tygodniowy 1891), Karnawał paryski (26 I 1891), Menażeria ludzka (Warszawa 1893 [1892]), Gołąbki. Szkic (III 1892), Blanszetta (9 VI 1892), Do oddania – na własność. Nowela (15 IX 1892), Zakuta głowa (październik 1892), Agonia miłości (Kurier codzienny 1892), Janka. Powieść współczesna (październik 1893), liczne omówienia sztuk m.in. Rzewuskiego, wywiady, np. z dramatopisarzem Piotrem Wolffem, przekłady, felietony teatralne). Por. J. Czachowska, dz. cyt., s. 230.

[58] G. Zapolska, Listy do L. S. 6 IV 1892, s. 317.

nikim..."⁵⁹. Odpowiedzi zawarte w kolejnych listach świadczą o tym, że Laurysiewicz pragnął ratować związek, od wielu miesięcy przygotowywał przyjazd Zapolskiej do Moskwy, często wspomagał ją finansowo, obdarowywał prezentami, uczył wreszcie rozumieć nowe kierunki w sztuce. Zapolska nie pragnęła jednak wspólnej przyszłości, planowała wyjazd z teatrem Antoina'e do Ameryki na ośmiomiesięczne tournée.

Znajomość nie zakończyła się jednak, Laurysiewicz poprosił o możliwość dalszego prowadzenia korespondencji. Listy od niego można odnaleźć także w zbiorze korespondencji z 1905 roku. Zmienia się w nich tonacja prowadzonej rozmowy. Zapolska nie jest już jedyną, ukochaną kobietą (Laurysiewicz żeni się dwukrotnie), lecz powiernicą tajemnic, artystką, która dzieli się swoimi doświadczeniami, spostrzeżeniami z przyjacielem. Historia paryskiej znajomości (Laurysiewicz powraca do kraju w 1903 roku) jest więc równocześnie historią artystycznych poszukiwań.

Zapolska jest przede wszystkim artystką, z wielkimi ambicjami. W listach pisanych latem 1892 roku do Laurysiewicza prezentuje opisy ról, strojów, relacje z występów i reakcji krytyków. Pisarka informuje ukochanego o przesłanych wycinkach z prasy i o entuzjazmie zaprzyjaźnionych przedstawicieli kolonii (Sulickiej, Szeligi, Makowskiego, Złotnickiego oraz Lorentowicza, którego złośliwie nazywa Hikstrykiem). Przedstawia siebie jako „drugą Modrzejewską", która – jak pisze chce „zrobić więcej niż Modrzejewska", ma „dane do tego i zupełną podstawę"⁶⁰. Zapolska tak ocenia swoje dokonania: „Byłam jednak niezwykłym zjawiskiem. Pisarzem bodaj najlepszym ze współczesnych naszych i dążę do zostania jedną z najlepszych współczesnych europejskich aktorek"⁶¹.

SPRAWA KOBIECA

W listach pisanych z Paryża pojawia się także obecna w twórczości i życiu Zapolskiej – kwestia kobieca.

---

⁵⁹ G. Zapolska, Listy do S. L. 27 VII 1892, s. 364.
⁶⁰ G. Zapolska, Listy do S. Laurysiewicza z dnia 7 VI 1892, s. 352.
⁶¹ Tamże.

Trudno oprzeć się wrażeniu, że pisarka postrzegała rolę kobiety inaczej niż widzieli ją pozytywiści, zwróciła bowiem uwagę na nieco inne kwestie niż np. Orzeszkowa czy Konopnicka. Bohaterki jej utworów pochodzą z różnych środowisk: salonowych, mieszczańskich oraz robotniczych. Artystka wprowadza do literatury kobiety z nizin społecznych. Wzbogaca tym samym literacki obraz miasta. Robotnice, aktorki często spotyka ten sam los, zostają utrzymankami, lub giną z głodu w piwnicznych izbach.

Zapolska wzbogacała wizerunek kobiety, realizując tematy związane m.in. z fizjologią (np. opis narodzin dziecka w utworze: *O czym się nawet myśleć nie chce*, 1914). Jej bohaterki, choć zwykle „prawdziwe" (Zapolska często używała w listach słów oznaczających czynność pisania - „kreślić charakter"), były czasem ukazywane w nieco ironicznym świetle. Zarówno charakter jej bohaterek – ich literacki byt, wyrazista osobowość, szczegółowy opis zachowań zdradzały podobieństwo do realnych postaci.

W listach do Laurysiewicza pojawiają się najczęściej opisy spotkań organizowanych w obronie praw kobiet. W okresie, z którego pochodzą analizowane listy, Zapolska uczestniczyła w dwóch kongresach. Pierwszy z nich (spotkanie w ramach Unii Wszechświatowej Kobiet) opisała w sposób niezwykle ironiczny w liście z dnia 27 IV 1891[62]. Drugi dotyczył Kongresu obradującego w dniach 3-5 V 1892 roku[63]. Relacja związana z drugim wystąpieniem była utrzymana w podobnej tonacji. Zapolska pisała: „Skandal nad skandale". Spotkania kobiet kończyły się nawet rękoczynami. W listach brakuje relacji dotyczących tez wystąpień. Można je natomiast odnaleźć w pismach publicystycznych, w których Zapolska prezentuje postaci organizatorek, takich jak Potonnie Pierre, Maria Deraismes, Klemencja Royer oraz Maria Szeliga. Artykuł Kongres Kobiecy w Paryżu wieńczy zdanie: „Kobiety jednak – to wielka potęga!"[64].

W refleksjach na temat kobiet zazwyczaj pobrzmiewa ton dydaktyczny. Zapolska często konfrontuje najróżniejsze postawy, ważny dla niej jest wybór właściwego stanowiska. W podobnym tonie były utrzymane artykuły, pisane w

---

[62] G. Zapolska, Listy do S. Laurysiewicza z dnia 27 IV 1891, s. 143.
[63] G. Zapolska, Listy do S. Laurysiewicza z dnia 18 V 1892, s. 341.
[64] G. Zapolska, Kongres kobiecy w Paryżu, w: E. Korzeniewska, G. Zapolska, Publicystyka, cz. 2, s. 96.

kraju, tuż przed wyjazdem do Paryża. W opublikowanym w „Kurierze warszawskim" szkicu: *W sprawie emancypacji*, autorka broni stanowiska kobiet pragnących zdobywać wiedzę (nawiązuje do wydarzenia uzyskania w Paryżu, w 1888 roku, stopnia doktora medycyny przez Karolinę Szulc). W liście z 2 X 1891 roku Zapolska pisze: „Powiem, że nie jestem emancypantką, ale mężczyznę, któren bije kobietę uważam za zwierzę podłe i niskiego gatunku"[65]. Bycie emancypantką kojarzyło się z pewną przebrzmiałą już w tym okresie tradycją, stylem życia kobiety, o której sama artystka pisała: „androgin w długiej krawatce na zapadłych piersiach"[66]. Ta „perspektywa" zupełnie nie odpowiadała stylowi życia, jakie wiodła Zapolska.

Artystka wspomina także o wybitnych, ciekawych kobietach, które przebywały w jej otoczeniu. Jedną z nich była przedstawiona w liście z 24 V 1891 roku Anna Bilińska, malarka i portrecistka (przebywająca w Paryżu w 1882-92, za swoje dokonania w dziedzinie sztuki uzyskała nawet nagrodę 1889 roku, studiowała w Academie Julien). Jej obraz – jak pisze Zapolska odrzucono z Salonu Niezależnych, promujących nowoczesną sztukę, przede wszystkim impresjonistów). Był to, zdaniem artystki akt „desperacki".

W jednym z listów Zapolska pisała: „Z Polakami się nie widuję"[67](5 VI 1891), w innym zaś liście z 9 I 1892 roku wspominała: „Antoine zakazał mi mówić po polsku absolutnie, pod ciężką karą"[68]. Utrzymywała jednak bliskie kontakty także z Marią Szeligą. Zapolska liczyła na pomoc polskiej powieściopisarki, publicystki, jednak stosunki w pierwszym roku pobytu w Paryżu nie ułożyły się właściwie. W listach do Laurysiewicza Szeliga była prezentowana w niekorzystnym świetle, przede wszystkim jako zaciekle broniąca swoich poglądów – feministka. Również Lorentowicz we wspomnieniach o kolonii polskiej w Paryżu zwraca uwagę na to, że Maria Szeliga wikłała Zapolską w sieć intryg i pomówień, traktowała ją początkowo jako konkurentkę[69]

W 3 numerze „Przeglądu Tygodniowego" z 1890 roku Zapolska zamieszcza krótką notatkę poświęconą Marii Szelidze. Jej charakterystyki są niezwykle

---
[65] G. Zapolska, Listy do S. Laurysiewicza z dnia 2 X 1891, s. 240.
[66] E. Korzeniewska, G. Zapolska, Publicystyka, t. 2, s. 97.
[67] Tamże.
[68] G. Zapolska, Listy do S. Laurysiewicza z dnia 9 I 1892, s. 263.
[69] Czachowska, dz. cyt., s. 230.

zdawkowe. Szeliga to przede wszystkim redaktorka kobiecego pisma „Bulletin de l'Union des Femmes" - Zapolska nie opisuje jej działalności, wspomina natomiast o „stronniczkach emancypacji" i o żalu wynikającym z tego, że działaczka ujawniła swój talent „na obcej glebie. Lecz w tym nie jej wina. U nas – jak dodaje – pisma dla kobiet leżą odłogiem..."[70].
Nie identyfikuje się nawet z najnowszymi, modnymi postawami. W jednym z listów pisze:

„...nie jestem emancypantką"[71], w innym zaś opisuje spotkanie Unii Wszechświatowej Kobiet, podczas którego zabierała głos w dyskusji:

„Miałam miejsce dla prasy przy osobnym stole pomiędzy redaktorami. Była to ohydna i głupia szopka. Szeliga nosem ryła po stole i docinała mężczyznom. Potem zaproponowała zamianować Orzeszkową na członka honorowego. O zgrozo!!! Żywa dusza w sali nie zawetowała tak! Kandydatura upadła! Mnie było wstyd za Orzeszkową wobec tego francuskiego bydła. Pomiędzy mowami znalazła się... panna Majewska. Mówiła o stanowisku kobiet studentek i powiedziała, że ta kobieta nie znalazła jeszcze swojego Bourgeta! Ja wiłam się literalnie ze śmiechu. Wszyscy mężczyźni z prasy konali, rysowali karykatury bab na estradzie siedzących, gadali des obscenites, jak Francuzi umieją, wiesz! Narysowali Szeligę z fajką i prezydentkę Clemence Royer w fezie i z wąsami. Naturalnie ja byłam wyłączona z ich drwin, i owszem miałam wszystkie komplimenta od tej całej paczki, bo od razu wyłożyłam im swoje teorie..."[72].

Nuta drwiny budzi zdziwienie u artystki, która mierzyła bardzo wysoko, pragnęła „wszechświatowej kariery", miała także świadomość własnego uroku, wartości swojej osoby. Równocześnie jednak intensywnie pracowała pisząc dla innych, pracowała także nad sobą – pobierając lekcje, które miały przygotować ją do występów artystycznych. Zdarzenia związane z kongresem miały zupełnie inny wydźwięk w przesłanym do „Tygodnika Powszechnego" liście („Kongres Kobiecy w Paryżu"). Zapolska pisała wówczas: „Jak widzimy więc, cały ten kongres miał za zadanie rzeczywiste polepszenie losu kobiet. Zadanie to nie zostało zapewne osiągnięte w zupełności. Losy wyzwolenia kobiecego są zanadto związane z losami całej ludzkości"[73].

Dystans wobec Marii Szeligi i jej działań ulega zmianie w kolejnym – 1892 roku, Zapolska zostaje wówczas „przyjaciółką domu". W listach do

---
[70] Publicystyka, cz.1, s. 184.
[71] G. Zapolska, Listy do S. L. Paryż 2 X 1891, s. 239.
[72] G. Zapolska, List do S. Laurysiewicza z dnia IV 1891, s. 143.
[73] G. Zapolska, Publicystyka, t. 1, dz. cyt., s. 96.

Laurysiewicza artystka wspomina o licznych spotkaniach oraz m.in. o sesji malarskiej, organizowanej w pracowni Szeligi. W liście z 23 X 1891 roku wspomina nawet o wspólnej pracy nad dramatem: „„.pisać będę dramat z Szeligą na konkurs"[74].

Z wielu przyjaźni, zawartych w tym okresie, Zapolska rezygnowała. Po wyjeździe Laurysiewicza do Moskwy w kwietniu 1891 roku, gdzie zajmował się m.in. organizacją Wystawy Francuskiej, ton listów ulega zmianie. Powraca w nich temat codzienności, pojawiają się także plany na przyszłość. Zapolska wielokrotnie wspomina o tym, że znosi „trudną rzeczywistość" tylko ze względu na wspólną przyszłość: „Żeby nie Ty, czyby ja się tak mordowała? Dawno by już wisiała na jakim haku późną nocką"[75] Zmienia się także krąg jej przyjaciół. Wśród nich pojawiają się znani artyści francuscy, lekarze i filozofowie, którzy w dużej mierze zastąpią dawnych znajomych. W liście z 10 VII 1891 Zapolska żartobliwie wymienia nazwiska trzech francuskich artystów, z którymi właśnie zawarła przyjaźń, byli to: Austen, Władysław Ratuld (okulista) i Emile Meyerson (filozof). W liście z 23 II 1892 artystka wspomina natomiast o spotkaniu, podczas którego poznała Maxa Nordau: „Doskonale się bawiłam. Był Max Nordau i cała masa wielkości. Jestem cytowana w „Evenement", „France", „Radical" i „Echo de Paris"[76]. Na jej przedstawieniach w Theatre Libre bywali: La Bruyere i Severine i Rzewuski: „Za kulisy przyszła Severine, La Bruyere i Rzewuski do mnie"[77]. Powodzenie, które towarzyszyło w jej artystycznej i towarzyskiej działalności w Paryżu nie znalazło jednak odniesienia w kraju, do którego artystka powróciła ostatecznie, po pięciu latach pobytu we Francji.

Zdobyte doświadczenia, wrażenia, przyjaźni owocowały jednak w prowadzonej w Polsce działalności i wpływały na kształtowanie jej wizerunku „artystki – kobiety wyzwolonej" w kraju.

Prezentowany tom szkiców pt. *ŻYCIE I TWÓRCZOŚĆ GABRIELI ZAPOLSKIEJ* jest próbą spojrzenia na biografię i twórczość artystki przełomu wieków z perspektywy współczesności. Zapolska i jej dzieło wymykają się schematycznym analizom. Artystka jest niewątpliwie reprezentantką

---

[74] G. Zapolska, Listy do Laurysiewicza z dnia 23 X 1891, s. 253.
[75] G. Zapolska, Listy do Laurysiewicza z dnia 25 I 1892, s. 271.
[76] G. Zapolska, Listy do S. Laurysiewicza z dnia 23 II 1892, s. 295.
[77] G. Zapolska, Listy do S. Laurysiewicza z dnia 11 III 1892, s. 305.

europejskiej cyganerii (Jej podróż do Paryża należy traktować jako inicjacyjną). Paryż widziany jej oczyma jest jednak znacznie odleglejszy od swego pierwowzoru. Doświadczenia sceniczne, samotność odcisnęły wyraźne ślady na obrazach nowoczesnego miasta, artystycznej stolicy ówczesnej Europy. Twórczości Zapolskiej nie należy wiązać wyłącznie z żywiołem miast. Nowoczesny charakter jej prozy – w której pojawiają się rozwiązania kompozycyjne właściwe dla modernistycznych nurtów literackich (np. obecność żywiołu onirycznego, poetyka marzenia, zmienia się także strategia narracyjna: narrację trzecioosobową zastępuje narracja personalna, występuje mowa pozornie zależna), wzbogaca obecność nowego bohatera – robotnika, proletariusza. Zapolska jest więc artystką, w której utworach oświetlone zostają tematy typowe dla marginesów literackich (poboczy). Na tym polega Jej wyjątkowość. W literaturze polskiej Jej antenatami będą Jan Stanisław Liciński, czy Janusz Korczak. Obok refleksji poświęconych szczegółowym analizom Jej twórczości, związkom z symbolistami, wpływom muzyki, czy malarstwa, w prezentowanym tomie możemy odnaleźć także interesujące pejzaże miast oraz portrety ludzi epoki. Obecny w tomie szkiców artykuł Marii Jolanty Olszewskiej *Gabrieli Zapolskiej zwycięstwa i porażki w batalii o „nową sztukę"*. Szkic jest próbą spojrzenia na twórczość Gabrieli Zapolskiej przez pryzmat Jej życiowych doświadczeń. Analiza etapów artystycznego rozwoju ujawniła niezwykle interesujące zależności. Zapolska tworząc biografie bohaterów swoich utworów, sięgała po własne doświadczenia. Elementy biografizmu doskonale dookreślają modernistyczną estetykę, wraz z głoszonym przez jej wyznawców hasłem: „pisania krwią serdeczną". Artykuł Adama Jarosza *„Kilka gestów tragicznych nie starczy." Gabriela Zapolska a dramat symboliczny epoki* ujawnia interesujące związki twórczości Zapolskiej z dramaturgią europejskich pisarzy. Zapolska była nie tylko autorką dramatów, w których realizowała niektóre zasady symbolizmu (m.in. zasadę zależności „wnętrza i zewnętrza"), podejmowała także zadania krytyka, analizowała bowiem sztuki artystów europejskich, w których występowała jako aktorka. Wyznaczona w szkicu Adama Jarosza perspektywa pozwalała dogłębnie zrozumieć istotę założeń estetyki dramaturgii europejskiej, jej obecności w twórczości m.in. Stanisława Przybyszewskiego. Stąd wynika niezwykła wartość analizowanych przez Badacza - artykułów krytycznych.

Analiza „trudnych" tematów, podejmowanych przez Artystkę stanowi przedmiot badań Agnieszki Straburzyńskiej – Glaner (*O tym, „o czym się nie mówi"* – *tabu w twórczości Gabrieli Zapolskiej*). Zapolska wprowadza do literatury nowy typ bohaterek: robotnic, szwaczek, kobiet ulicy, podejmuje refleksję poświęconą tzw. mieszczańskiej moralności, głosi prawa kobiet do ochrony życia. Kwestia „sprzedajnej miłości", niezwykle istotna w dyskusji poświęconej mieszczaństwu, w twórczości Zapolskiej zostaje przedstawiona jako rezultat nierówności społecznych. Autorka artykułu prezentuje etapy dyskusji, którą wywoływały dzieła Artystki. Tematy „trudne", ukazujące mechanizmy ludzkich wyborów, prezentujące obrazy przedmieść, tzw. nizin społecznych, choroby umysłu, ujawniające dramat utraty pozycji społecznej, były dla niej niezwykle ważne, symptomatyczne dla przemian i czasów, w których żyła. O istocie, sensie tematów Zapolskiej pisał w swoim artykule *Temat Zapolskiej* Jarosław Ławski. Zdaniem badacza, Pisarka podejmowała najchętniej zagadnienia dotyczące Życia pojmowanego jako rytm zmienności (rodzenia i umierania), energia, Rzeczywistość. Brak refleksji metafizycznej, czy historiozoficznej uzupełniało bogactwo obrazów ukazujących ludzkie tęsknoty, dążenia do szczęścia, które może spełniać się tylko w harmonijnym związku dwojga ludzi. Jarosław Ławski demaskuje w swoim artykule stereotypy myślenia o twórczości Zapolskiej, którą krytycy nazwali skandalistką.

Pisarka oswaja rzeczywistość, uczy się trudnej sztuki obserwacji świata w wielu „szkołach": symbolistycznej, impresjonistycznej, czy naturalistycznej – w Paryżu. Krąg zdobytych przez nią doświadczeń wyznacza obszar zagadnień, które pojawią się w jej twórczości, będą to: robotnicze domy, kulisy sceniczne, garsoniery, kamienice i mieszczańskie salony. Violetta Wróblewska w zamieszczonym w zbiorze artykule *Kultura wsi i przedmieść w prozie Gabrieli Zapolskiej* wskazuje na obecność w twórczości pisarki jeszcze jednego tematu wyznaczonego przez elementy z kręgu kultury przedmieść i wsi. Badaczka analizując wybrane powieści i opowiadania Zapolskiej opisuje zjawisko akulturacji, które oznacza przenikanie elementów jednej kultury do drugiej, wpływy różnych tradycji. Zdaniem Autorki artykułu Zapolska, podobnie jak późniejsi reprezentanci nurtu chłopskiego w literaturze polskiej: m.in. Julian Kawalec, Juliusz Stryjkowski, diagnozowała kryzys, wynikający z opozycji kultury i natury, który przerodził się w nieprzystosowanie jednostki, lęk, konflikt osobowości.

Podobna perspektywa – analizy kulturowej pojawia się w artykule Anny Janickiej *Widok z okna. Lwowskie felietony Gabrieli Zapolskiej*, poświęconym lwowskim felietonom Zapolskiej. Badaczka prezentuje zatem Autorkę *Małaszki* jako osobę, która poszukuje nowych form wyrazu, jest zainteresowana codziennością, którą opisuje w cyklu lwowskich felietonów. Naczelną figurą opisu staje się okno – które funkcjonuje znakomicie w felietonach poświęconych codzienności Lwowa (jest synonimem zarówno czynnego uczestnictwa w życiu – „oknem obserwatora", zakłada jednak także obecność pewnego dystansu - okno oddziela bowiem świat zewnętrzny od intymnego, ukrytego wewnątrz domostwa). Żywy nurt życia, który wyznaczają m.in. spory prowadzone z „naczelnymi" krytykami lwowskiego modernizmu – powraca w twórczości Zapolskiej.

Innym, ważnym tematem, o którym wspomina w swoim artykule *Sztuka polska w pismach Gabrieli Zapolskiej* Piotr Rosiński jest sztuka obrazu. Zapolska nie tylko z wielkim namysłem kompletowała zbiory własnej kolekcji, wypowiadała się na temat twórczości wielu artystów, a nawet (jak było w przypadku Z. Pronaszki) promowała ich dzieła. Autor artykułu analizuje trzy ważniejsze wypowiedzi Pisarki, poświęcone twórczości Malczewskiego, Dunikowskiego i Jana Mirosława Peszke. Konteksty, które pojawiły się w wypowiedziach krytycznych Zapolskiej, ujawniające np. wpływ twórczości Rodina na dzieła Dunikowskiego, świadczą nie tylko o znajomości najważniejszych nurtów malarstwa polskiego i europejskiego, lecz także o szczególnej wrażliwości („empatycznej"), wnikliwości obserwacji Pisarki.

W interesującym szkicu Piotra Skrzypczaka *„... aby ta śliczna historia inaczej wyglądała...". O niepowodzeniach i powodzeniach filmowych adaptacji Moralności Pani Dulskiej* można odnaleźć analizy pierwszych ekranizacji najsłynniejszej sztuki scenicznej Zapolskiej – *Moralność Pani Dulskiej*. Autor szkicu opisuje nie tylko aspekty gry aktorskiej w pierwszych, pozbawionych jeszcze dźwięku realizacjach filmowych, prezentuje także uwagi krytyków, a nawet reakcje widzów. Interesujący wydaje się fakt zwrócenia uwagi na żywotność, aktualność motywów obecnych w sztuce Zapolskie (m.in. ludzkiej obłudy, schematu funkcjonowania rodziny mieszczańskiej, kłopotów ekonomicznych przedstawicieli niższych warstw społecznych), które powracają w filmach współczesnych, prezentujących ludzkie charaktery. Adaptacja filmowa sztuki scenicznej wymagała w pierwszych latach polskiego kina niebywałych umiejętności. Charakter sztuki Zapolskiej w filmowej adaptacji musiał ulec przekształceniom (w kierunku burleski) – ich znaczenie wpłynęło na styl interpretacji.

Dariusz Brzostek (*Higiena jako mechanizm biowładzy. Uwagi o Przedpieklu Gabrieli Zapolskiej*) odkrywa w twórczości Autorki „Przedpiekla" jeszcze jeden istotny temat, jest nim analiza sytuacji kobiet pozbawionych prawa decydowania o własnym losie. Zapolska głosi niezwykle postępowe hasła, które badacz konfrontuje ze współczesnymi ustaleniami m.in. Foucaulta, dotyczącymi projekcji nowej tożsamości, systemu kształtowania osobowości. „Przedpiekle" jest w zamyśle autorskim powieścią edukacyjną, w której nie brakuje ironii. Autorka dostrzega wady ówczesnego systemu edukacyjnego kobiet, jej diagnoza staje się oskarżeniem stosunków społecznych, jest także negacją „mieszczańskiej obyczajowości".

Oskarżenia te powracają w niezwykłych obrazach Paryża, które w swoim artykule *Paryż jako przestrzeń nowoczesnego spektaklu* analizuje Piotr Siemaszko. Badacz zwraca uwagę na to, że Zapolska ulega „modom" artystycznym Paryża, odkrywa uroki miasta, jako przestrzeni teatralnej. Moderniści nie cenią wielkich aglomeracji miejskich, w których znika indywidualizm, Zapolska dostrzega jednak w Paryżu inną przestrzeń – mentalną, artystyczną. Piotr Siemaszko ukazuje miasto zarówno jako miejsce, w którym powstaje sztuka: działają teatry, odbywają się wystawy, równocześnie jednak traktuje je jako odrębne dzieło sztuki: sztuczny twór opozycyjny wobec natury. Wyznaczona perspektywa znalazła interesujące odniesienie w listach i felietonach Artystki.

Zapolska, choć ukryta w mroku minionych wieków może wciąż budzić zainteresowania badaczy, jej twórczość jest bowiem świadectwem minionej tradycji. Równocześnie styl życia, jaki prowadziła, niezwykła ciekawość istnienia, pozwalają dostrzegać nowatorstwo, bogactwo myśli i zapowiedź rozwiązań typowych dla współczesnych kierunków literackich.

JAROSŁAW ŁAWSKI

Temat Zapolskiej

> A teraz wkraczamy w najstraszniejszą
> z nędz, w tę, z której nie ma wyjścia, która
> jak hydra sturamienna opasze i powoli
> wyssie z człowieka potrzebę życia...
>
> Gabriela Zapolska, *To najokropniejsze*[1]

Nieuchwytna

O każdym z piszących na przełomie XIX i XX wieku możemy powiedzieć coś zdecydowanego: Przybyszewski, Miciński, Wyspiański, Komornicka, Zahorska, a nawet mało do niedawna znane poetki, Marcelina Kulikowska i Maria Grossek-Korycka, doczekały się formuł interpretacyjnych[2]. Tymczasem Zapolska pozostaje historycznoliterackim, estetycznym i imaginologicznym Sfinksem, potworem wieloznaczności, któremu przypisać można naraz: irredentę kobiecego ciała, naturalistyczną przesadę i artystowską dezynwolturę skandalistki.

Zapolskiej można tymczasem wmówić: chorą ambicję, megalomanię niezdolnej aktoreczki, moralny występek, grzechy rozpasanego seksualizmu, przecież też niezdecydowanie w kwestiach feministycznego projektu nowej kobiety, kreowanego przez emancypantki, nadmierne skoncentrowanie albo na kobietach, albo na mężczyznach, bezbożnictwo i moralizatorstwo, nadmierną

---

[1] G. Zapolska, To najokropniejsze, z cyklu: Pariasy. Szkice sceniczne, w: Niedrukowane dramaty Gabrieli Zapolskiej, t. I: Nerwowa awantura. Pariasy, pod red. J. Jakóbczyka, we współpracy z K. Kralkowską-Gatkowską, K. Kłosińską, M. Piekarą i J. Paszkiem, Katowice 2012, s. 247.

[2] Zobacz ujęcia z przełomu XX/XXI wieku: G. Matuszek, Stanisław Przybyszewski – pisarz nowoczesny: eseje i proza. Próba monografii, Kraków 2008; W. Gutowski, Wprowadzenie do Xięgi Tajemnej. Studia o twórczości Tadeusza Micińskiego, Bydgoszcz 2002; M. Popiel, Wyspiański. Mitologia nowoczesnego artysty, Kraków 2007; I. Filipiak, Obszary odmienności. Rzecz o Marii Konopnickiej, Gdańsk 2006; M. Kulikowska, Poezje, wstęp, wybór i opr. A. Wydrycka, Białystok 2001; M. Grossek-Korycka, Utwory wybrane, opr. B. Olech, Kraków 2005; Zapomniane głosy. Krytyka literacka kobiet 1897–1918, t. I: wybór tekstów, opr. A. Wydrycka, Białystok 2006.

szczerość i zbytnią powściągliwość, rozpasane ambicję, geniusz lub głupotę... *Et caetera*. Żywot Zapolskiej w tych muzeach figur stylistycznych, jakimi są XX-wieczne historie literatury, przypomina życie figury woskowej z gabinetu Madame Tussaud: bowiem „Twórczość Zapolskiej niewątpliwie najsilniej przylega do naturalizmu", lecz „autorka *Małaszki* była *naturalistką mimo woli*, czy raczej z *mimo wiedzy*", a pisma Zoli poznawała dopiero w Paryżu[3]. Kim jest Zapolska – naturalistką, symbolistką, realistką, krytykiem sztuki rozpoczynającym polską recepcję impresjonizmu?[4] Kobietą, pisarką – to pewne.

To proste-prawdziwe i... kapitulanckie stwierdzenie. Zapolska umyka nam i jako człowiek, i jako pisarka. To aż truizm. Gdzie umyka? Dlaczego każdorazowo – czy to nie chory nawyk świadomości badacza-klasyfikatora, opisującego gatunki należące do rodzin, klas, rzędów? – gdy czytam Zapolską, mam przekonanie, iż spotykam się z pisarstwem, którego nijak i ni siak przypisać do tego czy tamtego stylu nie potrafię? Wydaje mi się dziś, że te rozczarowania oraz irytacje tworami autorki *Policmajstra Tagiejewa* skupiają się na kilku poziomach...

Różno-, wielo-, multi-, hetero- to prefiksy oddające rodzajowy i gatunkowy wymiar dzieła. Zapolska bodaj tylko poetką nie jest, chociaż liczne partie liryczne (i dez-liryczne!) zdobią dialogi jej dramatów, powieści. Jest powieścio- i dramatopisarką, krytykiem sztuki i felietonistką, epistolografią (ale nie" memuarystyką czy dziejopisarką), publicystką i teoretyczką. Tak w życiu, jak w pisarstwie przeraża wielkość, skala, ogrom, ekspansywność. Kilkadziesiąt powieści i dramatów (ostatnie wydano w 2012 rok!), setki listów do licznych mężów i kochanków, dyrektorów teatrów i przyjaciół. Lwów, Kraków, Paryż, Łódź, Warszawa – wszędzie i ciągle jest tam Zapolska. Trzeba całego życia, by Zapolską poznać, ale czy zgłębić..? Ogrom dokonań u w i e r a (446 pozycji w

---

[3] G. Matuszek, Gabriela Zapolska, w: Historia literatury polskiej w dziesięciu tomach, t. VII: Młoda Polska, Bochnia – Kraków – Warszawa [b. r.], s. 129.

[4] O Zapolskiej – pionierce krytyki sztuki – zobacz: D. Knysz-Tomaszewska, L'impressionisme comme catégorie descriptive de la Jeune Pologne (1890–1914), [w:] Au Carrefour des lettres et des arts du naturalism an symbolisme, red. D. Knysz-Tomaszewska, A. Ciesielska, Varsovie 1995; I. Danielewicz, Gabrieli Zapolskiej „Listy paryskie" o sztuce; G. Borkowska, Dzika, czyli Zapolska w ogrodzie sztuk, w: Gabriela Zapolska. Zbuntowany talent / Le talent en révolte, red. M. Chudzikowska, konsultacje J. Czachowska, Teatr Wielki – Opera Narodowa, Warszawa 2011.

Katalogu Biblioteki Narodowej, 27 tomów „wydania zbiorowego" *Dzieła wybrane* w 16 tomach, potem listy w 2 tomach, publicystyka w 3 tomach)[5]. Dlatego redukujemy Zapolską do *Moralności pani Dulskiej*, *Sezonowej miłości* i *Córki Tuśki*. Z drugiej strony – jak ogarnąć te różnoraką gatunkowo, wielokierunkową estetycznie, kulturogeniczną i multiperspektywiczną poznawczo twórczość, w której na najróżniejsze wprawdzie sposoby autorka udziela głosu kobietom i mężczyznom, safandułom i zdobywcom, dzieciom i starcom, podlotkom i starzejącym się lovelasom, nędzarzom i bon-vivantom, prostytutkom i księżom, sobie i wszystkim. Jeśli mówi tak wielu, na tak wiele sposobów i... tak wiele, to – jakby... – nie mówił nikt.

Równie osobliwie reaguję na język pisarki – czy to prozy, czy dramatu. Od pierwszego momentu widać, że mamy tu do czynienia z wykształconym, oryginalnym, osobliwym idiolektem pisarskim. Ale już po chwili orientujemy się, że jest to styl, fraza, leksyka i obrazowość o skomplikowanej strukturze, którą trudno wpasować w matrycę naturalizmu, symbolizmu, impresjonizmu, modernizmu, realizmu. Styl Zapolskiej jest amalgamatem sprzecznych jakości estetycznych, językowych środków, obrazowych substratów. Łączy w sobie długą frazę z nerwowością wykrzyknień, rozlewność z lapidaryzmem, emocjonalizm z upodobaniem do symbolizmu, a nawet impresjonistycznej opisowości. Zdania kontaminują tu w strukturze języka sentymentalną iluzją (miłosną, społeczną, artystowską) bohaterów z brutalistycznym, naturalistycznym opisem deziluzji.

Opisowość i sytuacyjność, często z pozoru oddane techniką realizmu, ujawniają symboliczne predylekcje podmiotu kreatorki. W niepozornym opisie gwałtu na życiu, jakiego dokonują bawiące się dzieci nieświadomie, wybrzmiewa filozoficzna sugestia, ujęta za pomocą symbolicznego obrazu. A obraz ów nie byle jaki drąży problemat natury i zła, intencji i konsekwencji:

---

[5] Zob. G. Zapolska, Wydanie zbiorowe dzieł, „Lektor", Warszawa 1923–1927, tomów XXVII i G. Zapolska, Dzieła wybrane, opr. J. Skórnicki i T. Weiss, t. XVI, Kraków 1957–1958; tejże, Listy, t. 1-2, zebrał S. Linowska, wstęp E. Krasiński, Warszawa 1970; tejże, Publicystyka, opr. J. Czachowska, E. Krzemieniewska, t. 1-3, Wrocław 1958–1962.

„Nieraz długie chwile stała, patrząc z oczyma powleczonymi mgłą na konwulsyjne wicie się robaka, którego dzieci, biegnąc wśród blond piasku, rozdeptały i poszły dalej, nie oglądając się nad zniszczonym istnieniem, po którym ku zabawie swej przeszły".[6]

Przy tym wszystkim język Zapolskiej – miazmatyczny, różnorodny, plastyczny – nasyca autorka elementami erudycji. Być może cytowany obraz nawiązuje do Darwina?[7] Może. Ale *erudicon* Zapolskiej rzadko przechodzi w intertekstualne gry literackie. Erudycja oraz intelektualizm nie zdominowują tu plastyki opisu życia, które jeśli nawet jest grą (złudzeń, instynktów, tęsknot etc.), to na pewno nie jest grą literackich zabawek, ironicznych popisów cytatami-mamidłami. Przy tym wszystkim język musi oddawać charakter fabuł i narracji o równie niejednorodnym wyprofilowaniu, łączących elementy realistycznej deskrypcji i uprawdopodobnionego życiowo schematu fabularnego z elementami fabuł melodramatycznych, postsentymentalnych, symbolicznych o charakterze apologu, czy wręcz czasem sensacyjnych popularno-kryminalnych lub naturalistycznych obrazków.

Wszystko to, co pojąć trudno, tworzy spoistą całość estetyczną tak w prozie, jak w dramacie. Czy to synkretyzm? Czy to eklektyzm estetyczny, ideowy, stylistyczny? Na pozór: tak. Zaraz dodaję: nie! Zapolska, szczególniej w dramacie, eksperymentowała z symbolizmem, naturalizmem, „ibsenizowała" i „zolizowała", ale... Jej język jest zawsze jakimś naturalnym osobniczym monolitem, jedynym w swoim rodzaju idiolektem. Niepowtarzalnym, bo nawet mówiąc cudzymi stylami – a to łzawiąc, kokietując, mizdrząc się, a to wyrzucając z siebie „to najokropniejsze" – pisarka mówi głosem własnym polszczyzny. Przychodzi mi na myśl jako zjawisko pokrewne nieokreślona, *quasi*-centonowa technika stylistyczna Słowackiego, ale gdzie Rzym, gdzie Krym...?[8]

---

[6] G. Zapolska, Paria, w: tejże, Fioletowe pończochy i inne opowiadania nieznane, opr. J. Czachowska, Kraków 1964, s. 112.

[7] Zwrócił mi uwagę na to w czasie dyskusji prof. Bogdan Burdziej. Istotnie, jak zauważyła w dyskusji dr A. Janicka, Zapolska czytała we Lwowie Darwina, ta inspiracja może tu być obecna. Zapolska jako erudytka to kompletnie zapoznany obszar badawczy.

[8] Rzeczywiście jednak jest Zapolska pisarką estetycznych skrajności, ale nie doprowadzonych do takiego stężenia, by rozbijały dzieło wewnątrz (jak u Micińskiego bywa). Por. także: M. Siwiec, „Beniowski" graniczny – między ironią a mistyką, w: Poeta przez pryzma przepuszczony. Juliusz Słowacki w 200. rocznicę urodzin, red. E. Nowicka i

Jeszcze większej konfuzji doznaję, pytając: o czym traktuje ta cała twórczość? Jest li jakaś przewodnia nić? Jaki jest – a niech tam – temat Zapolskiej? Ciało, pożądanie, ubranie? Skrywana kobieta? Antyburżuazyjny i kontrmieszczański gest rewolucyjny? Socjologia indywidualnej i zbiorowej udręki, jaką jest rodzina, społeczeństwo, klasa? Kobieta? (– Co wtedy z dziećmi, mężczyznami, naturą i społeczeństwem? Naprawdę to tylko plastyczne tło, społeczny *entourage* z przełomu wieków dla doli i niedoli kobiety, która nie chce być żoną, matką, Matką Boską-bis i katoliczką, Polką i służącą, a chce być na to miejsce – kim?).

W takim razie, czy prawdą jest, że Zapolska ruguje ze swego świata trzy jego wymiary, spychając na margines dopowiedzenia lub obowiązku: *primo*, s a c r u m, transcendują, Boga i religię; *secundo*, n a t u r ę, przyrodę, byt jako samoistny temat; *tertio*, h i s t o r i ę przez wielkie „H": narodu, Europy, świata. Nie, też nie da się tak rzec odpowiedzialnie, bo te tematy są zapewne nie fundamentalną, ale istotną częścią imaginarium Zapolskiej. Są. Po prostu[9].

W takim razie – przygotowałem sobie spodziewaną odpowiedź-wybieg – tematem Zapolskiej są: kobieta i mężczyzna oraz ich dziecko (koniecznie w takiej kolejności), spojeni lub nie spojeni instytucjonalnym, prawnym, świętym itp. węzłem małżeństwa, a przy tym ukazani w takich konfiguracjach ról i relacji interpersonalnych, których konsekwencją jest zawsze: anomia, atrofia, degrengolada, deklasacja, demoralizacja, cierpienie i koniec końców śmierć. Straszne. I nieprawdziwe: w Zapolskiej projekt człowieka wpisane są bowiem – jako postulat[10] – nieodwołalnie małżeństwo, miłość, macierzyństwo, wolność,

---

M. Piotrowska, Poznań 2011; M. Popiel, Oblicza wzniosłości. Estetyka powieści młodopolskiej, Kraków 2003.

[9] Zob. Z. Greń, Zapolskiej sprawa polska, [w:] tegoż, Rok 1900. Szkice o dramacie zapomnianym, Kraków 1969; R. Taborski, Stereotypy Żydów w dramacie polskim drugiej połowy XIX wieku, w: Żydzi w lustrze dramatu, teatru i krytyki teatralnej, red. E. Udalska, współpraca A. Tytkowska, Katowice 2004; A. Janicka, Ciało wyżarte solą. Naturalistyczna antropologia krzyża w twórczości Gabrieli Zapolskiej, w: Chrześcijańskie dziedzictwo duchowe narodów słowiańskich, Seria II: Wokół kultur śródziemnomorskich, pod red. Z. Abramowicz i J. Ławskiego, Białystok 2009.

[10] Zob. A. Janicka, Małżeństwo w projekcie emancypacyjnym Gabrieli Zapolskiej, w: Kobieta i małżeństwo. Społeczno-kulturowe aspekty seksualności, red. A. Żarnowska, A. Szwarc, Warszawa 2004; K. Kłosińska, Miniatury. Czytanie i pisanie „kobiece", Katowice 2006.

autoekspresja, sztuka i bycie artystą, pasja życia i sacrum, matura i historia, wreszcie sprawiedliwość, dobro przeciwstawione jasno naznaczonemu i brutalnie odsłoniętemu złu, bycie kobietą i bycie mężczyzną, dzieckiem i panną, młokosem i staruszkiem. I... s z c z ę ś c i e!

To znaczy, że nie sposób tej wspaniałej artystki pojąć tylko w konwencji kobiecego lub męskiego wyzwolenia, klęski i uwolnienia, destrukcji ról i instytucji, wydobywania stłumionego głosu... kobiety. Głos Zapolskiej jest głosem kobiecym. Niepotrzebne tu pleonazmatyczne rewelacje i tautologie, że kobieta mówi głosem kobiety.

Jaka kobieta? Artystka! Aktorka, pisarka, „skandalistka", podziwiana i chłostana, zaszczuwana i wolna, młoda i stara, przebiegła, no ale też szalona, dająca w kość kolegom po piórze, „po scenie", w życiu partnerom. To nie jakiś kobiecy głos tu brzmi, lecz grzmi głos Zapolskiej-artystki. Wpatrzonej w lustro: ćwiczącej grymasy, przymierzającej kostium, sycącej się sławą i oszukującej kochanka. To nie jest głos każdej kobiety, ani jakiejś tam kobiecości[11].

Przy tej paranormalnej aktywności, żywiołowości Zapolska pozostaje pisarką projektującą ład, chcącą widzieć kosmos, nie chaos, chociaż z wściekłością i finezją deskrybującą rozległe w społecznej tkance zło obłudy, nieczułości, dominacji. Jest w tej roli oksymoronem: kobietą naturalną i nienaturalną, naturszczykiem i przebiegłą autokreatorką, skromnisią uciemiężoną i dbającą o rozgłos samoświadomą artystką, której przylepiono szkaradną maskę

---

[11] K. Makuszyński (dz. cyt., s. 155) tak charakteryzował tę niesforność pisarki w anegdotycznym stylu:
„A co ja, sierota, wycierpiałem, tego by na wołowej nie spisał skórze! Dostałem od >Gabci<, bo tak ją poufale zwano, fotografię z niezmiernie szumnym napisem, a zaraz potem, kiedy się jej coś w mojej recenzji raczyło nie podobać, o święty Kornelu! co to było! Cud to jest, że żyję i że zachowałem pogodę umysłu! Potem znowu grzmoty umilkły, a ja skwapliwie odrabiałem zaległości w koniaku.
Cierpieli poza tym: dyrektorowie teatru, reżyserowie i aktorzy. Wielką to jednak było dla wszystkich pociechą, że nie uszedł podobnego losu i cesarski namiestnik dawnej Galicji. Zapolska, oburzona, że jej protegowanemu spirytyście odmówiono pozwolenia na odbycie seansu w Nowym Targu, tknięta ostrogą depeszy, krzyknęła: „Hajże na Soplicę!" – i roztrąciwszy przerażonych sekretarzy, wdarła się do gabinetu straszliwego dygnitarza i pod jego adresem najgorsze wyrazy powtórzyła kilka razy. A jemu aż mowę odjęło. Wtedyśmy w literackiej kawiarni oznajmili zdumionym rodakom, że był to pierwszy austriacki namiestnik, który cierpiał Za-Polskę."

skandalistki tak, jak Konopnickiej upiorną gębę społecznicy. Inna kwestia, że obu paniom w maskach tych było do twarzy, umiały w nich chodzić, korzystać, nie bardzo oglądając się na konsekwencje. A te okazały się okropne! Konopnicką wpisano w nurt wrażliwości społecznej, z Zapolskiej uczyniono demaskatorkę dulszczyzny[12]. Pierwszą przybito do świata idei, ideologii społeczno-narodowych, drugą uznano za (de-) konspiratorkę, demontażystkę, destruktorkę, dekompozytorkę (a i czasem: dewiantkę). Jedna działała dla idei, druga fałszywe i pokraczne idee obnażała w ich społecznie zmonstrualizowanych wydaniach: płci, rodziny, miłości, wolności, kobiety i mężczyzny.

Rzeczywiście, czy potrzebujemy takich preparatów? Albo innych: Konopnickiej – córy Safony i Zapolskie – feministki? Nie odpowiadam za wszystkich. Ja nie potrzebuję.

Kobieta – Człowiek – Życie

Sięgam po narzędzia krytyki tematycznej, by rozpaczliwie uczepić się, jakiejś formuły, która pozwala przystępować do kolejnych lektur Zapolskiej bez lęku nieokreśloności, mglawicości i mglistości. Idzie mi o ten jeden jedynym nieugruntowany w pismach poprzedników i następców Zapolskiej temat jej wyobraźni. Temat pierwotny – w sensie przynależności li tylko do jej umysłu, imaginarium, całej konstytucji osobniczej. Temat to Człowiek: jego ciało-dusza, umysł i zmysły, historia życia i fantazje przyszłości, jego dotyk i czucie życia, przeczucie nieskończoności lub ich brak. Każdy pisarz ma temat.

Grafoman pisze, choć tematu nie ma, mnoży słowa, reprodukuje pisanie, będące beztematycznym chaosem znaczeń cząstkowych niespojonych tematem. Grafoman mnoży pustkę. Zapolską – a, i to chętnie! – nazywano grafomanką, co już Popławski zaczął, Świętochowski podchwycił, a „moraliści" rozwinęli do formy pełnej dyskwalifikacji jej artyzmu.

---
[12] Zob. L. Magnone, Maria Konopnicka. Lustra i symptomy, Gdańsk 2011; B. Olech, Samotność wśród ludzi. O „Dniach" Elizy Orzeszkowej; J. Ławski, Ironia i idea. Obrazki greckie Marii Konopnickiej i Elizy Orzeszkowej; A. Janicka, Eliza Orzeszkowa i Maria Konopnicka – dwugłos o kwestii kobiecej, w: Twórczość Elizy Orzeszkowej w estetycznej przestrzeni współczesności, pod red. S. Musijenko, Grodno 2011.

Zapolska jest wspaniałą artystką. Ma temat i ma coś więcej: ową niepochwytność wyrażającą się w „taka jestem", ujawniającą się w każdym zdaniu jej pisarstwa.

Temat to „określone widzenie świata, a także (...) sposób jego ujęcia, jego forma"[13]. W pełniejszym rozwinięciu można o temacie powiedzieć:

„Temat to jakby strategiczna chwila tej egzystencji, w której ujawnia się szczególnie silnie i inspirująco dla kolejnych doświadczeń osobowość autora; to zasada jej wyobraźniowego zachowania; charakterystyczny, ujęty często w wyrazisty i powracający obraz, sposób przeżycia kontaktu z istnieniem, ze światem. Temat w tym rozumieniu nie ma nic wspólnego z podejściem historycznym, z kategorią historyczną, odnoszącą się do tekstu w sposób, w jaki czynią to motyw czy topos; temat jest wytworem indywidualnego przeżycia".[14]

Jeśli więc tematem wyobraźni Antoniego Malczewskiego jest noc, tematem Krasińskiego śmierć, tematem Micińskiego *coincidencia oppositorum* (oksymoron), tematem Sienkiewicza historia, to przecież tematy swe mają i Prus, i Orzeszkowa, i Niedźwiedzki czy Przybyszewski (Eros jako temat?). I, dodaję już, m a t e m a t Z a p o l s k a.

Rzecz w tym, iż nie zawsze wyobraźnia ewokuje taki temat, który nasz język musi w formule słownej uchwycić. Jednak obraz jest przed myślą, wyobraźnia przed gramatyką. Dlatego rzadko daje się jednoznacznie i trafnie nazwać temat wyobraźni pisarza: noc, ciało, materia, woda, słońce itp. W większości przypadków „temat" symbolizuje tylko cały ogromny kompleks obrazowy o złożonej strukturze. Można więc powiedzieć, że w większości przypadków jest on w praktyce interpretacyjnej symplifikacją, choć zdarzają się tak jednoznaczne – jak śmierć – które wyznaczają zupełną jedność twórczości.

Można zauważyć, że taką niezwykłą siłę narzucania się i zarazem skupiania wyobraźni mają tematy egzystencjalnie „graniczne": śmierć, cierpienie, miłość,

---

[13] H. Krukowska, Noc romantyczna (Mickiewicz, Malczewski, Goszczyński). Interpretacje, Białystok 1985, s. 7. Por. J. Ławski, Egzystencja, temat, liryzm. Obroty nowoczesnej wyobraźni, w: Współczesna poezja polska w perspektywie tematycznej, red. M. Klik, Warszawa 2011.

[14] M. Bieńczyk, Czarny człowiek. Krasiński wobec śmierci, Warszawa [b. r.], s. 14.

wina... Zapolska nie jest pisarką tych tematów[15]. Śmierć i cierpienie, wina, grzech i sprawiedliwość, a także miłość wpisane są w szersze tematyczne konstrukcje. Właśnie: nie tyle celowo skonstruowane, ile samoistnie ukształtowane w wyobraźni pisarki kompleksy tematyczne.

Sądzę, że w przypadku autorki *Skiza* mamy do czynienia – z punktu widzenia języka, jakim nazywamy fenomeny wyobraźni – z tematem złożonym. To jest takim, którego istotę da się ująć tylko za pomocą gramatycznie nieuspójnionego zestawu podtematów. Złożonym tematem Zapolskiej w moim przekonaniu jest kompleks, którego sens wyznaczają subtematy: ż y c i e – k o b i e t a – c z ł o w i e k. Można ten porządek odwrócić i powiedzieć o kobiecie – życiu – człowieku jako temacie Zapolskiej[16]. Liczba kombinacji jest tu ograniczona. Subtematy tworzą swoisty okrąg, w którym każdy z nich otwiera drogę do wyobraźni pisarki, wzajem się przy tym oświetlając.

Kiedy mówimy o kobiecie jako głównym subtemacie, zauważamy, że odsyła ona do całego nadświata ludzkich relacji, w których jak w oceanie skąpani są ludzie w życiu. Jeśli zaczynamy od „człowieka", od tych wszystkich kobiet, mężczyzn, dzieci i starców zaludniających jej dzieła, droga wiedzie ku ich złożonemu, dramatycznemu, tragicznemu życiu, w którym centralną rolę odgrywa zawsze kobieta-bohater i kobieta-narrator (a więc i kobieta-Zapolska). Gdy śledzenie perypetii człeka inaugurujemy, otwierając szlak nazwany „życiem" w imaginarium Zapolskiej, natrafiamy najpierw na samą Zapolską, jej kobiece oko, a potem tych wszystkich mężów, żony, dzieci teściów, synów i córki, którzy żyją ze sobą, oddając się już to świadomie obieranemu i

---

[15] Zob. udane projekty podobnego ujęcia: E. Graczyk, Ćma. O Stanisławie Przybyszewskiej, Warszawa 1994; E. Kuźma, Oksymoron jako gest semantyczny w twórczości Tadeusza Micińskiego, w: Studia o Tadeuszu Micińskim, pod red. M. Podrazy-Kwiatkowskiej, Kraków 1979; H. Ratuszna, Wieczność w człowieku. O młodopolskiej świadomości śmierci w twórczości Stanisława Przybyszewskiego, Toruń 2005.

[16] Oczywiście, może się tu zrodzić (infantylne) podejrzenie, iż rozdzielenie subtematów „kobiety" i „człowieka" ma jakiś deprecjonujący wymiar dla „kobiety". Nic podobnego! „Kobieta" – tu widzę i Zapolską, i kobiety z jej prac, „człowiek" – to wszyscy ci ludzie z jej dzieł: kobiety, mężczyźni, inni, których nie da się oddzielić. Jak zauważyła w czasie dyskusji nad tekstem prof. Zofia Mocarska-Tycowa, formułując koncepcję „tematu złożonego" baczyć trzeba , by nie był on rozumiany jako suma składników. Wtedy bowiem w temacie „kobieta + człowiek + życie" mieści się większość wytworów ludzkiego umysłu.

kierowanemu przez nich życiu, już to bezwzględnemu procesowi Życia, które nimi miota.

W żaden sposób nie można powiedzieć, że tematem Zapolskiej są: ludzie i kobieta i życie... To można orzec o dziewięćdziesięciu procentach piszących. Temat Zapolskiej to kobieta – człowiek – życie, życie – kobieta – człowiek, człowiek – kobieta – życie, kobieta – życie – człowiek... jakkolwiek rozmieścimy subtematy, dopiero ich jedność pozwala – z przybliżeniem – określić temat wyobraźni Zapolskiej. Wyraża on całe jej jestestwo, kobiecość i somatyczność, jej samotność i pragnienie pełni, miłość i ambicje, wszystko. Zarazem temat też rządzi Zapolską – i jej pisaniem, i jej życiem, współtworząc relacje z ludźmi.

Ten kompleks tematyczny mieści w sobie wszystkie wydobyte z tej „nieokreślonej" twórczości jawne i skryte tematy cząstkowe: pożądanie, rodzinę, emancypację, ciało i ducha, mądrość i sprawiedliwość, ideał i karykaturę mężczyzny, stosunek do religii i choroby, macierzyństwo i aktorstwo, wyobrażenie o przeszłości i myśli o przyszłości[17]. Tak ujęta wyobraźnia Zapolskiej okazuje się fenomenem, który konstruktywnie eksponuje swą kobiecość, ale przy tym nie czyni z niej bałwana, idola, wytrycha. Zapolska jest kobietą o wyobraźni czułej na dramat całego człowieka, ujęty w płciowej, ale i równocześnie ponadpłciowej kondycji.

Przy tym każdy z wzmiankowanych subtematów zdradza wewnętrzną strukturę. Jeśli subtematem Zapolskiej jest kobieta to przecież nie każda, ale: kobieta-artystka i kobieta skrzywdzona, żona i matka (równocześnie też: kobieta krzywdząca!). Zapolskiej nie interesuje całe życie, nie ma serca do społecznych struktur, całych klas (chłopi, kler, klasa robotnicza), jej żywiołem jest życie w dwojakim oświetleniu modernistycznym. Tu „życie" to żywiołowy, unoszący nas i determinujący proces istnienia, w którym sami wykuwamy swą pozycję, ograniczeni jednak nieuchronnością ruchu bytu, jego wariabilizmem i mortualno-wanitatywnym finałem, śmiercią.

---

[17] Wyjątkowo trudno wyobrazić sobie Zapolską w dwóch rolach: skrupulatnego historyka, dziejopisa, badacza i budowniczej wizji utopistycznej szczęśliwej przyszłości. Ani temperamentu historiografa, ani futurologa pisarka nie ma.

Tak przedstawionemu życiu przeciwstawia Zapolska kreację A r t y s t y / A r t y s t k i, świadomie dążącej do obranych celów i unieśmiertelniającej się swą sztuką[18]. Ale życie to dla niej w warstwie fenomenalnej obserwacji także, a właściwie przede wszystkim dynamiczny układ socjologicznie określonych interakcji, relacji, uwikłań międzyludzkich, sformalizowanych w instytucji małżeństwa, w relacjach społecznych, a nawet w koncepcji „narodu" (*Tamten*, *Sybir*).

Jedność obu wymiarów życia złączonych znaczeniowo przez zewnętrzne na nie spojrzenie ujawnia się w życiu (tym trzecim już życiu...) kobiecego podmiotu obserwatora. To „życie" pojęte jako strumień egzystencji, z natury swej nieodstępne w całości słowu, możliwości wyrażenia pełnego, życie strumienia egzystencji kobiety, będące fenomenem „niewyrażalnego". A jednak to ono – skupione w głębokim „ja" Zapolskiej, w *Urgrund*, w prapodstawie jej imaginacji – ogarnia równie niewyrażalny „strumień życia", który chwyta w szpony jako społeczną, rodzinną, grupową rzeczywistość, a raczej aberrację, dewiację, erozję.

Od strumienia życia wewnętrznego poprzez ów strumień socjologicznie ujętej realności życia określonego historycznie, kulturowo, tradycyjnie, aksjologicznie, przez system wyobrażeń metafizycznych wpisanych w struktury wyobraźni zbiorowej (przełom XIX i XX wieku, Europa, ziemie polskie, polska i europejska tradycja kultury, chrześcijaństwo i dekalogiczny system wartości jako społeczne *superego*), wiedzie u pisarki droga do pochwycenia życia jako żywiołu bytu, stawania się i przemijania, miłości i nienawiści, amoralnego i niezależnego od człowieka. To Życie jako metafizyczny absolut i Życie jako strumień egzystencji kobiety-artystki spina, tworząc materię jej fabuł, narracji, obserwacji, Życie jako proces społecznego przyporządkowania i sytuowania się ludzi.

Chcę powiedzieć, iż temat złożony Zapolskiej (kobieta – życie – człowiek) otwiera trzy kręgi jej spojrzenia (a nie: refleksji) i ujawnienia pisarskiego: s p o ł e c z n y (socjalny, emancypacyjny, nawet utopijny, etyczny), potem

---

[18] Zob. T. Peiper, Gabriela Zapolska jako aktorka, opr. J. Fazan, Kraków 2004; Z. Raszewski, Krótka historia teatru polskiego, Warszawa 1990, s. 157-159.

wydobywany z trudem w nielicznych pracach krąg e g z y s t e n c j a l n y (choroba, ciało kobiety, zmysłowość)[19] i m e t a f i z y c z n y (Życie jako swoisty absolut odsyłający znów do – ale dopiero wtórnie – wymiarów sacrum)[20]. Wszystko to zapisuje Zapolska w obfitej twórczości.

Wypełnia ją w ogromnej części zapis Życia jako socjologicznego procesu, interakcji, dojrzewania i przekwitania (etc.). Ale ten wymiar odsyła do dwóch innych: pierwotnego egzystencjalnego (wyraźniej obecnego w listach) i zamkniętego w głębokim oku pisarki jako konkluzja Wielkiej Obserwacji Życia wymiaru metafizycznego, ukazującego w modernistycznej reinterpretacji i rekonstrukcji Heraklitejskiej rzeki życia. Wysiłku nie wymaga konkluzja, że Zapolska jest pisarką, której nie interesuje religia, poszukiwanie Boga, historiozofia, natura jako symbol boskości, metafizyka i utopia społeczna. Bo i nie interesują ją te tematy wprost. Wprost interesuje ją kobieta, mężczyzna, ich miłość, erotyzm, seksualność, jej konsekwencje, tragizm i los...

Za tym wszystkim tkwi u niej zawsze ta metafizyczna koncepcja Życia, do której dociera ona dzięki naturalnej inklinacji wyobraźni pracującej na ogromnym kręgu problemów i fabuł, jakie wyznacza temat kobieta – człowiek – życie. Ten subpoziom modernistycznej metafizyki Życia stanowi też wypełnienie owej nieobecnej bezpośrednio sfery tematycznej[21].

U podstaw wszystkich fabularnych, dramatycznych (powieściowych, epistolarnych i krytycznoliterackich) rozwiązań Zapolskiej, egzystencjalnych wyborów jej bohaterów i jej samej zdaje się tkwić prosta, ale o potężnej sile opozycja (tematyczna, aksjologiczna, egzystencjalna), opozycja

---

[19] Zob. A. Janicka, Doświadczenie ciała i choroby w listach Gabrieli Zapolskiej, „Archeus. Studia z Bioetyki i Antropologii Kulturowej", red. M. Nowacka, J. Kopania, Białystok 2000; L. Magnone, Polskie przestrzenie psychoanalizy – Zapolska w Bystrej, „Przegląd Humanistyczny" 2011, nr 2

[20] Zob. W. Gutowski, Z próżni nieba do religii życia. Motywy chrześcijańskie w literaturze Młodej Polski, Kraków 2001.

[21] Sądzę, że w jakimś głębszym sensie można mówić o powinowactwie myśli Zapolskiej i Nietzschego. Nie jest to jednak prosty, bezpośredni, intelektualny wpływ, ale literacko wyrażona podobna jak u Nietzschego, choć sfabularyzowana dionizyjska moc biologii, ciała, instynktu i zmysłowości. Por. Z. Kaźmierczak, Moc biologiczności, w: tegoż, Friedrich Nietzsche jako odnowiciel umysłowości pierwotnej. Analiza w kontekście fenomenologii religii Gerardusa van der Leeuva, Kraków 2000.

Rzeczywistości i Szczęści. Lub: Szczęścia i Rzeczywistości. Rzeczywistość to potencjalna scena osobistego i rzeczywistego szczęścia, która jak może przeczy szczęściu, niweczy je od podstaw, bo urodziłeś się fornalem, służącą, paniczem, lokajem i sutenerem, mieszczuchem lub policjantem. Szczęście jednak – wbrew stereotypowi czyniącemu z Zapolskiej pisarkę cierpiętniczkę, społecznicę cierpiącą za miliony kobiet – jest i początkiem i wizją finalną tego pisarstwa.

Z niemożności jego osiągania i z obserwacji karykatury szczęścia, jakim jest życie Dulskich, wyradza się ta furia protestu, amok niszczycielstwa, który obalić, zatruć ma tę zmonstrualizowaną rzeczywistość i na jej miejsce ustanowić nową, szczęśliwą. Jeśli istnieje u Zapolskiej utopia, to egzystencjalna i metafizyczna utopia Życia jako pożądanego procesu bycia-w-szczęściu.

Autorka *Żabusi* tym odcina się od licznych pisarzy „wrażliwości społecznej", że nie schodzi do poziomu skrzywdzonych, nie mówi za nich i ich nie udaje. Jej spojrzenie to wgląd oka artystki, czującej arystokratyzm, wywyższenie swej perspektywy patrzenia, z której widać i absurdalne nieszczęście, i – pragnione, niemożliwe – zupełne szczęście. Ta wyższość „ja", osoby, osobowości Zapolskiej, jej urągająca nawykom (tak!) patriarchatu niezależność sądu przy niewygodnej dla ruchu emancypacyjnego (tak!) ostrości spojrzenia na kobietę, w ogólności – na człowieka! Opowiadanie zaczyna mottem i deklaracją siły: „>I jak ogniki na bagnisku płoną!...< *Wiktor Gomulicki.* ...posądzą mnie o donkiszoterię. Niech sobie!... Los pozwolił mi być świadkiem wielu cichych poświęceń, z bohaterstwem graniczących niemal. O! biedne, zbolałe mary!"[22]. Oto cała „Zapolska od Życia" w jego socjologicznym, a raczej socjopatycznym ujęciu! Ale i „świadek", ten Ktoś, kto tylko jedyny może tym marom dać świadectwo. I ta czułość złączona z siłą...

W każdym podobnym zdaniu Zapolskiej jest ta pełnia trzech wymiarów Życia: egzystencjalnego, socjologicznego i metafizycznego. Bo „los", bo los to owo Życie, które nas wydaje, pogrąża w sobie i pochłania. *In vita vivimus, movemur et sumus.* W Życiu jak w Bogu. Tę drogę do Boga transcendencji

---

[22] G. Zapolska, I tacy bywają..., w: tejże, I tacy bywają... (z cyklu „Fantazje i drobnostki"), Lwów – Warszawa – Poznań – Kraków – Lublin 1923, s. 3.

zamyka tu nierzadko skandal cierpienia i zła: „I gdy powstała z ziemi, trzymając nieprzytomne dziecko w swem objęciu, wydawało się jej, że podnosi z ziemi ciężar straszny, tragiczny, ciągnący ją do otwartej grobowej jamy... z której się wydostać na powierzchnię życia nie było możności!"[23]. Tu jakby wizja krwiożerczego łona Życia-boga, pochłaniającego tragiczne jestestwo matki! To Życie metafizyczne, boskie i antyboskie u Zapolskiej jest wszędzie.

Jej antropo- i feminocentryczne spojrzenie na świat[24] pełni treści nabiera dopiero, gdy wydobywa się jego kształt w krzyżowym ujęciu między egzystencjalnym „niewyrażonym" Zapolskiej a metafizycznym „Niewysłowionym" Życia. Między otchłanią a otchłanią, tajemnicą we mnie i poza mną, życiem we mnie i życiem poza mną, które mnie i wszystko ogarnia. Zapolska, „nędzarzystka" i skandalizująca „pornografistka" była więc, jak ja ją czytam..., zarazem arystokratką, szczególistką i totalistką, kobietą o przenikliwym spojrzeniu i eksploratorką tajemnicy Życia przez wielkie „Ż".

Omnis homo, cały człowiek, życie codzienne i Życie jako strumień bytu, kobieta, te wszystkie kobiety, matki, panny, aktorki, prostytutki, żony... – to temat Zapolskiej. Złożony jak Zapolska, arystokratka niezależności i szalona w ambicjach aktorka, kochanka i żona, kobieta, która przeciwstawiła się (co proste) nie tyle męskiej dominacji, ile despotii kobiecego tradycjonalizmu, odmawiającego kobiecie prawa do zawodów, równorzędnej roli w rodzinie, narzucającego model życia i wychowania dzieci. Bo, na przykład, Jadwiga

---

[23] G. Zapolska, We krwi. Powieść, Kraków – Lwów – Warszawa – Poznań – Lublin 1923, s. 271-272. Powieść pisana: Paryż, 1891 rok.

[24] G. Zapolska (W sprawie emancypacji. Szkic, w: tejże, One, Warszawa – Lwów – Poznań – Kraków – Lublin 1923, s. 385) tak wykłada genezę miejsca kobiety, jej swoistości, nawiązując do biblijnego mitu:
„Bóg, gdy wypędzał jasnowłosą Ewę z raju, powiedział do niej tylko: >Matką będziesz<. Adamowi włożył na barki inny obowiązek: >W pocie czoła ziemię uprawiać będziesz<. Oto Stwórca i poza mgły i w świetle słonecznem wydał wszechpotężny wyrok, od którego cię żadna toga doktorska uwolnić nie zdoła. Matką-żoną będziesz, choćbyś dziesięć rozpraw z chwałą i swadą wypowiedziała! Matką-żoną być musisz, bo inaczej jak gałęź nieużyteczną odtrącą cię ze społeczeństwa! Matką-żoną zostaniesz, choćbyś całe stada wołów od księgosuszu uratowała!... Cóż począć? – spadł ten wyrok jeszcze przed potopem na złotą głowę Ewy, gdy swe ranne sploty rozlewała w słońcu porannym, i wyrok ten trwa już wieku całe, przechodzi z pokolenia na pokolenie – i żadna, najśmielsza emancypantka znieść go niepotrafi."
Czy to feminizm rezygnacji? Realizm emancypantki? Mityczny kamuflaż? Serio?

Rostworowska, a z nią ogromna ilość kobiet z początku XX wieku, miejsce kobiety zakreślała tak: „To, co w niej [>sprawie kobiecej<] stałego i niezmiennego, to właśnie zasada od początku do końca w społeczeństwie niezmienna: stanowisko kobiety w rodzinie i domu, który jest rodziny widocznym symbolem"[25]. Żadne takie „symbole" nie mogły przesłonić nędzy kobiet i mężczyzn spętanych w obłudnych i kalekich relacjach „rodzinnych", urodzonych i rodzących, zdradzanych i zdradzających, nie potrafiących z zgniłym społecznie środowisku spełnić ni matczynych, ni ojcowskich ról, kaleczących siebie wzajem, dzieci i świat rozpościerający się za progiem „rodziny".

Ale: nie jest ona ani destruktorką rodziny, piewczynią wolnej kobiety, demaskatorką macierzyństwa i ojcostwa, miłości sztuki. Wszystko to – miłość, sztuka, rodzina, ojcostwo i macierzyństwo, kobieta i mężczyzna, dziecko i rodzicielstwo – wyznacza kształt jej świata idealnego, utopii, raju życia. W czasie ma on kształt życiowej, egzystencjalnej utopii. Poza czasem, w wieczności istnienia, w pandemonium metafizyki Życia jego sens okrywa Tajemnica, do której być może transcendują nieliczne ważne w tym świecie symbole nie tyle sacrum, ile absolutnego *numinosum*. Symbole takie, jak krzyż, o czym przekonująca zaświadcza Anna Janicka: „Autorka *Modlitwy Pańskiej* wskazuje na tę figurę jako miejsce przenikania się doczesności z tym, co boskie – cierń istnienia i drzazga krzyża stają się jednym ciałem. Dlatego Chrystus w utworach pisarki bywa ułomny, samotny, zmęczony – odsłaniając w nim to, co ludzkie, jednocześnie ujawnia Zapolska Boskie nadanie – rzeczywistości pogrążonej pozornie w chaosie. Tylko Bóg otwarty na szpetotę ludzkiego losu może być bliżej człowieka – nie ten sfalsyfikowany przez instytucje Kościoła, czy zinfantylizowany przez mistyfikujące mechanizmy kultury mieszczańskiej (tłuściutki, milusi >Jezusek salonowy<)"[26]. Na ma tu *happy endu*, ani biedermeierowskiego *happy endziku* w relacji „człowiek – Bóg".

---

[25] J. Rostworowska, Czy są nowe dla kobiet zadania?, Kraków 1902, s. 2. Na przeciwległym biogramie por. E. Key, Wykształcenie, w: tejże, Nowe szkice, przeł. Br. N., Warszawa 1905.

[26] A. Janicka, Ciało wyżarte solą..., dz. cyt., s. 464. Por. w tymże tomie A. Wydrycka, Tetmajerowskie niebo – obrazy kryzysu; H. Ratuszna, Wizerunek anioła śmierci w

Nieograniczona tajemnica, jaką jest człowiek, ogarnięta przez proces życia, szuka w nim, w jego totalności tego, co Inne. Być może Bogiem jest tu Życie, być może Życie jest tylko szatą Boga. Absolutu. Innego. Niewyrażalnego. W jakiś przerażający sposób tożsamość człowieka, ciała człowieka i tożsamość Absolutu, jego ciało Życia przenikają się tu w dramatycznym zjednoczeniu. Jego nazwa: tajemnica istnienia.

W tak czytanej Zapolskiej, pisarce konkretu życiowego, ujawnia się druga strona: poszukiwaczki sensu. Takiej, która w tym poszukiwaniu nie unieważnia szału i skandalu życia, lecz przenikając go, zarysowuje kontur Drugiej Strony. Taki jest pełny kształt tematu Zapolskiej: z jednej strony kobieta – człowiek – życie, z drugiej strony: Druga Strona. Metafizyka i Życie. Nie: metafizyka życia. Oddzielone ostrzej obrazują nędzę życia i pragnienie pełni spełnienia, nieprzystawalność danej Rzeczywistości i tęsknionego Szczęścia.

„W sprawie emancypacji. Szkic". Fragment

Zamiast wyjaśnień fragment emancypacyjnego tekstu Zapolskiej. Niech sam przemówi za siebie – ten dziwny, sprzeczny, mocny głos:

„Słusznie. Minęły te czasy, gdy żona była ciężarem mężowi. Dziś oboje powinni, wedle sił, pracować na utrzymanie domu i dzieci.

Zakres prac domowych jest wielki – i kobieta, nie przeciążająca budżetu domowego zbytnią ilością służby, wiecznie coś ma do czynienia. Jeżeli nie ma dzieci, lub te dziwnym zbiegiem okoliczności nie zajmują jej wiele czasu – może zająć się tysiącami zyskownych nawet sposobów pracy, które dla kobiet obecnie stoją otworem. Wyliczać je byłoby śmiesznością – znamy je wszystkie i coraz więcej widzimy kobiet, pracujących jak mrówki, cicho, lecz wytrwale, bez rozdrabniania sił swoich, bez krzywdzenia dzieci i opuszczania domowego ogniska...

Pracuj więc, niedoszły Eskulapie! pracuj i zarabiaj spokojnie, uśmiechając się do twej dzieciny, porzucając pędzel, dłutko, pilniczek, dratwę, żelazko od

---

literaturze i malarstwie Młodej Polski, M. Kurkiewicz, Biblijna walka Jakuba z aniołem w optyce polskich poetów XX wieku.

kwiatów, szydełko, druty, ba! co chcesz nawet, byle nie skalpel, aby nalać herbaty swemu mężowi, gdy spracowany do domu powróci. Uchylaj troski z jego czoła! bądź mu aniołem, kochanką, niewolnicą – bądź żoną, matką! bądź tem, czem Bóg ci być rozkazał. Nie marz o triumfach wśród grona studentów, bo przyjdzie chwila, w której cichy kąt domowy milszy ci będzie, niż oklaski, jakiemi cię „z grzeczności" obsypywać będą!... Nie wdzieraj się na wyżyny, bo Bóg, dając ci urok miłości i macierzyństwa, wzniósł cię na takie wyżyny, że żaden lekarz cię tam dosięgnąć nie zdoła!

Nie filozofuj!... nie kraj trupów!... nie zatracaj swej godności niewieściej. To czar! to twoja władza! to twoje królestwo! Nie abdykuj! korony dla biretu nie składaj... nie wnoś zarazy w fałdach swej sukni i ręką, przesiąkniętą wonią trupa, nie gładź czoła swego dziecka!

Nie bądź lalką bezmyślną! ale nie bądź istotą bezpłciową! Nie bądź czułą nad miarę, lecz nie wmawiaj w siebie, że krajać ciało możesz!... Jeżeli masz dziecko swoje, tul je w objęciach i wsłuchuj się w jego oddech! bądź mężowi pomocą, nie ciężarem, lecz nie osieracaj domowego ogniska! W uśmiechu twoim niech mąż znajdzie siłę do pracy, ukojenie w bólu, tarczę przeciwko pokusom. W tobie samej jest szczęście twoje, szczęście prawdziwe, spokojne, trwałe.,.

Kochaj! pracuj! kształć się, ażebyś mogła siebie samą i dzieci swe zdrowo wychowywać, – wiedz tyle z medycyny, ile każda matka wiedzieć powinna, nieś ulgę swoim najbliższym wiedzą nabytą, – nie odmów pomocy cierpiącym, – lecz, na Boga! kobietą jesteś i kobietą musisz zostać do zgonu!...

Takie jest moje zdanie.

Z góry się zastrzegam, że nie chcę wywoływać polemiki; wiem, że źle pojęta emancypacja jest silnie zakorzeniona w niektórych główkach... lecz wiem to także, że ustrój fizyczny kobiety nigdy nie ulegnie zmianie...

Gdyby się to stało – a! wtedy i ja zdanie moje zmienię. Teraz na wszystko odpowiem: >Kobietą jestem i tylko kobietą pragnę zostać do zgonu!...<„[27]

---

[27] G. Zapolska, W sprawie emancypacji. Szkic, dz. cyt., s. 397-399.

– Tak Zapolska mówi o miejscu kobiety. Ambitnie i zachowawczo. Nie przysparzało jej to poklasku wśród kobiet, które chciały być lekarkami[28], emancypantek, kleru, tradycjonalistek. Wszystkich to to, to tamto uwierało. Ale to cała Zapolska. Niezależna. Wolna. Dzika. Przede wszystkim artystka i arystokratka ducha.

Żądło

Zapolskiej zarzucano rozlewność, przegadanie, melodramatyzm, czułostkowość, płycizny, histerię, złą ekscytację pornograficznym i naturalistycznym wymiarem życia, estetyzację obrzydliwości, i zohydzanie piękna. Wszystko nie tak! Jeśli spojrzeć na nią z punktu widzenia jej tematu wyobraźni (życie – kobieta – człowiek), trudno nie westchnąć z uznaniem. Życie jest „czymś", jest „jakieś", to „coś" – ale co i jakie to jest, niech powie mądry? Życie kobiety – wpisane w obowiązek, szantażowane powinnością „rodzinną", tabuizowane jako życia ciała i stygmatyzowane jako ekspresja miłości, erotyzm, seksualizm – czym było na krawędzi wieków?[29] A ci mężowie, dzieci, szubrawcy i sutenerzy, te niemowlęta

---

[28] Z niechęcią sportretowała Zapolską w swych wspomnieniach lekarka Teodora z Kosmowskiej Krajewska, Pamiętniki, opr. B. Czajecka, Kraków 1989, s. 158:
„Po skończonej rozmowie zaczęłam się trochę rozglądać. Pokój Zapolskiej był dość jaskrawy: kilimy czerwone, ale nie tych odcieni, jakie znajdujemy w Bośni, na etażerkach jakieś dziwaczne figurki, koguty; na stole książki, papiery. Zwróciła moją uwagę na swój portret, który się odcinał jaskrawą plamą na ścianie, dzieło jej męża malarza Janowskiego. Portret z profilu, w niebieskiej sukni i dużym kapeluszu. Gdym się przypatrywała portretowi, wyjęła spod poduszki pudełeczko i upudrowała się. Również zauważyłam, że na ścianie, nad łóżkiem wisi krzyż i różaniec.
Wspomniała jeszcze coś o swej chorobie i że żałuje, że nie jest doktorem. Zauważyłam, że była zawsze przeciwna studium medycznym dla kobiet. W nowelach swoich tak się wyraźnie pod tym względem wypowiedziała. Na to Zapolska:
– Tak jest, tak pisałam, bo byłam głupia.
Zabawiłam w Krynicy jeszcze dni parę. Widywałam Zapolską, gdy mąż jej – malarz Janowski – przyjechał. On przychodził akuratnie do sali jadalnej na obiad. Wyglądał zdrowo, był to bardzo przystojny mężczyzna. Ona się zjawiała przy końcu obiadu, gdy podawali deser. Wychodzili z sali jadalnej razem pod rękę.
Nie byłam u niej więcej. Pożegnałam się z nią, gdy opuszczała jadalnię.
Gdy wyjeżdżałam z Zakładu, pokojówka przyniosła mi do powozu bukiet czerwonych astrów od pani Zapolskiej."
[29] Zob. E. Kraskowska, Zofia Nałkowska, Poznań 1999; G. Borkowska, Cudzoziemki. Studia o polskiej prozie kobiecej, Warszawa 1996; Dwudziestolecie mniej znane. O kobietach

nędzarek i paniczątka znieprawione – jak to ująć? Jak to zło mężczyzn i kobiet odrzeć z powłoki „życia cywilizowanego"? Jak płeć i rolę społeczną obnażyć, odrzeć z ich uroszczeń?

We wspaniałych strzępach, w licznych próbach prozy i dramatu usiłuje Zapolska wbić się w skorupę powszechnego faryzeizmu, udawania, biologicznego pastwienia się silnych nad słabymi, społecznego i uczuciowego kanibalizmu, jakiemu w świetle prawa, normy, obyczaju, moralności i historii oddają się wszyscy. Kobiety i mężczyźni. We wspaniałym szkicu dramatycznym z *Pariasów* zatytułowanym *Wśród zieleni* to zdziczali, moralnie zdegenerowani Panicz i Panienka żerują na erotycznej fascynacji biedaka Panienką. Bez litości ujawnia niby prosty a dramatyczny dialog tych emocjonalnych hien, „osóbek", jak je zwie Zapolska:

PANIENKA

Wyobraź sobie, że Jędruszak ośmielił się... to jest... rzucił się na mnie jak dziki zwierz, i chciał pocałować. Ale ja... widziałeś przecież, dałam mu nauczkę... tą witką... po twarzy.

PANICZ

Ach! Jakie to niesmaczne!

PANIENKA

Co miałam robić?...

PANICZ

Udać, że nie rozumiesz. A potem, daruj, ale powiem ci, że mężczyzna musi być sprowokowany, aby się do czegoś podobnego posunąć. Musiałaś go prowokować.

PANIENKA *niewinnie*

Ja? Władziu? Przecież ty mnie znasz i wiesz, że ja nie byłaby zdatna...

---

piszących w latach 1918–1939. Z antologią, red. E. Graczyk, M. Graban-Pomirska, K. Cierzan, P. Biczykowska, Kraków 2011.

PANICZ

Właśnie, że cię znam i wiem, że byłabyś zdatna. I teraz ja staję w głupiej sytuacji względem kolegi.[30]

Zapolska kończy scenkę sardonicznym, ironicznym śmiechem. Oto doskonała spółka obłudy, Panicza i Panienki, i ich tryumf nieokrzesanego chamstwa, które korzysta z pozycji społecznej i władzy, manipulując erosem nędzarza. Jędruszak za papierosa (bierze papierosa) spełni życzenie Panicza:

JĘDRUSZAK

Dziękuję

bierze papierosa

PANICZ

I pohuśtaj nas! No, panno Ireno – na huśtawkę!

Wskazuje na huśtawkę, przybierając tę samą pozę, co w pierwszej scenie. On z papierosem w zębach i zaczynają nucić znanego ślicznego walca. Za słupem stoi JĘDRUSZAK, pali papierosa i pociąga za sznurek.

PANIENKA

odwraca się ku JĘDRUSZKOWI

A wyżej, do nieba...

PANICZ

Ach! Ty aniele bez skrzydeł...

śmieją się – śpiewają, w takt których kołyszą się

ZASŁONA[31]

Co mnie ujmuje w tym obrazku, to genialna, przerażająca świadomość Zapolskiej, że tej podłej sztuce grają wszyscy: cyniczni manipulanci, Panicz i Panienka, i wydrwiony, erotycznie rozmarzony biedak. To życie. I jak je ująć?

---
[30] G. Zapolska, Wśród zieleni, w: Niedrukowane dramaty Gabrieli Zapolskiej, t. I, s. 171.
[31] Tamże, s. 172.

Zapolskiej się udało – i jeszcze to „coś" więcej zarysowała. Nie popadając ani w moralizatorstwo, ani w fałsz płciowej megalomanii, ani w tani utopizm. Jak kobieta pisała do wszystkich i o wszystkich, czyniąc mottem swej postawy odwagę biskupa Krasickiego:

„Poczciwość prawdy się nie lęka, więc śmiało, *Czytelniku* lub *Czytelniczko*, podajcie mi rękę i zajrzyjmy wspólnie do tych nędz wielkich, do tych nieszczęść, kończących się zbrodnią, do tego kału – według wyrażeń naszych dobrych znajomych... Nie bój się, kobieto, czytaj śmiało te karty, kał nie dotknie twej białej szaty, bo tylko brud lgnie do brudu, a chorzy boją się ran swoich".[32]

Sanatorka, lekarka, moralistka? Tak, ale i nie! Zapolska zachowała niezależne, wyizolowane, wyniesione ponad opowiadana rzeczywistość „ja" demaskatorki-arystokratki, artystki i empatycznej kobiety. Mogła być naraz i aktorką, i pisarką, żoną i kochanką, skandalistką i moralistką. W tym procesie estetycznej eksterioryzacji tematu wyobraźni zdobyła ogromną samoświadomość estetyczną. Metaświadomość jest zresztą osobnym (czwartym) elementem jej postawy pisarskiej. Tak – metaświadomość. Zapolska zachowała artystowską hiperprzenikliwość w odbiorze cudzych dzieł i wielką samoświadomość pisarską, tworząc, podkreślam, obraz Życia: w niej, w świecie, który ją otaczał, i w jego metafizycznej totalności.

Czwartym przebłyskiem Życia, czwartą życia odsłoną było u niej *piękno* sztuki pisarskiej, aktorskiej, malarskiej, które odczytać i zapisać potrafiła bezbłędnie. To życie objawiające się pięknem uznać można za element świata, który łączył jej podmiot z tym nieograniczonym Życiem kosmosu. Przebłyski piękna, ale nie jakiś panestetyczny zawrót głowy, ewokują jej dzieła. Zapolska zarzuciła na Życie w jego wszystkich wymiarach płachtę słowa, sieć języka – ogromną, ogarniającą, nadmierną... Inaczej nie mogła. Życia się schwytać nie da. Bez piękna nie da się żyć[33].

---

[32] G. Zapolska, Przedmowa do tejże, Kaśka Kariatyda, 1888, opr. D. M. Osiński, cyt. za: Modernizm: spotkania. Antologia, red. E. Paczoska i L. Magnone, Warszawa 2008, s. 202-203.

[33] Piękno jest zresztą przeciwstawiane brzydocie XX-wiecznego industrializmu. Ale u Zapolskiej ma po prostu walor sensotwórczy, egzystencjalny. Zapolska chce piękna, tworzy pięknie i chce być piękna. Por. E. Key, Piękno, w: tejże, Nowe szkice, dz.cyt.

W wielu – choć nie każdym – dziełach autorce *Panny Maliczewskiej* udało się wydobyć istotę Życia we wszystkich jego wymiarach, egzystencjalnym, społecznym, estetycznym i metafizycznym. Paleta środków, jakich użyła, ich różnorodność i nadmiar, też wynika z ogromu Opisywanego. Zapolska jest ironiczna, patetyczna, sentymentalna i sarkastyczna, realistyczna i romantyczna, absurdalna i egzaltowana etc., etc. Jak to ująć, te literackie epifenomeny tematu Zapolskiej..?

U Zapolskiej wszystko jest z XIX wieku i wszystko inne niż było w XIX wieku. Jej pisarstwo jest silnie nacechowane moralnie, aksjologicznie, ale nie ma kazalniczego wymiaru. Inaczej niż u Konopnickiej lub Orzeszkowej ideał/idea/projekt nie przesłania u Zapolskiej katastrofy, jaką jest rzeczywistość[34]. Rzeczywistości nie przesłania tu utopia przyszłej szczęśliwości. Pisarka nie daje hurra-odpowiedzi. Nie każe szukać Boga, ani nie sprowadza rzeczywistości do uniwersalnej zasady: materii lub ducha, jaźni lub ciała. Nie narzuca na byt, życie, człowieka żadnego mitu integrującego, który spinałby ze sobą to mrowie istnień, rzeczy, zdarzeń i nadawał mu sens, ujmując w nawias literackiej wersji Genesis i Apocalypsis.

Życia nie da się spakować do torebki. Mit rozpada się, eksploduje odśrodkowo pod naprężeniem energii życia. Religia gra w jednej lidze ze zbrodnią w załganych sztukach pod tytułami „Życie społeczne", „Rodzina", „Cywilizacja", „Sprawiedliwość", „Kobieta", „Mężczyzna". Rak obłudy żre i sztukę, artystów, ale Zapolska nie każe nam wierzyć, że sztuka zbawi człowieka albo że sensu życia każdemu z nas udzieli uświęcona do niebotycznych rozmiarów krzątanina codzienności, te mikroelementy życia, które nas wytwarzają i które my wytwarzamy[35].

Postrzępiony obraz życia kobiet i mężczyzn, obraz życia - Życia – jest czymś nieogarnialnym, co dopiero spiętrzona tautologia podnosi do poziomu

---

[34] Por. J. Bachórz, Dlaczego Orzeszkowa?; G. Borkowska, Miejsce Orzeszkowej; A. Kieżuń, „Gloria victis" i inne cykle powstańcze, w: Eliza Orzeszkowa w estetycznej przestrzeni współczesności, dz. cyt.
[35] Zob. tomy: Codzienność w literaturze XIX (i XX) wieku. Od Adalberta Stiftera do współczesności, red. G. Borkowska, A. Mazur, Opole 2007; Mieszczaństwo i mieszczańskość w literaturze polskiej drugiej połowy XIX wieku, red. E. Ihnatowicz, Warszawa 2000.

wszechogarniającego, metaforycznego Życia. Ale ono jest – Tajemnicą lub tylko tajemnicą.

Odkleiwszy się od wielkich idei romantycznych/pozytywistycznych (naród, Bóg, społeczeństwo, praca), Zapolska nie wpada w koleinę nihilizmu. Nie ma u niej ani mistyki Trójcy Świętej, ani bałwochwalstwa Wielkiego Nic, Niczego, Nicości. Jest wrażliwa, aktywna. Więc nie może być nihilistką[36]. Ma integralną, dziwną, wspaniałą wyobraźnię, własny, jakże niepoznany styl, jest nowoczesna estetycznie, w jednym zdaniu lawirując między wzniosłością a absurdem. Uświetnia ten styl i kiczem, i campem, i tragigroteską. Bywa tragiczna i cyniczna.

Zapolska ma żądło stylu, oścień wyobraźni. Fascynuje mnie tym, iż zachowuje jakże niezwykłą, nowoczesną, choć nie do zniesienia dla jej otoczenia arystokratyczno-artystowską wyższość/niezależność. Zaczepna, ostra, nieprzewidywalna, zdystansowana władczyni pióra-żądła, którym obrysowuje łachmany społecznej hipokryzji. Wszystko jest u niej i absolutnie narcystyczne, i ufundowane na wrażliwości wobec człowieka. Niezmordowana. Osa. Motyl. Zapolska. Taka i inna.

Feministyczna nowoczesność Zapolskiej przyniosła wartości istotne: odsłoniła (choć nie bez przesady) tematy nowe i niedoczytane, przesunęła spektrum interpretacyjne tak ostro w jedną stronę, że uwidoczniła niedostatki nie tylko klasycznej historii literatury, ale i zalążkowość wszelkich prób innego jej czytania. Wciśnięta w schematy skandalistki, materialistki, feministki i antyburżujki, Zapolska broni się niepostrzeżenie. Jest, sądzę, najsłabiej zbadanym pisarzem (i pisarką) polskiego przełomu XIX/XX wieku, nie licząc tych wszystkich, których nie badano poważnie wcale[37]. Ma, nie wątpię, świetną przyszłość jako trudny do ogarnięcia przedmiot badań teatrologii, filologii, socjologii, historii sztuki, psychologii i – co szczególnie ważne! – psychoanalizy.

---

[36] Zob. W. Gutowski, Młodopolskie dialogi (z) nocą, w: Noc. Symbol – Temat – Metafora, t. 2, Noce polskie, noce niemieckie, po red. J. Ławskiego, K. Korotkicha, M. Bajki, Białystok 2011.
[37] Tych nietkniętych ręką interpretacji jest wielu: Pietrzycki, Wierzbicki, Kulikowska, nawet Szandlerowski...

Można sądzić, iż przyszłość należy do badań nad Zapolską. Jakich? Takich, jakie wyznacza nowoczesne badania historycznoliterackie, inspirowane komparatystyką, historią sztuki i psychoanalizą. Wydaje się, że na początku XXI wieku rodzi się nowe, interdyscyplinarne i niedogmatyczne, odwołujące się do tradycji badawczej, ale i odważne podejście interpretacyjne, znaczone nazwiskami Danuty Knysz-Rudzkiej, Anny Janickiej, Leny Magnone, Piotra Rosińskiego, Anny Danielewicz, Dawida Marii Osińskiego[38]. I ten jakże różny powrót/renesans Zapolskiej jest w pewnym sensie efektem feministycznej rewolty interpretacyjnej. Lecz też poza nią daleko wychodzi. Zapolska wróci.

* * *

Pisarka, którą mówią kobieta, człowiek i życie. Uchwycił ją w tym zapamiętaniu życiem, niemłodą, bo 51-letnią w 1908 roku reporter „Tygodnika Ilustrowanego", któremu Zapolska z okazji premiery *Skiza* udzieliła „wywiadu". Kobieta w ruchu, życie w Zapolskiej – jak to nazwać? Niech mówi ta „nowoczesna"...

„Wniesiono telegram. Był to przeddzień premiery *Skiza* w Krakowie.

– Pan pozwoli? Solski pyta o jakąś informację.

– Reżyseria na odległość.

– Och, drobnostka techniczna. Oni tam już ton odpowiedni wyczują. Są to artyści. Taki Sobek, Irena... moi dawni koledzy. Jestem spokojna.

Nakreśliła odpowiedź i oddała. Powstałem z żalem, bo miałem czas obliczony. Z Zapolską mówi się miło i gładko. W niczem nie pozuje i to jest jej wdzięk największy.

– Wraca pani do pracy?

---

[38] Zob. wspomniany artykuł Danuty Knysz-Tomaszewskiej, Gabriela Zapolska, pisarka zbuntowana (1857-1921). Biografia niepokorna, w: Gabriela Zapolska. Zbuntowany talent, dz. cyt.; L. Magnone, dz. cyt.; P. Rosiński, dz. cyt., A. Janicka, Paryż 1889. Relacje prasowe Gabrieli Zapolskiej, w: Obrazy stolic europejskich w piśmiennictwie polskim, red. A Tyszka, Łódź 2010.

– Tak. Zaczynam drugie ćwierć wieku pochylać się nad piórem. Chciałabym z lepszym jeszcze rezultatem.

– Jest pani zanadto chciwą...

– W tym razie chyba to nie grzech. Prawda."[39]

I kto by chciał z nią zadrzeć... Chcecie? Ja nie.

Temat to człowiek. A ona – jakby chciała przerość siebie... kobietę – człowieka – życie.

Przerość życie..., dotrzeć do Życia, i poza Nie...

---

[39] N.N., Zapolska, „Tygodnik Ilustrowany" 1908.

MARIA JOLANTA OLSZEWSKA

Gabrieli Zapolskiej zwycięstwa i porażki w batalii o „nową sztukę". Szkic

> *Jest dobrym znakiem, że nienawidzą Zapolskiej wszelkiego rodzaju estetyczne i społeczne snoby, że mówią o niej z kłamanym lekceważeniem i afektowaną godnością oskubanych pawiów*
>
> Stanisław Brzozowski[1].

Według Zygmunta Szewykowskiego Henryk Sienkiewicz jest „chyba najdziwniejszym fenomenem, jakiego wydała literatura polska drugiej połowy XIX wieku"[2]. A przecież w literaturze polskiej takich fenomenów odnajdziemy znacznie więcej. Niewątpliwie należy do nich również Gabriela Zapolska, która funkcjonuje w świadomości przeciętnego odbiorcy głównie jako krytyk mieszczaństwa lub niezłomna bojowniczka o prawa kobiet. Do niej z powodzeniem można odnieść słowa Szweykowskiego o Sienkiewiczu:

„Pisarz to na pozór tak prosty, tak jasny, tak klarowny, że – zdawałoby się – opracowanie jego twórczości będzie jednym z najłatwiejszych zadań historyka literatury, a w istocie jest on tak trudny do ujęcia, tak pełen zaskakujących niespodzianek, że do dziś nie tylko nie doczekał się naukowej monografii, lecz w ogóle historia literatury wie bardzo mało zarówno o jego sztuce pisarskiej, jak jego indywidualności"[3].

W przypadku Zapolskiej, tak jak w przypadku Sienkiewicza, za każdym razem otrzymujemy tylko pewną propozycję[4] odczytania tej bogatej, niejednorodnej i

---

[1] S. Brzozowski, Powieść mieszczańska i jej fazy u nas, w: Współczesna powieść polska, Stanisławów 1906, [cyt. za:] idem, Eseje i studia o literaturze, t. 1, oprac. H. Markiewicz, Wrocław 1990, s. 441.

[2] Z. Szweykowski, Kilka uwag o „Krzyżakach" Sienkiewicza, [w:] O „Krzyżakach" Henryka Sienkiewicza, wyboru prac krytycznych dokonał T. Jodełka, Warszawa 1958, s. 227.

[3] Ibidem.

[4] Wybrane najważniejsze prace poświęcone Zapolskiej i jej twórczości to: J. Czachowska, Gabriela Zapolska. Monografia bio-bibliograficzna, Kraków 1966, T. Weiss, Gabriela Zapolska: życie i twórczość, Kraków 1968; idem, Świadomość artystyczna Gabrieli Zapolskiej, w: Od Kochanowskiego do Różewicza, pod red. J. Kryszaka, Warszawa 1988;

pełnej sprzeczności twórczość[5]. Nawet znane fakty z jej biografii, a szczególnie niezwykle ważny dla jej rozwoju artystycznego pobyt w Paryżu, w sposób niedostateczny są wyzyskiwane przy interpretacji jej artystycznego dzieła. Twórczość autorki *Żabusi* przez długi czas była deprecjonowana i sytuowana na marginesie historii literatury. Głosy jej współczesnych często były wybitnie jej nieprzychylne. Mówiono o tym, że jej dorobek jest co prawda różnorodny, ale pozbawiony większej wartości artystycznej. Zapolska przez całe swe życie starała się nie poddawać i wytrwać w przekonaniu o wartości własnej pracy. Pewną zmianę przyniosły dopiero drukowane w roku 1936 w „Czasie" (nry 101, 250, 354) i „Wiadomościach Literackich" (nr 22) artykuły Zbigniewa Konarzewskiego, w których obficie cytował korespondencję Zapolskiej. To on jako jeden z pierwszych docenił wartość jej listów i publicystyki, uznając je za ważny komentarz do jej dzieł beletrystycznych i dramatycznych, nie dających się, jak zaznaczał, łatwo zamknąć w jednej formule. Wskazał też kierunek, który wcześniej wyznaczył Jan Ludwik Popławski, autor brutalnej w tonie recenzji *Małaszki* pt. *Sztandar ze spódnicy*, odczytując ten tekst jako wypowiedź o charakterze autobiograficznym. Ujmując całościowo dzieło Zapolskiej, należałoby więc mówić przede wszystkim o wpisanym w nie doświadczeniu autobiograficznym, któremu kształt nadał bowaryzm, czyli:

„zjawisko związane z romantyczną funkcją iluzji i deziluzji, w tym przypadku zjawisko przeniesione na płaszczyznę osobowości. Osobowości realnej lub osobowości fikcyjnej, czyli postaci powieściowej. Dotknięta bowaryzmem jednostka widzi siebie inną, aniżeli jest naprawdę; dotyczy to również całego otoczenia takiej jednostki. Prawda lub rzeczywistość upragniona znajdują się dla niej zawsze g d z i e   i n d z i e j, a nie w otoczeniu bezpośrednim [podkreśl. autora]"[6].

J. Rurawski, Gabriela Zapolska, Warszawa 1981, K. Kłosińska, Ciało, ubranie, pożądanie. O wczesnych powieściach Gabrieli Zapolskiej, Kraków 1999.

[5] Zwróciła na ten fakt G. Borkowska (Dzika, czyli Zapolska w ogrodzie sztuk, w: Gabriela Zapolska. Zbuntowany talent, Teatr Wielki – Opera Narodowa, Warszawa 2011, s. 37): „mam wciąż nieodparte wrażenie, że do labiryntu z napisem „Zapolska" nie znaleziono jeszcze właściwego klucza. I ja go również nie mam. Zapolska pozostaje artystką nieoswojoną, broniącą się skutecznie zarówno przed bezkrytycznym podziwem, jak i totalnym odrzuceniem".

[6] K. Wyka, O sztuce pisarskiej Sienkiewicza [1968]. Fragmenty, [przedruk w:] Pozytywizm. Materiały do ćwiczeń. Seria 2. Opracowania, pod red. D. Knysz-Tomaszewskiej, Warszawa 1997, s. 172.

Zapolska nigdy i nigdzie nie czuła się „u siebie", jako ta obca/inna zawsze i wszędzie była wyalienowana, pozostająca w nieustannej „podróży", przemieszczająca się wciąż z jednego miejsce w inne. Dała temu wyraz w swej twórczości. Swoje pisanie traktowała jako sposób tekstualizacji własnych doznań i doświadczeń[7]. W przypadku autorki *Żabusi* mamy więc do czynienia z „pisaniem sobą"[8]. Potwierdzeniem takiego stanowiska jest szkic biograficzny z roku 1908 napisany przez nią i zamieszczony w zbiorze nowel *Jeden dzień z życia róży* (Lwów 1923, s. III-VIII). Zapolska należy zatem do tych artystów, w których przypadku w doświadczeniu artystycznym fakty literackie i okolicznościowe stanowią jedność. Dobrze zagadnienie to ujęła Dorota Sajewska w swej monografii pt. *Chore sztuki. Choroba,/tożsamość/dramat. Przemiany podmiotowości oraz formy dramatycznej w utworach scenicznych przełomu XIX i XX wieku* (Kraków 2005), tytułując rozdział *Casus Zapolskiej. Herstory zamiast History*[9]. Dlatego jej twórczość należałoby potraktować całościowo i odczytywać w perspektywie autobiograficznej, czasami nawet bardzo osobistej, wręcz intymnej skupiającej się na życiu codziennym[10]. Zapolska w swych tekstach oscyluje nieustannie pomiędzy strategiami - świadka, wyznania, zwierzenia, marzenia i wyzwania. Do całości jej dzieła dobrze odnoszą się słowa, które wypowiedziała do Wilhelma Feldmana na temat swej powieści *O czym się nawet myśleć nie chce*, że była „pisana spod serca, z własnych dziejów i z własnej duszy..."[11]. Zapolska dla wyrażenia interesujących ją zagadnień próbowała stworzyć własny język, opozycyjny wobec języka symbolicznego, właściwego porządkowi patriarchalnemu[12]. Jest to ten typ *mimesis*, który „powstaje w efekcie działania mechanizmów, odwzorujących właściwą jej cielesność, która ukształtowała się w procesie

---

[7] E. Krasiński, Od redakcji, [w:] G. Zapolska, Listy, t. 1, zebrała S. Linowska, Warszawa 1970 s. 9-10.
[8] R. Nycz, Osoba w nowoczesnej literaturze, w: idem, Literatura jako trop rzeczywistości. Poetyka epifanii w nowoczesnej literaturze polskiej, Kraków 2001, s. 66-67.
[9] D. Sajewska, Chore sztuki. Choroba,/tożsamość/dramat. Przemiany podmiotowości oraz formy dramatycznej w utworach scenicznych przełomu XIX i XX wieku, Kraków 2005
[10] M. Czermińska, Autobiograficzny trójkąt. Świadectwo, wyznanie i wyzwanie, Kraków 2000, s. 19-35.
[11] G. Zapolska, Listy, t. 1, s. 287.
[12] Obszernie na ten temat pisze D. Sajewska (op. cit., s. 505-508) powołując się na myśl francuskich feministek lat 70. XX w., głównie Luce Irigaray i Hélène Cixoux.

przeżytych doświadczeń i stanowi ich świadectwo"[13]. Ta drapieżna, materialna cielesność stanowi centrum jej twórczości, ale nie wyczerpuje jej przesłania, nakierowuje na inne zagadnienia, włącznie z kwestią zła. W dalekiej perspektywie jej dzieła pisarskiego sytuuje się tragedia modernistyczna z pytaniem o *anagnorisis* i *katharsis*.

Danuta Knysz-Tomaszewska trafnie nazwała Zapolską kobietą niebanalną, zbuntowaną, skandalistą, a jej biografię „niepokorną"[14]. To jej nieustanne „nie zgadzam się", o czym pisał Stanisław Brzozowski, i jednocześnie heroiczne zmaganie się z losem, niezgoda na wszelką obłudę i zło w różnych wymiarach, zadecydowały o charakterze i stylu tego pisarstwa[15]. Należy zatem przyznać rację tym badaczom literatury, którzy pisali o Zapolskiej jako o kobiecie i artystce, która nigdy nie pozowała na ofiarę, choć nieustannie doznawała poczucia wykluczenia, uwięzienia we własnym, chorym ciele, jako o kobiecie namiętnej, uwikłanej w różne skandale obyczajowe i związki erotyczne, zmagającej się z nędzą materialną, niezmordowanie marzącej o sukcesach, wielkości i sławie, o innym, lepszym życiu, o samodzielności życiowej, duchowej i intelektualnej. Słusznie zatem Anna Janicka odczytuje jej burzliwe życie jako biografię pełną „pęknięć", jako biografię kobiety z góry „skazanej" na określoną rolę społeczną. „Uwięziona (o ironio) – pisze badaczka - w roli kobiety wyzwolonej, pisarka zaczyna doświadczać własnego losu jako przestrzeni obcości, wygnania, ziemi jałowej"[16]. To spostrzeżenie w dużym stopniu tłumaczy podejmowane przez nią tematy, sposób kreacji świata przedstawionego i wybór bohaterów, a właściwie bohaterek, zazwyczaj pokrzywdzonych przez los i heroicznie walczących o własną godność, które mają tak wiele z niej samej. W jakimś sensie są jej lustrzanym odbiciem, a ich traumatyczne losy stanowią jeden z wariantów jej własnych doświadczeń biograficznych. Jej teksty, w tym listy, szczególnie te pisane do bliskich jej

---

[13] D. Sajewska, op. cit., s. 508.
[14] D. Knysz-Tomaszewska, Gabriela Zapolska, pisarka zbuntowana (1857-1921). Biografia niepokorna, w: Gabriela Zapolska. Zbuntowany talent, s. 19 i nast. Zob. też G. Borkowska, op. cit., s. 37 i nast.
[15] S. Brzozowski, op. cit., s. 440-441.
[16] A. Janicka, Listy Gabrieli Zapolskiej – lektura w poszukiwaniu biografii niemożliwej, w: Sztuka pisania. O liście polskim w wieku XIX, pod red. J. Sztachelskiej i E. Dąbrowicz, Białystok 2000, s. 429.

mężczyzn, do Stefana Laurysiewicza, młodego handlowca, znawcy sztuki, znajomego Antoniego Sygetyńskiego i Józefa Pankiewicza, czy do Ludwika Szczepańskiego lub Stanisława Janowskiego, z których wyłania się autoportret psychologiczny autorki *Żabusi*, układają się na kształt swoistego dziennika intymnego czy też autobiograficznej powieści psychologicznej[17]. Jest to szczególna autobiografia, w której przegląda się cała epoka[18]. Listy te, tworzące znakomitą całość, pisane są konsekwentnie z perspektywy kobiecej, stają się zapisem wszelkich doświadczeń samej Zapolskiej jako kobiety obdarzonej niezwykłą wrażliwością na wielorakie bodźce, cierpiącej w związku z tym na brak równowagi psychicznej, przeżywającej nieustannie napięcia i huśtawki nastrojów, co pozwalało jej na psychofizjologiczne doświadczanie świata.

„Listy nie są wymuskane, literacko wygładzone, mieszczą w sobie często wszelkie wady prozy Zapolskiej – wielosłowie, niedbalstwo, nonszalancja, fałszywa poetyczność, nieznośna metaforyka. [...] Pełno za to uproszczeń, powtórzeń, dywagacji. [...] Świat i ludzi przedstawia w stanie ciągłej wojny, spory i konflikty opisuje z właściwą jej przesadą i stronniczością. [...] Rzeczywistość układa się jej według zasady: dziobem i pazurami, pełno więc w niej klęsk, ucieczek, kompromisów i kompleksów. [...] Korespondencja wyraziście ukazuje, jak te szczytne dążenia i mity boleśnie zderzały się z rzeczywistością, jak wymarzona droga laurowa zamieniała się w cierniową"[19].

Zapolska, począwszy od *Małaszki* (1883), będącej znakomitym studium kobiety chorej na histerię, niebanalną zapowiedzią modernistycznej kobiety fatalnej, jak i w kolejnych utworach np. *Kaśce Kariatydzie*, *We krwi*, *Jance*, *Przepieklu*, *Fin-de siècle'istce*, *Sezonowej miłości*, *Córce Tuśki*, *Szaleństwie*, *Żabusi*, *Pannie Maliczewskiej*, *Kobiecie bez skazy*, *O czym się nie mówi*, *O czym się nawet myśleć nie chce*, opowiadaniu *Ona*, udało się przełamać różne *tabu* - stereotypowe myślenie na tematy: społeczeństwa, tradycyjnych ról w nim kobiety i mężczyzny, opresyjnego wpływu rodziny, *tabu* na tematy cielesności, płci, seksualności oraz stworzyć język zbliżony do nowoczesnego dyskursu feministycznego. Jej twórczość, oparta na świadomej kontestacji zastanego świata, zapowiada kobiecy realizm naznaczony płcią, który zaistniał wkrótce m. in. w prozie i teatrze feministycznym w wersji *mimesis* labialnego. Zapolska

---
[17] Zob. M. Czermińska, op. cit., r. Zbiór listów jako powieść autobiograficzna, s. 264-271.
[18] Ibidem, 268.
[19] E. Krasiński, Od redakcji, s. 6, 7, 8.

śmiało i zdecydowanie potrafiła przekraczać granice narzucone przez konwenanse i konwencje społeczne. W jej sztukach nie chodzi tylko o krytykę patriarchatu, ale o zapis odmienności doświadczeń kobiecych. Po raz pierwszy w literaturze polskiej w pełni świadomie dowartościowuje cielesne, nerwowe i duchowe doznania kobiet, przyznając im szczególną rolę w percepcji świata. Na ten znaczący fakt zwrócił uwagę Brzozowski: „Charakteryzuje – pisał – Zapolską nerwowy niepokój, który nie pozwala jej się nigdzie i w niczym ustalić i uspokoić". I dodawał: „zasługą jej powieści było poruszanie zagadnień drażliwych, omijanych skwapliwie i systematycznie przez konwencjonalną i *par force* cnotliwą większość powieściopisarzy polskich"[20]. Świat w jej utworach jest konsekwentnie pokazywany z perspektywy kobiecej. Jest to zawsze świat kobiecych doznań i doświadczeń[21]. Pisarka całą swą uwagę skupiła na prezentacji swych bohaterek działających w ramach przypisanych im przestrzeni – publicznej - oficjalnej i prywatnej - intymnej. Zwróćmy uwagę w jej dramatach na obecność par kobiet, których relacje oparte są na szczególnej interakcji wyrażającej rodzaj wspólnego kobiecego doświadczenia. Zapolska skupiła się przede wszystkim na owej interakcji, na realizacji owego międzyludzkiego, na kryzysie związków międzyludzkich, na sytuacjach bycia innym, na odczuwaniu obcości, na wykluczeniu i wzajemnym zawłaszczaniu. A zatem nie chodziło jej wyłącznie o płytkie moralizowanie, bliskie dydaktyzmowi, nie o interwencjonizm, walkę z kołtuństwem czy o wąsko pojęty feminizm, tylko o nowoczesny sposób myślenia o świecie z uwzględnieniem perspektywy antropologicznej. Słuszność zatem należy przyznać Danucie Knysz-Tomaszewskiej, która pisała, że: „Nie była Zapolska „polskim Zolą", spotykała się z naturalistyczną powieścią i dramatem, ale szła drogą osobną, określoną przez doświadczenie kobiece niespokojnego, nomadycznego życia i empatycznej zdolności przeżywania cudzego cierpienia"[22]. Na ten obraz determinowany spojrzeniem kobiecym nakłada się pasja demaskatorska i edukacyjna[23].

---

[20] S. Brzozowski, op. cit., s. 440.
[21] Ibidem.
[22] D. Knysz-Tomaszewska, op. cit., s. 27.
[23] Ibidem, s. 23.

Paryż

Czasem szczególnym, który ukształtował Zapolską jako artystkę był jej pobyt we Francji. Jej twórczości przypadła na szczególnie intensywny okres w rozwoju polskiej myśli estetycznej, która od około połowy lat 70. XIX wieku stanęła przed wyzwaniem znalezienia nowych wzorców artystycznych pozwalających przełamać tendencyjność lub epigoństwo w sztuce[24]. To „szukanie odpowiedzi na pytanie o kształt sztuki sytuuje się na linii Warszawa – Monachium – Paryż"[25]. Paryż, o czym wielokrotnie pisano, był miejscem szczególnym na mapie świata skupiającym wszelkie namiętności współczesnego życia[26]. U schyłku XIX-tego stulecia jest to metropolia, licząca prawie trzy miliony mieszkańców, nie wliczając w to osoby przyjezdne:

„Porywał i odurzał Paryż rozmachem swojej wolności, tempem i radością życia – jak w swych wspomnieniach pisał Stefan Krzywoszewski – Wszystko się tam mieściło, złe i dobre, wielkość i upadek, światłość ducha i mroki ostatecznego zepsucia, niedoścignione środowisko nauki i sztuki, wzlotów umysłowości ludzkiej i inwencji technicznej, centrum wyrafinowanego sybarytyzmu i najbardziej wytężonej pracy"[27].

Paryż końca wieku XIX był miastem kontrastów - siedzibą „myślicieli, rentierów, artystów, kokot i apaszów", jak również arystokratów, kupców, przedsiębiorców, rzemieślników, robotników oraz bohemy artystycznej. Tym, co łączyło tych wszystkich ludzi w jedną wspólnotę, był klimat stolicy Francji, otwartej dla wszystkich bez względu na narodowość i pochodzenie społeczne, współtworzony przez sztukę i literaturę[28]. Tu działały ważne instytucje życia kulturalnego, teatry, kabarety, kawiarnie, sale koncertowe, Salony wystawowe i salony artystyczne (Société Nationale des Beaux-Arts z siedzibą na Polu Marsowym, Société des Artistes Français w Palais de l'Industrie na Polach Elizejskich, od roku 1884 słynny Salon des Indépendentes) i redakcje znanych gazet. Tu wydawano najważniejsze pisma literackie, literacko-społeczne i kulturalne nadające ton sztuce światowej i kształtujące gusta publiczności. Wydarzenia artystyczne komentowane przez wybitnych krytyków sztuki mające

---

[24] Tamże, Między Warszawą, Monachium i Paryżem, w: Program naturalizmu otwartego, Warszawa 2010, s. 9.
[25] Tamże.
[26] F. Ziejka, Stolica świata, w: tegoż, Paryż młodopolski, Warszawa 1993, s. 7.
[27] S. Krzywoszewski, [cyt. za:] F. Ziejka, dz. cyt., s. 7.
[28] F. Ziejka, dz. cyt., s. 9.

miejsce w Paryżu były znane właściwie w całej Europie. Montmartre, Montparnasse, Dzielnica Łacińska zostały uznane za główne centra artystyczno-kulturalne świata. Niewątpliwie środowiska artystyczne Paryża wyznaczały wszystkie kierunki w rozwoju sztuki współczesnej, ustalały hierarchię wartości estetycznych oraz kształtowały gusta i smak odbiorców. Przestrzeń Paryża to przestrzeń miasta otwartego, wielokształtnego, dynamicznego, przestrzeń wypełniona różnobarwnym tłumem[29].

Momentem przełomowym w historii francuskiej stolicy był rok 1889, kiedy w setną rocznicę wybuchu Wielkiej Rewolucji Francuskiej otworzono Wystawę Światową. Wtedy to w krajobrazie Paryża pojawiła się wieża Eiffle, symbol nowoczesności i wielkości Francji. Wystawa została urządzona z ogromnym rozmachem po to, aby przyćmić pamięć o klęsce z roku 1871 i o upokorzeniu Francji przez Niemcy coraz silniejsze w Europie. Tym samym dla Paryża rozpoczynał się „złoty wiek", który potrwał aż do roku 1914.

W roku otwarcia Wystawy Światowej na początku września do Paryża przybyła Gabriela Zapolska. Miała wtedy 32 lata. Wyjazd ten, planowany już wcześniej, w atmosferze skandalu był ucieczką przed dawnym, nieudanym życiem, ale także z całą świadomością podjętą przez nią próbą podboju nadsekwańskiej stolicy. Przybyła tu po trudnych, często dramatycznych przeżyciach i doświadczeniach w życiu osobistym, po opuszczeniu niekochanego męża, Konstantego Śnieżko-Błockiego, nieudanym romansie z Marianem Gawalewiczem, dyrektorem jednego z warszawskich teatrów, traumą wywołaną ciążą i śmiercią dziecka, zerwaniu z rodziną, po pierwszych próbach literackich i teatralnych, po skandalach związanych z drukiem *Małaszki* i jej wystawieniem na scenie zakończonym procesem wytoczonym Popławskiemu i Świętochowskiemu po jego napastliwym artykule w „Prawdzie" oskarżającym Zapolską jako autorkę *Akwareli* o plagiat, zapaści nerwowej i próbie samobójczej w hotelu w Piotrkowie Trybunalskim. Świadomie i, jak wierzyła, bezpowrotnie zakończyła pewien etap w swym życiu. Tak pisała o tym w znanym liście do Marii Szeligi tuż przed przyjazdem do Paryża latem 1889 roku:

---

[29] Dobrym kontekstem dla tych rozważań jest praca E. Rybickiej, Modernizowanie miasta. Zarys problematyki urbanistycznej w nowoczesnej literaturze polskiej, Kraków 2003.

„Nie mam nikogo na świecie, jestem sama, bo rodzina mnie nie zna – z mężem się rozwiodłam, dzieci mi umarły... [...]. A dokoła mnie świat podły, nikczemny [...] I oto plan mój, usnuty podczas długich nocnych rozmyślań. W ciągu dwóch miesięcy mogę ocalić okruchy posagu skradzionego mi przez człowieka, który był moim mężem. [...] Z tym przyjechać chcę do Paryża i rozpocząć studia, po czym wstąpić na scenę"[30].

Wzorcem dla młodej artystki była Helena Modrzejewska, która w wieku lat czterdziestu nauczyła się języka angielskiego i podbiła amerykańskie sceny. Zapolska wierzyła w swą dobrą znajomość francuskiego, bo przecież tłumaczyła bez pomocy słownika dzieła Teofila Gautiera. Modrzejewska nie odważyła się zagrać na francuskiej scenie w *Damie kameliowej* Aleksandra Dumasa, syna, natomiast Zapolska święcie wierzyła w swą „dobrą gwiazdę". Stąd nie dziwią w jej liście pełne pewności siebie słowa: „Tę silną wolę ja mam, chcę ją mieć"[31]„. „Więc jakoś dam sobie radę, wejdę na scenę i po roku będę mówiła jak rodowita Francuzka"[32]. Paryż, tak to sobie założyła, miał być tylko wstępem do jej wielkiej, międzynarodowej kariery. A jednak pozostała tu przez sześć lat, w dość trudnej sytuacji materialnej, do końca pozbawiona źródeł stałego dochodu. Początkowo chciała wracać do kraju, ale po poznaniu około roku 1893 malarza Paula Sérusiera myślała nawet o osiedleniu się we Francji na stałe, po czym niespodziewanie w roku 1895 wróciła do Polski, czego zresztą szybko pożałowała, ale o powrocie nie było już mowy. Życie w Paryżu, gdzie miała zdobyć międzynarodową sławę, początkowo napawające ją optymizmem, szybko okazało się pasmem rozczarowań, cierpień fizycznych i psychicznych. Po raz kolejny w jej przypadku spełnił się scenariusz „straconych złudzeń", a Paryż z przestrzeni wyzwolenia zamienił się w „ziemię jałową", stał się przestrzenią osaczenia, umierania, rozpaczy i chorób[33]. Pomimo tych złych doświadczeń pobyt w światowej stolicy sztuki pomógł jej w odnalezieniu drogi twórczej. Była pewna, co zresztą potwierdzają to dalsze koleje jej losu, że: „tutaj nauczyłam się czuć, myśleć, patrzeć na świat, sztukę, ewolucję społeczna, dążenia i cel istnienia, słowem, stałam się człowiekiem"[34]. Pobyt w Paryżu w

---

[30] G. Zapolska, Listy, t. 1, Do Marii Szeligi, [Kraków, lato 1899], s. 96-97.
[31] Tamże.
[32] Tamże.
[33] O różnym stosunku Zapolskiej do Paryża pisała A. Janicka, Paryż 1889. Relacje prasowe Gabrieli Zapolskiej, w: Obrazy stolic europejskich w piśmiennictwie polskim, red. naukowa A. Tyszka, Łódź 2010, s. 158-159.
[34] G.. Zapolska, Listy, t. 1, Do Stefana Laurysiewicza, [2 lipca 1894 r.], s. 450.

samym centrum cywilizowanego, nowoczesnego świata niewątpliwie ukształtował ją jako aktorkę, publicystkę, powieściopisarkę i dramatopisarkę[35]. Początkowo Zapolska zamieszkała na Montmartre. Od razu aktywnie włączyła się w życie artystyczne Paryża. Zaczął się dla niej intensywny czas poszukiwań i edukacji estetycznej. Był to niezwykle ważny okres zdobywania nowych doświadczeń dla niej jako pisarki, aktorki i kobiety – nowych zwycięstw, ale również porażek, tak w życiu towarzyskim, zawodowym i prywatnym. Pomimo nieustannych kłopotów zdrowotnych, skłonności do depresji, podrażnienia nerwów, ciężkiej choroby żołądka i schorzeń ginekologicznych (przeszła ciężką operację ginekologiczną) oraz notorycznego braku środków finansowych żyła niezwykle intensywnie, ciężko pracując nad nowymi utworami.

Przede wszystkim odkryła dziennikarstwo, które nauczyło ją nie tylko rzetelnego warsztatu, ale również wyostrzyło zmysł obserwacji[36]. Przyjechała do Paryża jako korespondentka „Kuriera Warszawskiego" (zastąpiła Tomasza Teodora Jeża) wysłana przez redakcję na Wystawę Światową. Już 19 września przesłała swą pierwszą korespondencję, potem przyszły kolejne i tak do końca roku przesłała ich aż 12. Choć przyjechała, jak twierdziła z prowincji, pisywała do prowincjonalnych gazet, szybko jednak wyzbyła się prowincjonalnego sposobu myślenia o świecie. Aktywnie włączyła się w nurt współczesnego życia artystycznego, co niezwykle poszerzyło jej horyzonty, nauczyło ją pewności siebie i odwagi w prezentowaniu własnych poglądów. Potwierdzeniem tego jest właśnie obszerna korespondencja z Paryża, wysyłana prawie z tygodniową częstotliwością od roku 1889 do „Kuriera Warszawskiego" i od roku 1890 do „Przeglądu Tygodniowego". Choć Zapolska nigdy nie uważała siebie za zawodowego krytyka, to w swych *Listach paryskich* ujawniła reporterski talent. Swobodnie napisane, zróżnicowane tematycznie, bogate w szczegóły i wrażenia pokazują różne oblicza paryskiej metropolii. Przede wszystkim pisarce udało się oddać niezwykłość atmosfery Paryża, pokazać jego kontrasty kulturowe i społeczne oraz uchwycić dynamikę przemian współczesnego życia. Początkowo

---

[35] E. Krasiński, Od redakcji, s. 8-9.
[36] E. Korzeniewska, Przedmowa, [do:] G. Zapolska, Publicystyka, cz. 1, oprac. J. Czachowska i E. Korzeniewska, Wrocław - Warszawa 1958, s. IX –LXX.

w jej korespondencji ważne miejsce zajmowały obszerne opisy Wystawy Światowej z nowym symbolem Paryża – wieżą Eiffla - uosobieniem potęgi myśli ludzkiej. Ale szybko okazało się, że pełnią one tylko funkcję pretekstową. Właściwym bohaterem swej korespondencji pisarka uczyniła Paryż widziany jako miasto nowoczesne. *Pars pro toto* Paryża jest tłum. To tłumaczy w jej paryskiej korespondencji nieustanną obecność opisów rozbawionego, pstrego tłumu zapełniającego paryskie ulice:

„Ach ten tłum – pisała – Ten tłum różnorodny, różnojęzyczny i różnobarwny! Nie! aby go pojąć, trzeba go zobaczyć. Gdy zmrok zapada jak nagle rozlewająca się rzeka, tłum ten wpada przez bramy i zalewa Esplanadę, aleję Bourdonnais, most Jeny, aleję Rapp, ulicę Kairu. Biegnie, krzyczy, śmieje się, cieszy, popycha, oblega bazary wschodnie, restauracje, kawiarnie, trawniki, urąga ruinom Tuilleriów bielejących koło wieży Eiffel"[37].

Wiecznie ruchliwy tłum w jej opisach przypomina skłębioną masę, falujące morze, czarne mrowisko, płynący strumień. Jest on niezbywalnym elementem o spektaklu, który nieustannie odbywa się w przestrzeni francuskiej stolicy.

„Miliony pieniędzy, ludzi, klejnotów, tonów, światła [...]. Wszystko się plącze, kłębi, wre, błyska, triumfuje..."[38].

„I cały Paryż żyje, porusza się, oddycha. Ten ogrom życia, jaki go przepełnia, ujawnia się w orgii światła, w tym namiętnym blasku, jaki co noc z jego ciała wytryska. Nad wszystko jednak płonie, pulsuje, drży sama wystawa"[39].

Zapolska dobrze rozpoznała, że na nowoczesną strukturę miasta składają się: momentalność, przypadek oraz zmienność, wyznaczające rytm życia metropolii. Swoim *Listom paryskim* nadała kształt mozaiki, której forma najlepiej – jej zdaniem - pozwala na wyrażenie dynamiki zmian. Jej *Listy paryskie* znakomicie utrwalają zaskakujący swą niebanalnością obraz współczesnego Paryża z różnorodnością wielkomiejskich wrażeń i doznań. Z jednakową pasją Zapolska opisuje wydarzenia ważne, jak i te zupełnie nieistotne. W jej *Listach* znalazło się miejsce dla opisów trupów samobójczyń płynących Sekwaną, wykładów i ćwiczeń znanego psychiatry Jeana-Martina Charcota (1825-1893) z udziałem wariatek ze szpitala psychiatrycznego La Salpêtrière, występów tancerek z

---

[37] G. Zapolska, Z krainy wróżek. [Pierwsze wrażenia z Wystawy Powszechnej], s. 79.
[38] Tamże.
[39] Tamże, Wieża Eiffla, s. 96.

kabaretów, w tym ze słynnego Moulin Rouge, kongresu kobiecego w Paryżu czy rewii mody. Wprowadziła swych czytelników w świat sztuki, malarstwa i rzeźby, literatury pięknej i dziennikarstwa, do teatrów i kabaretów, muzeów i kawiarni, nocnych lokali, jak i dzielnicy nędzy z Chateau-Rouge czy kościołów. Kicz miesza się ze sztuką wysoką, tradycja z nowoczesnością. Paryż to wielka metropolia, gdzie odgrywane jest nieustannie publiczne widowisko. A więc miasto fascynujące, jak i przerażające swą różnorodnością, masowością, nowością, ruchem, gdzie jest miejsce na sytuacje niestosowne, nieprzewidziane zmiany nastrojów, ekstazy, niespodzianki i zagadki. „Zapolska – pisze Janicka – nie systematyzuje, nie porządkuje, nie kataloguje miasta. Próbuje uchwycić ruch, zmianę nadmiar, innymi słowy – próbuje pisać miasto, a nie – pisać o mieście"[40]. Oto współczesny Paryż Zapolskiej – miasto niekończącego się spektaklu, masowej zabawy i rewii mody.

Teatr

Początkowo Zapolska związana była z Polonią. Pomogli jej zamożni przyjaciele. Stanisław Rzewuski i Tadeusz Oksza Orzechowski nie tylko opłacili jej lekcje, ale również wspomagali ją materialnie. Od samego początku swego pobytu w Paryżu aktywnie podjęła starania o powrót na scenę[41]. Miała już pewne doświadczenia sceniczne, od roku 1879 grywała dość regularnie w teatrach, co prawda o charakterze amatorskim lub objazdowym[42]. Zapisała się do Konwersatorium Teatralnego, gdyż dobrze opanowany język miał gwarantować jej występy na scenie Komedii Francuskiej. Brała lekcje u Talbota[43], a potem m. in. u Marie Samary, aktorki z „Odeonu", dzięki której poznała francuskich aktorów: Gustawa Wormsa, Jane Fading, Marthe Brandy. To oni, dzieląc się z nią swymi doświadczeniami, zachęcali ją do gry na deskach teatru. Wkrótce Zapolska rozpoczęła występy w teatrzykach bulwarowych Déjazet i Porte-Saint-Martin. W *Mozaice paryskiej* zaczęła przekazywać bieżące informacje na temat życia teatralnego w Paryżu. Nie od razu potrafiła rozpoznać

---
[40] A. Janicka, Paryż 1889..., s. 161.
[41] E. Korzeniewska, op. cit., s. XXVI-LI.
[42] Zob. E. Koślacz-Virtol, Aktorska kariera Gabrieli Zapolskiej, w: Gabriela Zapolska..., s. 53-65.
[43] G. Zapolska, U Talbota, w: Publicystyka, cz. 1. s. 194-201.

właściwą drogę w całym gąszczu informacji. Życie jednak napisało własny scenariusz. Przyjaciółka Gabrieli, dziennikarka Séverine (Caroline Rémy-Guebhard), oraz Stanisław Rzewuski umożliwili jej dostanie się do naturalistycznego teatru - Théâtre Libre André Antoine'a (założony w r. 1887) z siedzibą na Montmartrze, który odegrał niezwykle ważną rolę w rozwoju teatru współczesnego[44]. Z tą instytucją Zapolska związana była w latach 1892-1894, czyli w czasach jej największego rozwoju[45]. Poświęciła kilka znaczących tekstów prezentujących nowatorstwo działań Antoine'a[46]. Później wielokrotnie wracała do swych paryskich doświadczeń.

Sam mistrz Antoine dawał jej lekcje aktorstwa. Do tej pory Zapolska występowała w teatrach objazdowych i komercyjnych, warszawskich, lwowskich, krakowskich, w dodatku prowincjonalnych, teraz udało jej się wziąć udział w eksperymencie teatralnym dążącym do przemiany teatru w instytucję zawodową, z dominującą rolą reżysera, współpracującego z aktorami, tworzącymi zgrany zespół. „Antoine – pisała – był pierwszym we Francji, który zrozumiał, że teatr nie jest jedynie i wyłącznie czczą zabawką – lecz służyć może i do innych, lepszych doskonalszych celów"[47]. Chciał stworzyć teatr, pełniący funkcje interwencyjną i w jakimś stopniu dydaktyczną, w którym na scenie zostanie ukazane życie takim, jakim ono jest naprawdę po to, aby przez pokazane cierpienie wywołać w odbiorcach wstrząs moralny, wymusić na nich zmianę w myśleniu o świecie i skłonić ich do działania.

Gra aktorów miała być naturalna, oparta na prostocie środków wyrazu i propagowaniu nowych sposobów wykorzystania środków scenicznego wyrazu, gdzie styl gry aktorskiej podporządkowany został charakterowi życia codziennego ukazanego na scenie zgodnie z zasadą „czwartej ściany". Antoine wprowadził także nowatorski system dekoracji, zmienianych w każdym

---

[44] Z. Raszewski, Działalność teatralna Gabrieli Zapolskiej, „Pamiętnik Literacki" 1952, z. 2, s. 27. Zob. też M. Romankówna, Poglądy Zapolskiej na teatr (w świetle teorii E. Zoli), „Prace Polonistyczne" Seria III, Łódź 1939.

[45] G. Zapolska, Listy paryskie V [Theatre Libre], w: Publicystyka, cz. 2, s. 120-130.

[46] Były to: Skandal w Théâtre Libre, „Kurier Codzienny" 1890, nr 173; Listy paryskie V [Theatre Libre], „Przegląd Tygodniowy" 1892, nr 47; Na obcych scenach, „Kurier Codzienny" 1893, nr 327, 331, 334; Ze świata kulis, „Kurier Codzienny" 1895, nr 87-90; Przez moje okno – teatr- niezależny, „Wiek Nowy" 1913, nr 3669.

[47] G. Zapolski, Listy paryskie V [Theatre Libre], s. 125.

przedstawieniu i dostosowanych do fabuły sztuki. „Prostota i prostota! – Oto hasło panujące w tej Sali, z której powstaje odrodzenie się przegniłej od tradycji sztuki. Prostota w słowie, w ruchu, w spojrzeniu, w uczuciu, w wybuchu. Wszystko, co tchnie manierą, przesadą, fałszywą dystynkcją, chęcią kokietowania publiczności – jest wykreślone stąd raz na zawsze"[48]. Warto przypomnieć, że Antoine był miłośnikiem współczesnego malarstwa i dlatego projekty afiszy i programów teatralnych wykonywali twórcy tej miary co Henri Toulouse-Lautrec, Paul Signiac, Paul Sérusier, Henri-Gabriel Ibels. Prawdopodobnie na jednym z plakatów wykonanych przez Toulouse – Lautreca do sztuki *Argent* Émile'a Fabre'a została uwieczniona Zapolska.

Autorka *Żabusi* wystąpiła tylko w czterech przedstawieniach Théâtre Libre na wystawionych dwadzieścia. Grywała role drugorzędne, ale jej wystąpienia spotkały się z bardzo przychylnym przyjęciem krytyki. Za swój większy sukces mogła uznać chociażby rolę Pewnej damy w sztuce Henri'ego Févre'a, normandzkiej chłopki w sztuce Alberta Guinona czy obłąkanej babki w sztuce *Ahaswer* Hermana Heijermansa. Jedną z ostatnich sztuk wyreżyserowanych przez Antoine'a, w której zagrała, był *Wniebowzięcie Hannele Mattern* Hauptamanna. Nie udało się jej doprowadzić do wystawienia na scenie noweli pt. *Dwie*. Pomimo zbyt pochlebnych opinii o swojej grze wypowiadanych w listach m. in. do Adama Wiślickiego i podjętych bezskutecznie próbach budowania własnej legendy „wielkiej gwiazdy", w rzeczywistości nie odniosła większych sukcesów. Wkrótce zaczęła dzielić swój czas pomiędzy Théâtre Libre a Théâtre L'Oeuvre Aurelego Lugné-Poego. Warto wspomnieć, że zagrała tu we *Wnętrzu* Maurice'a Maeterlincka i w *Małym Eolfie* Ibsena. Ale to Antoine pozostał jej bliższy i to styl jego gry aktorskiej i jego metody wprowadziła do swoich ról, a potem dramatów[49].

A zatem Zapolska pilnie uczyła się alfabetu współczesnego teatru i dramatu, a wiedzy i języka dostarczył jej przede wszystkim Emil Zola i jego *Naturalizm w teatrze*. Ale nie tylko on, gdyż kontakty z teatrem Antoine'a utrzymywali wybitni twórcy współcześni tej miary co Goncourtowie, Hanrik Ibsen, Catulle Mendés. Związek z nowatorskimi ruchami teatralnymi – praca w Théâtre Libre

---

[48] Ibidem, s. 129.
[49] E. Koślacz-Virtol, dz. cyt., s. 62.

a potem w Théâtre l'Oeuvre, fascynacje sztukami Ibsena, Tołstoja, Strindberga i Hauptmanna, wywarły bezpośredni wpływ na styl teatralny Zapolskiej, a zdobytą praktykę teatru naturalistycznego wkrótce z powodzeniem spożytkowała we własnych dramatach. Doskonale pojęła istotę i działanie nowoczesnego teatru. Pytana o swoje sceniczne *credo* odpowiadała:

„Wyszedłszy ze szkoły Antoine'a i Talbota – sądzić by można – jestem bezwarunkowo hołdowniczką bezwzględnego na scenie realizmu. Lecz scena – to przedstawicielka zarówno poezji, jak i prozy życiowej – a nawet często wykraczająca w dziedzinę zupełnej fantazji. Jakże tu o realizmie bezwzględnym może być mowa? [...] A więc credo moje wyznaje p o d w ó j n y k i e r u n e k w s z t u c e: h a r m o n i ę i p o e z j ę w krainie fantazji, p r a w d ę i p r o s t o t ę w dziedzinie realizmu"[50].

Zapolska jako jedna z pierwszych w teatrze polskim zrozumiała ważność postulatu Zoli, że dzieło sztuki to walka wypowiedziana obowiązującym konwencjom. Dlatego dążyła do wdrożenia nowych technik teatralnych i rozwiązań inscenizacyjnych, wprowadzenia środków wyrazu typowych dla teatru, doceniła nową koncepcję gry aktorskiej bez afektacji i maniery, działania w myśl zasady, że nie ma małych ról, a „wszyscy pracują nad wytworzeniem doskonałej c a ł o ś c i [podkreśl. – autorki]"[51], zapominając o sobie. Doceniła sprawę zaprojektowania przestrzeni scenicznej, właściwego doboru kostiumów i wagę łączności pomiędzy sceną a widownią opartą na przekonaniu, że gra się nie dla niej, tylko przed nią.

Po powrocie do kraju początkowo próbowała grać w Teatrze Letnim w Warszawie, potem w październiku roku 1895 udało jej się zaangażować do krakowskiego Teatru Miejskiego Tadeusza Pawlikowskiego, z którym dość szybko weszła w ostry konflikt. Zmuszona opuścić Kraków, tułała się po różnych scenach, zaliczając po kolei teatry Lublina, Częstochowy, Kielc, Radomia, Dąbrowy Górniczej, Warszawy, Lwowa, ostatecznie kończąc swą karierę aktorską w roku 1900, kiedy po objęciu dyrekcji teatru lwowskiego Pawlikowski nie przedłużył z nią kontraktu. Wtedy to w roku 1902 postanowiła założyć własną Szkołę Dramatyczną opartą na wzorcach paryskich zapożyczonych od Talbota. Miał być to wstęp do stworzenia Sceny Niezależnej, czyli teatru eksperymentalnego w duchu Antoine'a. Scena działała przez miesiąc

---

[50] G. Zapolska, [Credo sceniczne], w: Publicystyka, cz. 2, s. 396, 399.
[51] Ibidem, s. 398.

(w kwietniu i marcu 1903 r.)[52]. Od tej chwili Zapolska całkowicie skupiła się na pisaniu. Wtedy to powstały znane jej sztuki: *Moralność pani Dulskiej* (1906), *Ich czworo* (1907), *Skiz* (1908) i *Panna Maliczewska* (1910).

Zapolskiej udało się przezwyciężyć utrwaloną w świadomości społecznej niechęć romantyków, wyrażoną chociażby w lekcji XVI Mickiewicza, do materializacji teatru i teatralnych efektów. Zrozumiała prawdę fundamentalną, że dramat musi zostać podporządkowany twardym wymaganiom sztuki scenicznej i relacjom scena-widownia. Z czasem wyostrzył się jej instynkt sceniczny. Zapolska w swych utworach nie tyle dążyła do skopiowania życia codziennego na scenie, aby w ten sposób uzyskać maksymalne podobieństwo do pozateatralnej rzeczywistości, ile do osiągnięcie na scenie efektu realności. Odsyłała widzów do wspólnej wiedzy na temat świata, doceniając przy tym rolę dekoracji pełniących funkcję podobną do kluczowych opisów w powieści realistycznej, a zatem podzielała przekonanie, że bohaterowie nie mogą występować na neutralnym gruncie teatralnym, gdyż żyją i działają we właściwym tylko dla siebie otoczeniu. Realia dostarczają informacji o nich samych, o ich życiu i postawie wobec świata, co jednocześnie odciążało dialog sceniczny. Zapolska, jak nikt dotąd w polskim dramacie, doceniła organiczny związek pomiędzy otoczeniem a zachowaniem bohaterów i potrafiła wyciągnąć z tego odpowiednie wnioski. Tak więc dekoracja w jej dramatach pełni funkcje nie tylko tła, ale staje się czymś zdecydowanie więcej - niezbywalną częścią określonego świata przedstawionego, w szczególny sposób służącą charakterystyce jego mieszkańców. W większości swych sztuk Zapolska doskonale poradziła sobie z tym, co pokazał Antoine w wystawianych przez siebie utworach Zoli, czyli umiejętność wytwarzania nowej rzeczywistości scenicznej za pomocą środków typowych dla teatru. Jednocześnie potrafiła wyciągnąć wnioski z tego, że nie ma podstaw co do przekonania o uniwersalnym wymiarze sztuki scenicznej, której prawa doskonale rozpoznała i potrafiła wcielić w życie dzięki wrodzonemu zmysłowi dramaturgicznemu. Szereg jej sztuk, jak chociażby *Małka Szwarcenkopff*, potwierdza przekonanie co do tego, że nie istnieje jeden, obowiązujący model teatru, tylko należy mówić

---

[52] Ale projekt ten wkrótce znajdzie swą realizację w założonej w r. 1919 Reducie przez Jana Lorentowicza.

o wielości teatrów, a sceniczna realizacja zależy od roli i funkcji teatralnej publiczności. Podstawowe znaczenie ma bowiem relacja pomiędzy sceną a publicznością. Zapolska, jak widać, konsekwentnie podążała znanym sobie zolowskim tropem:

> „Zola jako pierwszy odkrył ten wymiar teatru, który charakteryzuje współczesną nam inscenizację, a mianowicie autonomię scenicznego świata wobec wszystkich konstytuujących go elementów, w tym także wobec literackiego tekstu funkcjonującego dotąd jako nadrzędny gwarant sensu tego świata. Jeśli bowiem sceniczny świat powstaje każdorazowo z myślą o konkretnych widzach i ich przyzwyczajeniach odbiorczych, to konkretni widzowie i ich przyzwyczajenia odbiorcze rozstrzygają o zakresie i zasadach wykorzystania tekstu, czyli również o sposobie tworzenia wiarygodnych sytuacji wypowiedzenia dla zapisanych w nim dialogów"[53].

A zatem Zapolska z pełnym przekonaniem mogła powiedzieć, że: „teatr może być albo współczesny, bo jest skazany na komunikację z konkretną publicznością i jej oczekiwaniami, albo wcale go nie ma"[54]. Także w jej przypadku „teatr zmyślenia" spod znaku *piecé bien faite*, oparty na intelektualnych spekulacjach, ostatecznie musiał ustąpić „teatrowi obserwacji" z obrazami „życia jako całości"[55]. W jej dramatach ważna okazuje się nie tyle bezpośrednia wierność wobec poza teatralnej rzeczywistości, ale muszą być brane pod uwagę „dotychczasowe przyzwyczajenia widzów i warunkowane przez nie przeświadczenia o „naturalności" toczonych w codziennych sytuacjach rozmów"[56].

Zapolska głównie pod wpływem Zoli, postulującego pożądaną rzeczywistość słowa na scenie, w swych dramatach zmieniała podejście do dialogu. Tak jak w przypadku sztuk wystawianych w teatrze Antoine'a język zindywidualizowany, naśladujący akty mowy codziennej również w jej sztukach stanowi sposób uwiarygodnienia scenicznej fikcji:

> „Jeśli jednak przyjąć tę perspektywę rozumienia teatralnego naturalizmu jako efektu realności, osiąganego określonymi zabiegami ze względu na przyzwyczajenia odbiorcze danej publiczności, to wówczas głównym celem proponowanych przez Zolę zmian konstrukcji scenicznych konwersacji stanie się osiągnięcie odczuwalnej różnicy między tym, czego oczekiwali ówcześni widzowie paryskich teatrów, wychowani na dialogach

---

[53] Tamże, s. 351.
[54] M. Sugiera, Upiory i inne powroty. Pamięć – historia – dramat, Kraków 2006, s. 350-351.
[55] Tamże, s. 252.
[56] Tamże.

typowych dla sztuk dobrze skrojonych, a tym pozornie naturalnym językiem, jakim swoim postaciom kazał mówić on sam. Właśnie dzięki tej różnicy ludzie na scenie mieli się wydawać widzom bardziej z „krwi i kości" niż teatralnej rekwizytorni"[57].

Jeśli sięgniemy po *Żabusię* z roku 1896, powstałą już po doświadczeniach teatru Antoine'a, to fakt, że Zapolska pisała ją z myślą o publiczności „Teatru Rozmaitości", pozwala znaleźć dla tej sztuki inny punkt odniesienia niż tylko rozprawę z niemoralnością określonej grupy społecznej[58]. To tłumaczy prostotę struktury scenicznej tej sztuki. Później Zapolska jest jeszcze bardziej rozważna, bo kiedy pisała *Małkę Szwarcenkopf* z góry uwzględniła fakt, że sztuka jest przeznaczona na scenę teatrzyka ogródkowego.

Podsumowując rozważania dotyczące teatralnych doświadczeń Zapolskiej należy stwierdzić, że w jej przypadku dążenie do osiągnięcia efektu realności scenicznych dialogów, a nie rozpatrywanie ich w relacji do codziennego języka, stanowi podstawę świata scenicznego. Efekt owej realności za każdym razem podyktowany jest odmienną sytuacją odbiorczą. Sztuki Zapolskiej oscylują pomiędzy realizmem a naturalizmem, pomiędzy melodramatem, tragedią modernistyczną, a farsą czy tragifarsą. Dlatego nie powinny dziwić nas podawane przez autorkę *Żabusi* podtytuły dookreślające przynależność gatunkową jej sztuk typu „tragifarsa kołtuńska" czy też „komedia ludzi głupich". Wydaje się zatem, że Zapolskiej w wielu dramatach zabarwionych sarkazmem i ironią chodziło nie tyle o konstrukcję zamierzonej sytuacji modelowej, co o pokazanie na scenie w metaforycznym skrócie świata „ludzkiej menażerii", czyli życia ludzkiego w jego okrucieństwie, ohydzie i banalności, o demaskowanie zła tkwiącego w ludzkiej naturze, a więc tego wszystkiego, czego sama tak boleśnie doświadczyła. Żyjąc teatrem, a właściwie całkowicie mu się oddając, udało się Zapolskiej stworzyć własny, znakomity, przekonujący język teatru krytyczno-diagnostycznego[59].

---

[57] Tamże.
[58] Zob. interpretację Żabusi przeprowadzoną przez T. Walas, Kobieta i kwestia ludzka, w: Od realizmu do preekspresjonizmu. Lektury polonistyczne, red. G. Matuszek, Kraków 2002, s. 102.
[59] Obszerne fragmenty ważnej pracy G. Matuszek, Naturalistyczne dramaty, Kraków 2001, poświęcone są dramaturgii G. Zapolskiej, zwłaszcza Akt trzeci. W kręgu domowej lampy.

Malarstwo

W czasie swego pobytu w Paryżu Zapolska weszła w świat bohemy artystycznej[60]. Poznała i zaprzyjaźniła się z malarzem i grafikiem de Toulouse-Lautrecem. To on wprowadził ją w środowisko malarzy, co dla pisarki okazało się kolejnym po teatrze Antoine'a ważnym doświadczeniem. W roku 1888 w czasie podróży do Bretanii w Port-Aven poznała Paula Sérusiera (1864-1927)[61], z którym planowali małżeństwo. Sérusier, wraz z Mauricem Denisem (1870-1943), założyciel grupy nabistów (z hebr. prorok), był autorem ważnego obrazu - *Talizmanu* (1888), dzieła założycielskiego i symbolicznego dla tego kierunku w sztuce[62]. Do grupy tej, tworzącej rodzaj bractwa, działającej w sumie dość krótko, zaliczają się również m. in. Georges Lacombe, Paul Ranson, Puvis de Chvannes, Paul Gaugin, Vincent van Gogh, Éédouard Vuillard, Pierre Bonard, a z polskich malarzy Jan Mirosław Peszke[63]. Denis w tekście uchodzącym za manifest nabistów pt. *Definicja neotradycjonalizmu*, drukowanym w roku 1890 w „Sztuce i Krytyce" („Art. et Critique"), sformułował najważniejsze wyznaczniki estetyzmu nabistów[64]. Obrazy nabistów wyróżniają się przygasłą, ale czystą kolorystyką, płaszczyznowymi kompozycjami, płaskością plam barwnych, wyrazistością konturów - uwydatnionymi liniami kompozycyjnymi. Poszukiwali oni „nieznanych zasad w sztuce". Nastawieni byli na wrażenia wizualne, prostotę oraz poszukiwanie Absolutu. Ich malarstwo o charakterze

---

[60] E. Korzeniewska, op. cit., s. LI-LXX.
[61] Paul Sérusier był malarzem i teoretykiem sztuki. Początkowo studiował filozofię. Oprócz tego, że był jednym z inicjatorów ruchu nabistycznego, brał udział w Salonach Niezależnych. Po podróżach do Włoch pogłębił w swych obrazach tendencję do archaizowania. Potem wykładał w Académie Ranson. W roku 1914 wycofał się z życia paryskiego i zamieszkał samotnie w Bretanii [za:] W. Juszczak, Postimpresjoniści, Warszawa 1985, s. 211].
[62] O nabistach: Od Maneta do Pollocka – słownik malarstwa nowoczesnego, oprac. zbiorowe, przeł. H. Devechy, Warszawa 1995, s. 252.
[63] G. Zapolska, (Obrazy M. Peszkego na wystawie „Niezależnych" w Paryżu), w: Publicystyka, cz. 2, s. 263-265.
[64] Według Alberta Auriera w r. 1891 dzieło sztuki musi być: 1) ideowe 2) symboliczne, wyrażające idee przez formy 3) syntetyczne, ponieważ kształtuje te formy i znaki w sposób czytelny 4) subiektywne, gdyż przedmiot jest tu znakiem idei, która przez ów przedmiot jest wyrażana 4) dekoracyjne [za: B. Kowalska, Od impresjonizmu do konceptualizmu. Odkrycie sztuki, Warszawa 1989, s. 33].

dekoracyjnym, idealistycznym, symbolicznym i syntetycznym z założenia było zaprzeczeniem malarstwa iluzjonistycznego.

Roscoff w regionie Finistére oraz Huelgoat w Bretanii stanowiły centrum pobytu młodych malarzy i literatów z kręgu Gauguina. Zapolska poznała autora *Talizmanu* w chwili, gdy rozluźniły się już więzi w obrębie grupy nabistów. Teraz mieszkał w Huelgoat, gdzie starał się odnaleźć własną drogę twórczą, w tym celu studiując teozofię. To dzięki Sérusierowi poznała m. in. Gauguina. Listy i korespondencja pisarki z tego okresu stają się barwnymi, plastycznymi, bogatymi w szczegóły i anegdoty opisami surowego piękna ziemi bretońskiej, jej krajobrazu, historii, życia i obyczajowości jej mieszkańców[65]. Dała też opis życia ówczesnych artystów[66]. Pokazała ich przy pracy, zanotowała ich dyskusje i sądy o sztuce. Dzięki tym znajomościom Zapolska mogła zgłębić tajniki sztuki nowoczesnej.

Jej stosunek do „nowej" sztuki podlegał ewolucji. Pisarka od samego początku swej działalności artystycznej zdradzała zainteresowanie problemami malarskimi, choć nigdy nie wypowiadała się z pozycji zawodowego krytyka sztuki[67]. Początkowo jej sądy, dotyczące nie tylko malarstwa akademickiego, ale również impresjonizmu, były niechętne i porównywalne z tymi, jakie wypowiadali przeciwnicy naturalizmu w Polsce podczas dyskusji w roku 1890 zainicjowanej wystawą obrazów Podkowińskiego i Pankiewicza w salonie Krywulta po ich powrocie z Paryża, która przetoczyła się przez łamy polskich czasopism, z udziałem m. in. Wojciecha Gersona (*Wystawa Podkowińskiego*, „Kurier Warszawski", 1895, nr 87). Zapolska kpiła zarówno z obrazów znanego akademika Jules'a Bretona, jak i Puvisa de Chavannesa. W „Kurierze Warszawskim" z 14.06.1890 z zażenowaniem pisała o VI Wystawie Paryskiej, o „potwornej wystawie", o chorych mózgownicach malarzy, o śmieszności i tandetności czy wręcz potworności ich dzieł. Jak widać Zapolska początkowo

---

[65] G. Zapolska, Listy III [Z Bretanii: Roscoff], w: Publicystyka, cz. 2, s. 184-196; [Z Bretanii: Huelgoat], w: ibidem, s. 197-212; eadem, [Wrażenia z Bretanii], [w:] ibidem, s. 322-332.
[66] Tamże, [Z Bretanii: Huelgoat], s. 198-204.
[67] W. Olkusz, Malarstwo w twórczości literackiej Gabrieli Zapolskiej, „Pamiętnik Literacki" 1983, z. 4.

dość bezrefleksyjnie powielała potoczne opinie rozpowszechnione wśród akademików i naturalistów.

Zmiana w jej poglądach estetycznych nastąpiła stosunkowo szybko, bo już w roku 1891. Na pewno wpływ na nią miała przyjaźń ze Stefanem Laurysiewiczem, wielbicielem malarstwa impresjonistycznego i postimpresjonistycznego, autorem istotnych dla rozwoju myśli estetycznej artykułów: *Nowe kierunki malarstwa we Francji* („Dodatek miesięczny do „Przeglądu Tygodniowego" 1890, I półrocze, s. 597-613) oraz *Od paru lat* („Przegląd Tygodniowy" 1894, nr 10). Wkrótce na łamach „Kuriera Warszawskiego", do którego pisywała Zapolska, pojawiły się teksty Stanisława Witkiewicza poświęcone nowej sztuce, a następnie „Przegląd Tygodniowy" (1891, nr 353; 1892, nr 4) przedrukował ważny artykuł Alberta Auriera *Symboliści w sztukach plastycznych* (*Le Symbolisme en peiture*) wzbogacony o reprodukcje dzieł Gauguina i Denisa. „Przegląd Tygodniowy", dzięki Wiślickiemu, z którym pisarka była zaprzyjaźniona, odegrał znaczącą rolę w informowaniu społeczeństwa o przemianach w wyobrażeniach o współczesnej sztuce.

Ale dopiero po pobycie w Bretanii w latach 1893 i 1894 Zapolska zdecydowanie odcięła się od gustów malarstwa akademickiego wyrosłego z tradycji klasycyzmu i zaakceptowała fakt modernizacji sztuki, starając się rozpoznać jej istotę oraz wskazać kierunki rozwoju. Kiedy Zola w „Le Figaro" w artykule *Le Peinture* z roku 1896 odrzucał postimpresjonizm, Zapolska wcześniej, bo w lipcu 1894 roku napisała znaczący tekst *Nowe kierunki w sztuce* drukowany w „Przeglądzie Tygodniowym" (1894 nr 28, 29, 30)[68]. Pisarka zaprezentowała zagadnienia estetyczne „nowej sztuki" w szczególny sposób. Do tego celu wybrała konwencję typowej recenzji z opisem o charakterze wartościującym. W mocno rozbudowanych opisach uwidacznia się osobisty stosunek Zapolskiej do prezentowanych dzieł sztuki, poszczególnych artystów i kierunków artystycznych. Na wypowiedzi o charakterze publicystycznym

---

[68] G. Zapolska, [Nowe kierunki w sztuce], w: Publicystyka, cz. 2, s. 287-311. W „Przeglądzie Tygodniowym, 1895, nr 23 z 8 VI, ukazał się inny ważny tekst Zapolskiej promujący nową sztukę [Malarstwo „Niezależnych"]. Co ciekawe tekst ten nie wywołał polemiki. Można powiedzieć, że przeszedł bez echa.

pisarka przeniosła swe silne emocje doznawane w czasie odbioru poszczególnych dzieł sztuki. Pomimo to jej wiedza i poczucie smaku, świadomość estetyczna muszą budzić szacunek. Zapolska sama zdawała sobie sprawę z własnej śmiałości w formułowaniu sądów o sztuce.

W tym obszernym artykule nakreśliła genezę i charakter rozwoju malarstwa nowoczesnego. Uczyła odbiorców, że w sztuce nowoczesnej nie chodzi o naśladowanie natury, tylko o nowe odczucia estetyczne. Główna cechą artysty współczesnego jest indywidualizm, a nie ślepe i niewolnicze włóczenie się gęsiego za „panem merem", a więc malarstwo uwolnione „z pęt rutyny i szablonu"[69]. Odkrywała przed polskim odbiorcą wartość impresjonizmu, postimpresjonizmu oraz sztuki japońskiej. Omówiła twórczość i znaczenie malarstwa Édouarda Maneta[70], Claude'a Moneta, pointylistów i teorii barw Charles'a Henry'ego. Doceniła wtedy zmieniającą się pod wpływem światła kolorystykę dzieł, operowanie barwami jasnymi, czystymi[71]. Obszerne fragmenty Zapolska poświęciła dziełom van Gogha i Gauguina, które zresztą nie do końca odczytywała zgodnie z koncepcją sztuki symbolicznej. W van Goghu widziała kolorystę o „szalonej" fantazji. Według niej: „Był on impresjonistą jako malarz, „charakterystą" - rysunkiem, symbolistą - w sposobie wyrażania swych uczuć i rwących jego umysł idei"[72]. Tak pisała w *Liście* z lipca 1894 roku:

„W mojej pracowni wisi także płótno van Gogha, klejnot, który za lat kilkanaście nie będzie miał ceny, na którym drzewa są oranżowe, liście szafirowe, ziemia czarna, a w głębi jakaś postać kobieca niknie w mgle błękitnawej. Van Gogh wziął formę drzew,

---

[69] Ibidem, s. 289.
[70] Pisała o nim także w Listach III, [Malarstwo „Niezależnych"], w: Publicystyka, cz. 2, s. 383-384. Tak pisała o cyklu obrazów C. Moneta przedstawiających portyk katedry w Rouen (1894). „Lecz portyk ten jest malowany w różnorodnym oświetleniu. A więc od rannego brzasku począwszy, gdy zaledwie złote linijki znaczą przez błękitnawą mgłę kontury kościoła, przechodząc gamę blasków południa i stopniowego gaśnięcia tego wspaniałego fajerwerku, aż do późnej nocy, gdy cała masa kościoła niknie w czarnej pomroce i tylko jedna latarnia z daleka rzuca niepewne, czerwonawe światło na ornamenty dziwaczne, wysuwające się cienką koronką z olbrzymiego kamiennego cielska. Opisać wam tych barw, tych blasków, tego przepychu genialnej potęgi talentu niepodobna. Kto nie widział dzieł Moneta, ten nie jest w stanie zrozumieć, ile rozkosznych wrażeń odnosi się, stając przed jego obrazami".
[71] G. Zapolska, [Z Bretanii: Huelgoat], w: Publicystyka, cz. 2, s. 206.
[72] Tamże, Nowe ..., s. 301.

ziemi, kobiety – i rzucił je w tęczę harmonijną barw. Niejeden parsknie śmiechem na widok tego obrazu, a ja oczów oderwać od tych liści błękitnych nie mogę... W tej orgii kolorów zostało coś z duszy szaleńca, a dusza takiego szaleńca – ciekawsza to stokroć książka, niż dusza niejednego <<rozumnego>> i trzeźwo na rzeczy patrzącego człowieka! Mówiłam, ze van Gogh był... symbolistą. I oto rzucony ten sławny wyraz, z którego śmieją się jedynie ci, którzy go... nie rozumieją"[73].

Gauguin - według niej – zaczynał jako impresjonista, wkrótce zajął się kompozycją jako koniecznym warunkiem dla stworzenia stylu dekoracyjnego. „Czym jest więc – zastanawiała się w kontekście jego dzieł - sztuka malarska i jaki jest jej cel główny? Według mnie dekoracja – jedynie dekoracja!"[74]. Pisała, że tylko „otaczając się harmonią zewnętrzną, uzyskamy łatwo harmonię wewnętrzną"[75]. W twórczości Chavannesa, wcześniej ostro przez nią krytykowanego, a potem uznanego za pokrewnego jej duchem, dostrzegała „artyzm mistyczny, blady", który ów malarz osiągnął dzięki harmonii subtelności barw bladych i płaskich form malowania[76]. Przywoływała także nazwiska twórców mniej znanych w Polsce takich jak: Jan Toorop, Paul Sérusier, Maurice Denis, Ranon, Joanna Jacquemin.

W tym kontekście tłumaczyła różnicę pomiędzy symbolem a alegorią:

Symbolem w mowie potocznej zwie się a l e g o r i ę i z n a k, nie czyniąc pomiędzy nimi żadnej różnicy. Tymczasem symbol to synteza duszy artysty i duszy natury, podczas gdy z n a k i a l e g o r i a – to zupełnie co innego, a nazwa ich jest już tak znacząca, że wytłumaczenie jest tu chyba zbyteczne. Symbolizm więc jest najdoskonalszym indywidualizmem i każdy z symbolistów daje nam w swym obrazie, przyzwawszy na pomoc, umiejętność używania farb i łączenia barw, cząstkę stanu swej duszy, takiej jaką była w chwili tworzenia – to jest nie niewolnicy-fotografki, lecz duszy wolnej, swobodnej, nie krępującej się chwili natchnienia[77].

Według niej symbolizm ściśle wiąże się z interpretacją świata z pozycji jego percepcji. Zapolska rozumiała zatem symboliczną postawę twórcy jako postawę zbliżoną do ekspresyjnej. Ważna jest – według niej - nie dosłowność przedstawienia, tylko zasugerowanie doznań, nastrojów, wrażeń. Symbol w tym rozumieniu jest syntezą duszy artysty i duszy natury, czyli subiektywizowania

---

[73] Tamże, s. 302-303.
[74] Tamże, s. 307.
[75] Tamże, s. 308.
[76] Tamże, s. 290.
[77] Ibidem, s. 303.

obiektywnego, a więc jest najdoskonalszym indywidualizmem[78]. Każdy z symbolistów w swym obrazie za pomocą barw, kształtów, linii, daje cząstkę swej „duszy wolnej, swobodnej, nie krępującej się w chwili natchnienia"[79]. To indywidualizm twórcy – zdaniem pisarki – deformuje wizję świata. Życie psychiczne człowieka okazuje się w tym przypadku niezwykle istotne po to, aby podjąć poszukiwania tego, co ukrywa się pod materialną powierzchnią zjawisk. Sztuka współczesna nie służy teraz rejestracji zjawisk, tylko stara się przez uaktywnienie odbiorcy współtworzyć pełniejszą wizję świata, na który składa się to, co materialne i to, co duchowe i psychiczne. Pisarce, jak widać, bliżej było do koncepcji Zoli, niż do rozumienia sztuki jako obiektywizowania subiektywnego. „Nowe prądy - pisała - które nie chcą rozmazanego błota, szarych barw i lufcików, przez które widać szmat krajobrazu, lecz które chcą, aby krajobraz ten powiedział nam, co czuł malarz, gdy nań patrzył, i w jakim nastroju była jego dusza"[80]. Artysta jest – dla niej – *medium*, przez który przechodzi duch rzeczywistości doskonałej, czyli patrzy na otaczający go świat przez pryzmat swego temperamentu. Tym samym powtarzała za Zolą, który w recenzji z Salonu w roku 1866 wypowiedział znamienne słowa: „Dzieło sztuki jest fragmentem natury widzianym przez temperament"[81]. Zapolska promowała „osobisty artyzm"[82], akceptowała malarstwo wrażeniowe i doceniła jego znaczenie w unowocześnianiu sztuki. Artysta, który odtwarza, a nie tworzy, nie daje nic ze swego ducha, był dla niej tylko wyrobnikiem i rzemieślnikiem. Powtarzała tę myśl kilkakrotnie, pisząc: „aby wywołać artystyczne wrażenie, nie należy być rzemieślnikiem, lecz z serca swego i duszy, wyjąć część siebie i s w o j e w ł a s n e j a duchowe, i swoje wierzenia, i swoje pojęcie idei pod

---

[78] G. Zapolska, Nowe....,s. 303. Pisarka znała i pisał w swej korespondencji o nowych prądach w literaturze, omawiała utwory: Zoli, Daudeta, Ibsena, jak również Jeana Morèasa, Stephana Mallarmégo, Paula Verlaine'a, Julesa Laforgue'a, prozę Francisa Poictevina, dramaty Maurycego Maeterlincka, Villiersa de L'isle-Adama. Warto przypomnieć, że pisarka od r. 1895 zaczęła współpracę z „La Revue Blanche", promującym nowe nurty postimpresjonizmu takie jak: nabizm, fowizm, protoekspresjonizm, secesja.

[79] Tamże, s. 303.

[80] G. Zapolska, Nowe..., s. 310.

[81] H. Morawska, Francuscy pisarze i krytycy o malarstwie 1820-1870, t. 3, Realizm, Warszawa 1977, s. 364.

[82] G. Zapolska, Nowe..., s 290.

odpowiednią formą na obraz przelać [podkreśl. autorki]"[83]. Tak więc jednoznacznie wypowiadała się przeciw naturalizmowi w malarstwie, gdyż teoria ta - jej zdaniem – ogranicza rozwój indywidualności i zubaża środki artystycznego wyrazu, a sztukę sprowadza do biernego naśladownictwa.

W przypadku Zapolskiej edukacja estetyczna przebiegała błyskawicznie. Udało jej się stosunkowo szybko wyjść poza wąskie ramy myślenia o malarstwie podporządkowanemu pozaartystycznej ideologii, wymuszonej przez literacką, historyczną, religijną czy alegoryczną narrację oraz dekoracyjność. W swej świadomości odłączyła sztuki plastyczne od anegdoty. Zrozumiała, że tworzyć to nie znaczy biernie kopiować otaczającą artystę rzeczywistość, tylko odtwarzać na płótnie to, co jest w duszy artysty. W ten sposób opowiadała się za koncepcją malarstwa wewnętrznego. Doskonale problematykę tę zaprezentowała w swojej *Jance*, w której główna bohaterka z powodzeniem odkrywa malarstwo nabistów i fascynacje obrazami Bervisiera (powieściowy portret Paula Sérusiera), który miał malować „w sposób pierwotny a doskonały, łączący w sobie naiwność mnichów, ilustrujących Biblie z subtelnością i prawdą rysowników japońskich"[84]. Inny tekst *A gdy w głąb duszy wnikniemy* uczyniła swoistym traktatem o malarstwie syntetycznym.

Celem *Listów paryskich* Zapolskiej, w tych fragmentach, które traktowały o sztuce, było nie tylko zapoznanie polskiego odbiorcy z najnowszymi prądami estetycznymi, ale również ukształtowanie jego gustów i wrażliwości. Na Zachodzie edukacja ta nastąpiła dużo szybciej: „Tłumy przesuwały się przed tymi obrazami, z których każdy miał cześć ponikąd, jaką się ma na widok artyzmu pełnego, skończonego, tryskającego życiową siła, streszczającą w sobie duszę, a nie tylko biegłość ręki artysty"[85]. Wierzyła, że „doczekamy się wreszcie może i u nas w kraju p r a w d z i w y c h impresjonistycznych obrazów, jasnych, czystych i dających wreszcie patrzącym wrażenie pięknych, dekoracyjnych dzieł sztuki"[86]. Pragnęła unowocześnienia się polskiej sztuki i wyjście jej poza granice myślenia estetycznego kategoriami zaścianka

---

[83] Tamże, s. 295.
[84] G. Zapolska, Janka. Powieść współczesna, Dzieła wybrane, t. III, Kraków 1959, s. 203.
[85] G. Zapolska, Nowe..., s. 301.
[86] G. Zapolska, Obrazy M. Peszkego..., s. 264.

firmowanego – jej zdaniem – przez malarstwo z kręgu Gersona. Była pewna, że przed siłą „nowych prądów" w sztuce musi ustąpić to, co stare, dlatego zagrzewała artystów do boju:

„Hej, panowie artyści, bracia moi po duchu, obudźcie się i nie wierzcie tym, którzy mówią, że nowe prądy to chorobliwy rozkład, to wynik degeneracji, deprawacja artyzmu! Deprawacja – to rutyna, pleśń – to zadręczanie i zabicie ducha wyrobieniem w sobie owej techniki w artyzmie, która jest fałszem, obłudą i negacją sztuki! [...] Tylko śmiało! Naprzód! Ku słońcu i w krainę, kędy jest królestwo ducha... [...]"[87].

Sama weszła w posiadanie dzieł współczesnych malarzy i udało się jej stworzyć interesującą kolekcję obrazów[88]. Swój ostatni tekst o sztuce napisała w roku 1906. Był to wstęp do katalogu wystawy jej własnej kolekcji prezentowanej w lwowskim Towarzystwie Przyjaciół Sztuk Pięknych. W nim raz jeszcze z pełnym przekonaniem powtórzyła swoje wcześniejsze sądy o wartości sztuki nowoczesnej.

Literatura

Zapolska traktowała literaturę jako świadectwo prawdy zdobytej dzięki bezpośredniej obserwacji. Była człowiekiem wzruszeń, nastroju, momentu, dostrzegała nieustanną zmienność świata, potrafiła poddać się zmysłowemu wrażeniu i ujrzeć świat pełen zmiennych barw i światła. Udało jej się z powodzeniem stworzyć zasadę interpretowania rzeczywistości przez indywidualne doznania. Na kształtowanie jej powieściowego dyskursu miała zatem wpływ sfera emocjonalna, somatyczna i fizjologiczna. Fascynacja sztuką nowoczesną, choć w jej przypadku pozbawiona pogłębionego teoretycznego zaplecza, niewątpliwie wpłynęła na estetykę jej tekstów, których struktura jest

---

[87] G. Zapolska, Nowe ..., s. 310.
[88] G. Zapolska w liście do Stefana Laurysiewicza (Paryż, 16 XI 1894 r.) pisała, że: „Mieszkanie moje zamienia się w muzeum. Mam van Gogha, Gauguina, Denisa, Vuillarda, Anquetina, rzeźby Lacombe'a, Riotoo i innych. Mam taką moc obrazów i płaskorzeźb, ze nie mam ścian i sześć płócien stoi w gabinet de toilette, czekając lepszych czasów, kiedy będę miała większe mieszkanie" (Eadem, Listy, t. 1, s. 469). Kolekcję omawia m. in. J. Czachowska, op. cit. s. 331-332, I. Danielewicz, Kolekcja Gabrieli Zapolskiej w: Ars Longa: prace dedykowane pamięci profesora Jana Białostockiego: materiały z sesji Stowarzyszenia Historyków Sztuki, Warszawa, listopad 1998, red. M. Poprzęcka, Warszawa 1999, s. 421-443.

oparta nie tyle na związkach przyczynowo-skutkowych, co głównie na logice emocjonalnej. Ewa Korzeniewska zwróciła uwagę na to przy omawianiu publicystyki autorki *Listów paryskich*. Według niej oddziaływanie nowej estetyki impresjonistycznej można dostrzec na poziomie stylistyki[89].

Właściwie od początku swej działalności pisarskiej Zapolska przemawiała głównie za pomocą o b r a z ó w pełniących w jej tekstach funkcję prymarną wobec przemawiającego słowa. W powieściach *Małaszka* (1883) *Ona* (1885) czy *Przedpiekle* (1889) można dopatrzyć się wpływów na kreację bohaterek malarstwa Hogarta, Rubensa i Rafaela. Po roku 1894 pisarka coraz śmielej zamieszczała tego typu opisy w swoich utworach. Powstały wtedy znane jej powieści *Janka, Szmat ziemi, We krwi* oraz *A gdy w głąb duszy wnikniemy*. Można powiedzieć, że w większości swych tekstów Zapolska w pełni świadomie zaprezentowała nową postawę epistemologiczną i emocjonalną, co przekładało się *ecriture artiste*. Struktura jej utworów często staje się luźna, amorficzna, pozornie przypadkowa – chaotyczna i niespójna, utrwalająca „czujące widzenie" i realizująca z powodzeniem ideę, znanego z utworów Juliusza i Edmunda Goncourtów[90], *écriture nerveuse, écriture artiste* (*pisanie nerwowe, pisanie artystyczne*), opierającego się na technice fragmentarycznej narracji, gdzie kondensacja na zasadzie wspólnej tonacji ma miejsce tylko w niewielkich fragmentach zapisu. W utworach Zapolskiej zaczyna pojawiać się „pejzaż liryczny", mający najczęściej formę ekwiwalentu emocjonalnego[91]. Materializuje się on w postaci różnych „impresji" i epifanii[92].

Należy powtórzyć wcześniejsze spostrzeżenie dotyczące jej prozy, że trudno w tym przypadku mówić o mimetyzmie w tradycyjnym tego słowa rozumieniu. W tym sensie należałoby mówić o nowoczesności jej prozy.

---

[89] E. Korzeniowska, Wstęp, w: G. Zapolska, Dzieła wybrane, t. 1 (Publicystyka, cz. 1, 2, 3), oprac. E. Korzeniewska, J. Czachowska, Warszawa 1958, s. 20-21.
[90] M. Des Loges, Impresjonizm w literaturze, [przedruk w:] Naturalizm. Europejskie konteksty, oprac. dokonały D. Knysz-Tomaszewska i J. Kulczycka-Saloni, Warszawa 1996, s. 582, 586; por. Ch. Bally, Impresjonizm a gramatyka, w: Stylistyka Bally'ego, red. M. R. Mayenowa, Warszawa 1966.
[91] A. Hutnikiewicz, Młoda Polska, Warszawa 1994, s. 275-276.
[92] R. Nycz, dz. cyt.., s. 7.

Nowoczesność byłaby więc zapewne w tej perspektywie subiektywizacją poznania, szczególną formą przeżywania świata, która sprawia, iż realność zewnętrzna nie tylko staje się częścią wewnętrznej rzeczywistości, ale też nabiera jej własności: nieustannego przepływu ulotnych, fragmentarycznych, niezgodnych z sobą chwil przeżywanego doświadczenia. Tego rodzaju efemeryczna i płynna materia jednostkowych doświadczeń wewnętrznych nie poddaje się jednak standardowym zewnętrznym sprawdzianom ani konwencjonalnym zasadom realistycznego przedstawiania. Nie poddaje się przede wszystkim dlatego, że przeżycie - a więc treść doświadczenia w e w n ę t r z n e g o – domaga się artykulacji, a nie odbicia[podkreśl. autor][93].

Ta próba oddania emocjonalnego czy wręcz ekstatycznego stosunku do świata czyni prozę Zapolskiej we fragmentach bliską „impresjonistycznej" rozumianej w kategoriach światopoglądowych i estetycznych[94]. Wszystkie zabiegi pisarskie służyły temu, aby utrwalić jak w kadrze filmowym i jak najtrafniej unaocznić nieuchwytne w czasie elementy, istniejące tylko w danym momencie. Zastosowanie zbliżonych do impresjonistycznych technik obrazowania, kształtowanie przestrzeni i wyrażanie czasu w wydaniu autorki *Janki* polega na zestawianiu ze sobą w obrębie struktury tekstu różnych komponentów przedstawieniowych – optycznych, akustycznych i kinetycznych, tworzących dynamiczne i plastyczne obrazy – epifanie, pełne barw, dźwięków i ruchu, tworzących syntetyczną jedność.

---

[93] Tamże, s. 21-22.
[94] Należałoby w tym miejscu zrobić ważne zastrzeżenie, na które zwraca uwagę A. Hauser (*Impresjonizm*, w: tegoż, *Społeczna historia sztuki i literatury*, przeł. J. Ruszczycówna, Warszawa 1974, t. 2, [przedruk w:] *Naturalizm...*, s. 569): „Historia literatury przedstawia obraz o wiele bardziej skomplikowany niż malarstwo. **Impresjonizm jako styl literacki jest zjawiskiem samym w sobie niezbyt wyraźnie określonym**; jego początki są w ogólnym kompleksie naturalizmu ledwie rozpoznawalne; a jego późniejsze formy rozwoju zlewają się całkowicie ze zjawiskami symbolizmu. Także pod względem chronologicznym można zaobserwować pewną niezgodność między impresjonizmem literackim i malarskim; najbardziej twórczy okres impresjonizmu przeminął już w malarstwie, kiedy w literaturze jego cechy stylowe zaczynają się dopiero pojawiać. Najbardziej istotna różnica polega jednak na tym, że impresjonizm w literaturze traci stosunkowo wcześnie związek z naturalizmem, pozytywizmem i materializmem, i prawie od początku staje się reprezentantem owej idealistycznej reakcji, która w malarstwie zaznacza się dopiero po rozkładzie impresjonizmu [podkreśl. M. J. O.]".

Przedstawianie światła, powietrza i atmosfery rozłożenie powierzchni barwnej na plamy i kropki, rozszczepienie koloru lokalnego na walory, perspektywiczne i atmosferyczne wartości wyrazu, grę refleksów świetlnych i rozjaśnionych cieni, drgający i drżący przecinek barwny, szczere, lekkie i swobodne pociągnięcie pędzla, całe malowanie *alla prima*, ze swym przyspieszonym szkicowym rysunkiem, przelotne, pozornie nieuważne przypatrywanie się i wirtuozerska przypadkowość odtworzenia nie wyrażają w końcu nic innego, jak owo poczucie rzeczywistości wzburzonej, dynamicznej i znajdującej się w nieustannej przemianie, które zaczęło się od subiektywizacji malarskiego przedstawienia dzięki perspektywie[95].

Impresjonizm w przypadku omawianego pisarstwa Zapolskiej łączy się z kwestiami warsztatowymi, techniką pisarską i konwencją artystyczną, obecny jest w sferze stylistycznej tekstu, ale jednocześnie zdecydowanie poza nie wykracza w kierunku światopoglądu i postawy wobec świata[96]. Ale na tym problem ten się nie wyczerpuje. Opisy tego typu w utworach Zapolskiej zostały podporządkowane wyrazistej aksjologii: dobru i złu. Temu, co złe towarzyszą opisy utrzymane w konwencji naturalistycznej epatujące brzydotą, a postaciom pozytywnym takim jak Janka (*Janka*), Stefania (*We krwi*) czy Maria i Antoni (*Szmat życia*), wyróżniającym się wrażliwością etyczną, towarzyszą opisy ukazujące piękno otaczającego ich świata, oddające w ten sposób właściwości psychiczne bohaterów. Bohaterowie pozytywni osiągnęli bowiem niezwykłą wrażliwość widzenia świata pozostającego w ciągłej zmianie. Oto wybrane przykłady:

„I w chłodzie tym jesiennym zazieleniało nagle przed oczyma młodej kobiety całą powodzią liści, gałęzi, łodyg. Pośród tego tła snopy astrów liliowych i żółtych, różowych, całe pęki malowanych nieśmiertelników w płaskie pączki spowite, kładło jaskrawe, purpurowe, błękitne lub szafirowe odcienie, gubiąc się powoli w delikatnej oprawie liści, pnących się ku górze roślin [...]. Dziudek z ekstazą wpatrywał się w jaskrawą barwę nieśmiertelników, które ciągnęły go ku sobie, w szczególny sposób,

---

[95] A. Hauser, op. cit., s. 562.
[96] W. Juszczak (Modernizm, w: idem, Malarstwo polskiego modernizmu, Gdańsk 2004, s. 128) przestrzega: „Szukanie, na przykład, w polskim malarstwie ścisłych analogii do francuskiego impresjonizmu wydaje się nie tylko daremne, lecz i mylące".

zwłaszcza jeden wielki bukiet upstrzony żółtą koronką mietlicy i rozkładający się na tle ciemnych liści rycynusów, jak subtelny ogon pawia..."[97].

Czytelny jest tu wpływ m. in. malarstwa Moneta i Pankiewicza.

Oto inny przykład:

„... Aleje podczas tej słoty i szarugi jesiennej opustoszały zupełnie i tylko światełka latarni żółciły się wśród koronek gałęzi drzew [...]. Środkiem szedł rudoczarny gościniec wyglądający jakby był wypukły i cały mazią błota oblepiony. Drzewa sterczały po obu stronach znacząc się jasnoszarymi pniami, trochę czerwonawymi liniami podkreślone. Na asfalcie trotuaru, jak w czarnych wodach drzemiącego w nocy stawu, odbijały się światła parterowych okien, światła niebieskawobiałe w odbiciu, a w rzeczywistości rudoczerwone, brudne, niepewne [...]. Niebo przybrało ciemnoszarą ciemnoszarą barwę..."[98].

Opis ten z kolei nawiązuje do obrazów nabistów, zmierza w kierunku syntetycznego myślenia o sztuce. Mamy tu ostre zestawienia barw, operowanie światłem i cieniem, a ważnym elementem kreacyjnym jest światło, rozczepione na elementy barwne. Obraz mieni się wieloma barwami, jakby połyskuje rozproszonym światłem obdarzonym mocą kreacyjną:

„Była to orgia barw brunatnych, a mimo to harmonijnie pięknych – cała moc drogocennych szafirów, ametystów, onyksów, opalów i korali, słońcem oświeconych [...]. W piersi Janki zamarł na chwilę dech i stała tak, chłonąc w siebie piękność tych obrazów [...] barwy proste, pojedyncze [...] bez maniery drobnych szczegółów, które z daleka nie istnieją dla naszego oka, a tym samym [...] Jance zdawało się, że nagle weszła [...] w obiecaną ziemi, pełną zieleni i barw doskonałych, gdzie paprocie rosły razem z masą wrzosów lilioworóżowych, a z daleka widziane góry spowijała mgła błękitna, przejrzysta i jasna, spływająca w jedno z bladozłotą barwą konającego w świetle dziennym nieba. Janka nie widziała prawie rozrzuconych na podłodze pędzli, garnków i szklanek z farbą, na których złociła się reszta żółtej farby Saturna lub fioletowego szafiru – pruskiego błękitu zmieszanego z żelazem [...]. I ponad ową doskonałość barw, ponad wyborny i z życia uchwycony rysunek, wzbijała się tu i górowała przede wszystkim duchowa część tych martwych widziadeł, widomy znak myśli, które ożywiała genialną iskrą rękę malarza w chwili tworzenia"[99].

Czas zweryfikował pogląd na korzyść pisarstwa Zapolskiej, nierównego, często balansującego na granicy banału, ale jednak nastawionego na nieustanne poszukiwanie nowego, nie dającego się łatwo zamknąć w jednej formule.

---

[97] G. Zapolska, We krwi, Warszawa 1893, s. 60.
[98] Eadem, Janka, s. 34.
[99] Ibidem, s. 198-199.

Wypada zatem przyznać słuszność Grażynie Borkowskiej, która trafnie spostrzegła, że Zapolska co prawda:

„Nie stworzyła nowej formy powieściowej, nie zreformowała teatru, nie uwolniła się od krytycznych ocen. Nie przewartościowała języka. Ale nie to było jej zadaniem. „Barbarzyństwo" Zapolskiej polegało na pokazaniu ciasnych granic, w jakich zamknięto literaturę, teatr i życie. Na oczyszczeniu pola przed nadejściem wielkich awangard dwudziestego wieku, na złamaniu etosu szlacheckiego, gdzie liczył się opacznie nieraz rozumiany honor, i etosu mieszczańskiego, gdzie miejsce eksponowane zajął pieniądz i ciasno pojmowana cnota. A także etosu kobiecego, który nie pozwalał upominać się o miłość, pamięć, wzajemność i mówić otwarcie o swoich emocjach"[100].

I na tym polega wielkie zwycięstwo autorki *Małaszki*.

---

[100] G. Borkowska, dz. cyt., s. 51.

ADAM JAROSZ

„Kilka gestów tragicznych nie starczy."
- Gabriela Zapolska a dramat symboliczny epoki

Otwierające poniższe rozważania słowa Gabrieli Zapolskiej (1857-1921), pochodzące ze *Szkiców teatralnych*[1], gdzie prócz *Dla szczęścia*, *Złotego runa* czy *Matki* Stanisława Przybyszewskiego (1868-1927) omówiony zostaje czteroaktowy dramat Maurycego Maeterlincka (1862-1949) *Monna Vanna* (1902)[2], podkreślają w sposób dość zajmujący ujęcie głębi scenicznej, wyzbywającej się z wszystkiego tego, co „zewnętrzne", by owe *états des choses* zastąpić, jak Przybyszewski o Edvardzie Munchu pisał[3], owymi *états d'âmes*.

I gdy dalej powiada Zapolska: „Tchnienia poezji duchowej nie nabywa się rutyną"[4], ujawnia ona również i kwestię, okazującą się przecież i być wiodącym postulatem Przybyszewskiego, gdy w szkicu swym *O dramacie i scenie* (1902) o twórczej roli aktora pisał: „Powinien przede wszystkim zapomnieć o tym, że jest na deskach"[5] i dalej: „Jeżeli jakakolwiek sztuka, to sztuka aktorska jest par excellence wizjonerska."[6]

W poniższych rozważaniach, których głównymi źródłami są zarówno *Publicystyka, Szkice teatralne* jak i *Listy* Zapolskiej, podjęta będzie próba zarysowania wyraźniejszego konturu niezwykle żywej polemiki autorki z symbolicznym teatrem epoki, tym bardziej, iż nazwisko jej naznaczone jest

---

[1] Gabriela Zapolska: Monna Vanna - Maeterlincka. W: Gabriela Zapolska. Szkice Teatralne [=Dzieła wybrane, tom XVI], s. 245. (dalej jako: ZST)
[2] Przedruk szkicu podaje tom XVI *Dzieł wybranych* Gabrieli Zapolskiej jako przedruk z „Ilustracji Polskiej", rocznika 1902 o numerze 46. Por. w: ZST, s. 376.
[3] Stanisław Przybyszewski: „Na drogach duszy: Edvard Munch." W: Modernizm: Spotkania. Antologia. Warszawa 2008. S. 227.
[4] ZST, s. 245.
[5] Stanisław Przybyszewski: O dramacie i scenie. W: Stanisław Przybyszewski. Kobiety winny moją trumnę ponieść na swych barkach do grobu. Odczyty - przemówienia - orędzia - odezwy. Inowrocław. 2006. S. 26. (dalej jako: ODS)
[6] ODS, s. 27.

stygmatem naturalizmu pomijając dość często kwestię rozważanej tematyki, jakże zajmującej przecież w twórczości pisarskiej a i scenicznej.[7]

Lecz jakiż stosunek zachodzi między wspomnianymi powyżej słowami „duchowej poezji", jak pisała Zapolska, a zarzutem skierowanym w jej stronę w 9-tym tomie *Chimery* z roku 1905-go, gdy czytamy, wprawdzie o powieści *Jak tęcza*, lecz przecież z wyraźnie zauważalną dozą krytycznego reminescentyzmu dotychczasowej twórczości autorki: „[G]odność zaś pisarska polega na tem, by ręką niepowołaną nie profanować rzeczy, których należycie uczcić się nie umie", by w końcu nazwać, dość powiedzieć tu Zapolskiej twórczy wysiłek: „śmiesznem zuchwalstwem grubości duchowej".[8]

Jak można zauważyć już na wstępie, wysiłek Zapolskiej kierowany w stronę sfer głębi, jej żywe przecież zainteresowanie „dzianiem się" poza obrębem uchwytnej postrzegalności, nie budziło bynajmniej aprobaty krytyki.

Spróbujmy zakreślić jednak łuk wokół wybranych prac autorki, ujętych w tak obfitej przecież publicystycznej i krytycznej działalności, dzieł obejmujących, jak wspomniano, utwory Maeterlincka czy Przybyszewskiego, by w efekcie móc „wyłowić", jak powiedziałby „Meteor Młodej Polski", stan dający ująć się w uchwytny być może obraz pisarki, na szczególnym tym polu jej pracy, jakim było pojęcie symbolicznej treści i wizji utworu.

Powróćmy na krótko do słów Zapolskiej o dramacie Maeterlincka, ujętych w szkicu *Monna Vanna*. Zadziwiającym jest fakt, iż już na wstępie wnika ona w rdzeń sam głębi sztuki Flamandczyka subsumując jego istotę słowami:

„Wyżna piękność słów wsparta czarującą linią delikatnych gestów - coś graniczącego prawie z uduchowieniem, same uczucia, same stany dusz w dialogu utkanym z jakichś ech."[9]

---

[7] W tym miejscu szczególnie godnym uwagi jest artykuł: „O pewnej funkcji nastroju w jednoaktowej dramaturgii młodopolskiej (na przykładzie *Jesiennym wieczorem* Gabrieli Zapolskiej i *Odwiedzin o zmroku* Tadeusza Rittnera). W: Hanna Ratuszna / Radosław Sioma (red.): Krótkie formy dramatyczne w okresie Młodej Polski. Toruń 2007. S. 99-113 (dla Zapolskiej por., s. 99-109)

[8] Chimera. Tom IX. Zeszyt 27. Kronika miesięczna. Powieść. Warszawa XII/MCMV. S. 508.

[9] ZST, s. 241.

Wypowiedź ta w rzeczy samej ujmuje jakże głęboko, czym dramaty autora żyją, by wymienić jedynie przywołane przez samą Zapolską takie jak: *Intruz* (1890), *Ślepcy* (1890), *Pelleas i Melisanda* (1892), *Wnętrze* (1894) czy *Śmierć Tentagila* (1894). „Same stany dusz" - powiada Zapolska, i nie można by bodaj lepiej uchwycić ich istoty, nie potrzebujące więc żadnych zbytecznych dekoracji i „odziane w szaty, nie należące do działu żadnej mody"[10]. Do kwestii tej powrócimy jeszcze poniżej. Spójrzmy teraz krótko na wspomniane przez Zapolską dramaty.

Tak oto unoszące się w końcowej scenie *Intruza* wołanie dziadka pozostawionego w mrocznej sali: „Dokąd idziecie? - Dokąd idziecie? - Zostawili mnie wszyscy samego!"[11], stają się explicite wyrazem egzystencjalnej kondycji człowieka w obliczu spełniającej się powinności, przed którą wszelki pozór zatraca swój prymat. Tak i *Ślepcy*, to zaiste oddanie owego samego „stanu", nad którym człowiek próbuje bezsilnie szamotając się zapanować: lęk.

Lękiem przepełniona jest także sztuka *Pelleas i Melisanda*, doświadczeniem wciąż tak przecież podkreślanej w niej „ciemności", bolesnych omyłek i smutku, który w końcowej scenie w słowach: „Ale smutek, Golo... ale smutek tego wszystkiego, co się widzi!..."[12] pojawia się w podobnej formie już w *Cieplarniach* (*Serres chaudes*, 1899)[13], a stanie się zarówno dla

---

[10] Gabriela Zapolska: Publicystyka. Część 2. [=Dzieła wybrane Gabrieli Zapolskiej] Wrocław-Warszawa 1959. S. 356. (dalej jako: GZP, 2.)

[11] „DER GROSSVATER: Wo geht ihr hin? - Wo geht ihr hin? - Sie haben mich alle allein gelassen!" Maurice Maeterlinck: Der Eindringling. W: Maurice Maeterlinck. Drei Alltagsdramen. Deutsch von Friedrich von Oppeln-Bronikowski. Leipzig 1904. S. 30.

[12] Maurycy Maeterlinck: Pelleas i Melisanda. W: Maurycy Maeterlinck. Wybór dramatów. Wydanie jubileuszowe w 100-lecie Młodej Polski. Przełożył i wstępem opatrzył Zenon Przesmycki. Reprint. Wrocław 1994. S. 188. (dalej jako: PWd) Por.: „Mais la tristesse, Golaud..., mais la tristesse de tout ce que l'on voit!" [„Lecz smutek, Golo..., lecz smutek wszystkiego tego, co się widzi"] W: Maurice Maeterlinck. Théâtre. II. Pelléas et Mélisande (1892). Alladine et Palomides (1894). - Intérieur (1894). La mort de Tintagiles (1894). Bruxelles 1908. S. 112. W :
http://www.archive.org/stream/thtrevolume00maetgoog#page/n7/mode/2up (Stan: 24. 03. 2011)

[13] „Et la tristesse de tout cela, mon âme! et la tristesse de tout cela!" [„I smutek wszystkiego tego, ma duszo! i smutek wszystkiego tego!"] W : Maurice Maeterlinck: Oeuvres. Quinze chansons. Les aveugles. L'intruse. Serres chaudes. O. O. 1980. S. 142.

Przybyszewskiego, wielokrotnie cytującego ów fragment,[14] jak i Dagny, kreślącej „przejmujący zapis chwili twórczego uniesienia"[15], podejmującej w tytule swego dzieła również i strofy z wiersza „Dusza" (*Ame*) owego debiutanckiego zbioru poezji Maeterlincka, ważnym mottem oddającym przecież ich najwewnętrzniejsze drgnienia duszy.

Maeterlinck, który „ograniczył [...] całą materialną stronę swych dzieł scenicznych"[16], jak powiada Zapolska, posunął się przecież w *Śmierci Tentagila*, który dramat ów autorka przywołuje, do jakże daleko idącego ograniczenia materialnego substytutu prawdziwej tragedii. Nic prócz sięgającego szczytu napięcia ostatniej sceny, odbywającej się w mroku zamku, mroku, który „truje"[17], gdzie Ygraine nadaremnie próbuje odwrócić los małego Tentagila pojmanego podstępem i śmierci wydanemu, nic prócz ciszy nie kończy owego dramatu, którego jakże gorzki finał przeczuwać mógł stary mistrz Agloval mówiąc: „Od dawna dusza ma już jest niespokojna"[18].

A jest w końcu i *Wnętrze*, które Zapolska nazwała „ucztą duchową"[19] i w którym sama wystąpiła w roli matki 13. III. 1895 roku w Théâtre de l'Œuvre[20],

---

[14] Por. *Moi współcześni*. Por. także Przybyszewskiego wczesne zainteresowanie zbiorem *Serres chaudes*, w: *Das Werk des Edvard Munch*.
[15] Aleksandra Sawicka: *Dagny Juel Przybyszewska*. Gdańsk 2006. S. 289.
[16] ZST, s. 242.
[17] Por. „Ygraine [...] Man sagt, daß die Finsternis vergiftet..." [„Ygraine [...] Powiada się, iż mrok truje..."] W: Maurice Maeterlinck: *Tintagiles Tod*. W : Maurice Maeterlinck. Die frühen Werke. Band 2. Hans Gross (wyd.). München 1983. S. 68. (dalej jako: MfW, dla tomu drugiego cyfra 2)
[18] MfW, 2. S. 59. (Tłum.: A. J.)
[19] Listy Gabrieli Zapolskiej. Tom 1. Warszawa 1970. S. 593. (dalej jako: Zapolska, Listy, 1)
[20] Por. Zapolska, Listy, 1. S. 19. Por. tamże: S. 961. Magdalena Maciejewska podaje jednakowoż datę występu Zapolskiej w sztuce *We wnętrzu* dnia „15 marca 1895 roku". Por. Magdalena Maciejewska: *Paryscy recenzenci teatralni o występach Gabrieli Zapolskiej*. W. Studia Polonistyczne (6). Poznań 1978. S. 71. (dalej jako: Maciejewska) Maciejewska odwoływać się zdaje do przytaczanej przez siebie wzmianki w *Le Petit Parisien* z dnia 16 III 1895-go roku, gdzie zamieszczono tekst w rubryce *Les Premières Représentations* w wykazie sztuk: Théâtre de l'Œuvre min. *„Intérieur* de M. Maeterlinck" z tekstem: „La représentation d'hier, à l'Œuvre, se composait d'un spectacle coupé et, par hasard, éclectique, où le réalisme gaulois du bon Collé ressuscitait à côté du frisson moderne de M. Maeterlinck [...]" Petit Parisien, Samedi 10. Mars 1895 [Vingtième Anne. - N° 6714]. S. 2. W: Gallica. Bibliothèque Numérique [Bibliothèque nationale de France] :

jako „sam stan" *trwania* w obliczu nieuchronności, gdzie zarówno *wewnątrz* jak i *zewnątrz* dokonuje się w końcu akt poznawczy. Doświadczy go rodzina właśnie wewnątrz pokoju, lecz pojęty jest nim już i obcy w ciemności ogrodu. Znakomicie przeto umiała Zapolska wyczuć ogrom i potęgę emanującą z dzieł Maeterlincka, mówiła o nich:

> „Jest to jeden polot myśli - pogrążanie się w to coś nieziemskiego, które każdy z nas w sobie nosi, i dlatego widz na tych ,mglistych i symbolicznych' dziełach Maeterlincka odnajdywał ciągle siebie, coś ze swej duszy, swoje dreszcze, pragnienia, przeczucia i bole."[21]

I łączyła się słowami tymi przecież z najznamienitszymi osobami epoki, gdy oto Miriam (1861-1944) w swym wstępie do dramatów Maeterlincka wspominał słowa Juliusza Zeyera (1841-1901), niejako potwierdzając nie tylko kunszt Flamandczyka w ten sposób, lecz w krąg włączając i tych, którzy zdolni byli kunszt ów zgłębić, cytując:

> „im z większą potęgą, im intensywniejszymi światłami i cieniami kto tę swą wizyę innym przed duszami wyczarować zdoła; im absolutniej kto duszami innych owładnie i w swojem kole czarodziejskiem zakląć potrafi: tem większy to artysta, poeta. Głębia perspektywy - zda mi się - stanowi wielkość sztuki."[22]

A staje się i perspektywa, z jakiej sama Zapolska ukazuje symboliczną sztukę doznaną w paryskim Théâtre de l'Œuvre, głęboką, potrafiącą przywrócić każdej z doznanych chwil jej istotny charakter, ujmując je w słowa, które nie ciążą, lecz z wolna wyłaniają się, dając w ten sposób możność istotnego współbycia. Dla wszystkich tych *uniesień duszy* nie starczy więc wspomnianych na wstępie „kilku gestów".

---

http://gallica.bnf.fr/ark:/12148/bpt6k517394q/f2.image.r=Maeterlinck.langFR (Stan: 29. 08. 2011) W sztuce tej, teatru l'Œuvre, wytąpili „MM. Lugné-Poë et Ripert" (Ibidem), nazwiska, które również wymienia Maciejewska, jednak dla „Nouveau Théâtre" (Maciejewska, s. 71). Zapolska natomiast podaje w liście do Stefana Laurysiewicza z dnia 11. III. 1895 (tj. poniedziałek): „Gram w środę w l'Oeuvre w sztuce Maeterlincka b. trudną rolę i 15 kwietnia u Antoine'a." Zapolska, Listy, 1. S. 475. [Por. także ibidem, s. 961 przypis 2 do wspomnianego listu nr. 279]

[21] ZST, s. 242.
[22] Cyt. Zenon Przesmycki: Maurycy Maeterlinck. Stanowisko jego w literaturze belgijskiej i powszechnej. W: PWd, s. LXIII.

Zbliżamy się więc do momentu, w którym i sama Zapolska przechodzi do ujawnienia *rzeczywistej* treści tytułowego w jej szkicu dramatu Maeterlincka *Monna Vanna*. W szczególny sposób podkreślić pragnie ona nierozłączność owego dramatu ze wspomnianymi powyżej dziełami scenicznymi flamandzkiego noblisty, kierując krytykę swą przeciw opinii, jakoby *Monna Vanna* miała być „przeskokiem Maeterlincka do bardziej r e a l n e g o rodzaju twórczości"[23], gdy przecież jest ona, jak pisze dalej „tak samo ujawnieniem tych tajemnic duchowych, tych dreszczów i odruchów duszy ludzkiej, pod rozmaitymi postaciami zewnętrznych form ściśniętej."[24]

W rzeczy samej zdała się krytyka zwracać jedynie ku materialnej, realnej stronie sztuki, pomijając wszak pasaże, w których starzec Marco, ojciec Gwida, powiada: „My biedni ludzie jesteśmy zabawkami tak wielu wielkich rzeczy".[25]

Oto słowa, słowa „obok", jak je trafnie zwie Zapolska, które czytelnikowi sztuk Maeterlincka, ale i dzieł Rilkego czy Przybyszewskiego umknąć nie mogą, - nie powinny, jak nie umknęły Zapolskiej, słowa, jak powiada, „niezależne od prawdy ścisłej"[26], gdyż w nich tkwi: „piękność cała, w nich tkwi wartość dzieła."[27] Wartość ta nie ukazuje się, rzec by można, w sposób „nalegający", wpisana jest „między" i właśnie „obok". Tak też w słowa starego Marca wplecione są prawdy, które wykraczają daleko poza ramę akcji, gdy ów oznajmia wobec Gwida istnienie „rzeczywistości"[28], które wkraczają teraz dopiero w podeszłym jego wieku na miejsce próżności. Ale, jak wiadomo z dzieł Maeterlincka, jest wiek starczy tym etapem życia, w którym człowiek doświadcza błysku pojęcia „rzeczy", stając jednakowoż wobec faktu, iż moment ten jest zaledwie namiastką tego, czego ogromu i tak nie zdołalibyśmy w żadne słowa ująć. W dziele swym *Życie pszczół* (*La Vie des abeilles*, 1901) pisał on:

---

[23] ZST, s. 242f. Spacjowanie w tekście oryginału.
[24] Ibidem, s. 243.
[25] Maurice Maeterlinck: Monna Vanna. Schauspiel in drei Aufzügen. Deutsch von Friedrich von Oppeln-Bronikowski. Leipzig 1903. S. 71. (dalej jako: MMV.)
[26] ZST, s. 243.
[27] Ibidem, s. 243.
[28] MMV, s. 24.

„Au déclin d'une vie où j'ai tant cherché la menue vérité et la cause physique, je commence à chérir, non pas ce qui éloigne d'elles, mais ce qui les précède, et surtout ce qui les dépasse un peu."[29]

[„U końcu życia, gdzie tak długo szukałem rzeczywistej prawdy i fizycznej podstawy, poczynam kochać to, nie co się od nich oddala, lecz co przed nie wychodzi i co nawet nieco przekracza."]

Spoglądając na powyższe rozważania warto przytoczyć tu reasumujące pierwszy akt dramatu *Monna Vanna* słowa Zapolskiej, które wplatają się jakże płynnie w kontekst rozważań Maeterlincka:

„Czy nie utkwiły nam z całego pierwszego aktu te przedziwne słowa Marca: ‚żyjemy często blisko tych, których kochamy, nie mówiąc z nimi o rzeczach, o jakich by mówić należało'"[30],

podkreśla ona tym ów wspomniany powyżej problem *rzeczywistego* dialogu, *rzeczywistego* spojrzenia, jakkolwiek nikłymi mogłyby się nawet zdawać szanse powodzenia tego rodzaju zamierzeń.

Powtórzmy raz jeszcze powyższą myśl Marca, którą Zapolska, jakkolwiek by było, zdecydowała się przelać na stronice swej krytyki: „‚żyjemy [...] nie mówiąc [...] o rzeczach, o jakich by mówić należało'". W istocie: Dramat Maeterlincka nie „mówi" o „tym" wprost, lecz daje „to" wyczuć, a to już światy całe tworzy.

I taki jest akt drugi, powiada Zapolska, „objawem spotężnienia symbolicznej strony w dziele Maeterlincka"[31], akt spotkania się w namiocie na przedpolach Pizy Princivalla i Vanny. I znów nie chodzi, jak w *Intruzie*, *Ślepcach* czy choćby *We wnętrzu* o akcję explicite. Wszystko rozgrywa się, by powrócić do tytułu wspomnianej sztuki, *we wnętrzu* figur. Zapolska reasumuje owo spotkanie słowami Princivalla do skąpo jeno w płaszcz odzianej marznącej Vanny: „Zapomniałem, że jesteś szat pozbawiona..."[32] i dalej: „To urocze, czyste powiedzenie odzwierciedla stan duszy nas wszystkich."[33]

---

[29] Maurice Maeterlinck: La Vie des abeilles. Paris 1903. S. 236. W: http://www.archive.org/details/lavedesabeilles00maetgoog (Stan: 4. 4. 2011)
[30] ZST, S. 243.
[31] Ibidem, s. 244.
[32] Ibidem, s. 243.
[33] Ibidem.

Takie spostrzeżenia ukazują zaiste w głębokim stopniu nie tylko doskonałą umiejętność Zapolskiej odszyfrowania *rzeczywistej* treści przekazu dzieła, lecz stawiają ją w dalekim stopniu jednak z głównymi myślami symbolistycznych dzieł epoki, jakkolwiek krytyka[34] widzi autorkę w stricte naturalistycznym nurcie, czasami zwracając swe zainteresowanie jednakowoż na fakt, iż publikacje Zapolskiej krążące wokół symbolistycznego nurtu znamionują tu jej spuściznę jako niezmiernie obszerną „kronikę" ówczesnego życia kulturalno-literackiego o wartościach przecież nie do przecenienia dla recepcji dzieła autorki w szerokich kręgach europejskiej slawistyki.

Spoglądając wstecz na powyższe rozważania, warto zwrócić uwagę na fakt, iż Zapolska pomimo tak głębokich doświadczeń z symbolicznym kunsztem sceny, nie popadła jednak w bezkrytyczność, jeśli chodzi o rozwagę walorów czy też słabości wystawianych sztuk. Przykładem tego mogą być dramaty Maurycego Beaubourg'a, których „przesubtelnienie"[35], jak to określa Korzeniowska w przedmowie do *Publicystyki* Zapolskiej, robi na autorce, jak sama ona powiada, „wrażenie duchowych hipokondryków"[36], którzy widzowi czynią się „wstrętnymi"[37], stając nieudacznie pomiędzy realnością sceny a chęcią symbolicznego ukazania „stanów duszy", czyniąc *śmieszność* miast dogłębnego poruszenia zapierającego dech w piersi „efektem" końcowym. I tak np. *Vie muette*[38] Beaubourg'a określa Zapolska jako „latarnię magiczno-psychologiczną"[39], w której w scenie śmierci „mówi się dwie tyrady jęczącym głosem [...]"[40] typu:

„ - Patrz!... oto księżyc! Patrz, oto chmury! Tak, tak!... chmury... O! o! jak jedna jest czarna... zasłoniła mi księżyc!..."[41]

Również i Marcel Postic w *Maeterlinck et le symbolisme* stwierdza:

---

[34] Por. Gabriela Zapolska: Publicystyka. Część 1. [=Dzieła wybrane Gabrieli Zapolskiej] Wrocław-Warszawa 1958. S. XLIX. (dalej jako: GZP, 1.)
[35] GZP, 1. s. XLVI.
[36] GZP, 2. s. 356.
[37] Ibidem, s. 365.
[38] Nazwa pełna brzmi: *La Vie muette*
[39] GZP, 2. S. 358.
[40] Ibidem.
[41] Ibidem.

„Tous les auteurs n'ont pas la sobriété des moyens employés par Maeterlinck : par exemple, une pièce de Maurice Beaubourg, jouée par le théâtre de l'Œuvre le 27 novembre 1894, *la Vie Muette*, traite de cas pathologiques et ce termine dans la violence."[42]

[„Wszyscy autorzy nie mają rzeczowości środków użytych przez Maeterlinck'a: np. sztuka Maurycego Beaubourg'a *La Vie Muette*, grana przez Théâtre de l'Œuvre dnia 25. listopada 1894, przedstawiająca patologiczny przypadek i kończąca go w przemocy."]

Fakt ten krytyki zbiega się całkowicie z wypowiedzią Zapolskiej odnośnie sceny końcowej sztuki *Dla szczęścia* Przybyszewskiego, gdy powiada autorka:

„Lecz Przybyszewski porwał nas niejako za ręce i kalecząc je do krwi, każe nam być świadkami jednej z najwspanialszych scen, jakie posiada literatura dramatyczna. To sam koniec sztuki, ta chwila, gdy ma zapaść zasłona. Znam tylko jedną sztukę, która daje zupełnie identyczne wrażenie *Image* Beaubourga. Tylko tam psuje się efekt sceną morderstwa, u Przybyszewskiego kurtyna zapada na tym wrażeniu potężnym, które unosimy ze sobą i które nas dławi, męczy i odetchnąć nie daje. Stanowczo sztuka Przybyszewskiego nie jest ‚zabawną'."[43]

Suma powyższych rozważań pozwala jakkolwiek stawić spostrzeżenia Zapolskiej w linii z głównymi przecież wymaganiami symbolicznego teatru małej intymnej sceny, jakie propagowali min. Stephane Mallarmé, Téodor de Wyzewa, Albert Mockel, Gustave Kahn czy Maurice Maeterlinck[44] przywiązując znaczenie do specyfiki nie tylko dramatu, jako takiego, który miałby być tak zwanym „spectacle dans un fauteuil"[45], gdzie główna koncentracja pada na *słowo* i jego oddziaływanie, ale także do kwestii scenografii, usuwając ją na plan dalszy, a jak wiemy z wypowiedzi Zapolskiej, Maeterlinck zapytany podczas jednej z prób do *Pelléas et Mélisande* jak ma się aktorka grająca Melisande ubrać, miał odpowiedzieć jej: „- Je ne sais pas - moi!..."[46] Wszelka zatem zbyteczność słów, gestów, czy też dekoracji wzbudzała sprzeciw, stąd zrozumiałe uniesienia Zapolskiej, doskonałej sztukmistrzyni krytyki, piszącej dnia 29. kwietnia 1891 roku z Paryża do redaktora Wiślickiego słowa, które pozwalają poznać, jak bardzo pragnęła ona

---

[42] Marcel Postic: Maeterlinck et le symbolisme. Paris 1970. S. 156.
[43] ZST, s. 135f.
[44] Por. Anette Delius: Intimes Theater. Untersuchungen zu Programmatik und Dramaturgie einer bevorzugten Theaterform der Jahrhundertwende. [=Hochschulschriften Literaturwissenschaft 19]. Kronberg/Ts. 1976. S. 52. (dalej jako: Delius)
[45] Por. cyt. w: Delius, s. 52f.
[46] GZP, 2. S. 356.

wyjść poza sferę uwikłaną jedynie w ścisłość, w zewnętrzność: „[P]ozwól mi malować", pisała, „nie fakty notować!"[47] Idąc dalej tropem *duszy* warto zwrócić uwagę na padające w tym samym czasie słowa Zapolskiej: „L'âme polonaise est rêveuse et compliquée"[48] [„Dusza polska jest marzycielska i skomplikowana"], opublikowane w artykule paryskiego dwutygodnika *Revue blanche*, torującego podówczas drogę symbolizmowi[49], tak trafnie ujmując to, na co i Przybyszewski w artykule *Zur Psychologie des Individuums. I. Chopin und Nietzsche* uwagę zwrócił pisząc o Chopinie w kontekście specyfiki słowiańskości jako cechującej ją „subtile Feinheit des Gefühls"[50]. W obu przypadkach można więc mówić w kontekście wskazania szczególnego rozwinięcia sfery duchowej również i o jednej z cech ówczesnej twórczości literackiej.

I w jedenaście lat po powyższych słowach tych pisze Zapolska w jednym z artykułów, nie mogącym być pominiętym w rozważaniach recepcji symbolicznego dramatu, mianowicie *O scenie*, z roku 1902[51], o zwrócenie uwagi na „drugi świat"[52], jak to formułuje, na treść zawartą w głębi, na „coś wewnętrznego"[53] abstrahując zatem od „zewnętrzności" i szablonowości, konkludując słowami:

„W tych tajemniczych światach przyczyn zaczynamy czuć się bardziej swojsko niż w jaskrawości drobiazgów i rzeczy hałaśliwych."[54]

Rozważania powyższe autorki, drukowane w tygodniku krakowskim *Ilustracja Polska*, obejmują swą myślą nie tylko europejską scenę, służąc przykładem skądinąd paryskiego teatru l'Oeuvre, będącym, idąc za słowami Zapolskiej,

---

[47] GZP, 1. S. 344.
[48] Gabrielle Zapolska: Les Lettres Polonaises. W : La Revue blanche. Paris 1891. S. 278. W: (Bibliothèque Nationale de France. Gallica. Bibliothèque numérique) http://gallica.bnf.fr/ark:/12148/bpt6k15529g/f299.image (Stan: 16. 04. 2011)
[49] Por. GZP, 1. S. 349.
[50] Stanisław Przybyszewski: Zur Psychologie des Individuums. I. Chopin und Nietzsche. W: Stanisław Przybyszewski. Zur Psychologie des Individuums. Erzählungen und Essays [=Werke, Aufzeichnungen, Briefe. Band 2.]. Paderborn 1991, s. 106.
[51] Vgl. GZP, 3., Wrocław. Warszawa. Kraków. 1962. S. 267ff. (dalej jako: PW, z cyfrą tomu)
[52] GZP, 3. S. 267.
[53] Ibidem.
[54] Ibidem.

"specjalną cieplarnią dla sztuk, których treścią są objawy ducha niezależące tylko od materii"[55], lecz wykraczają niejako poza nią stwierdzeniem:

"Nie moda wytwarza w nas potrzebę cichej kontemplacji i wniknięcia w nas samych - to jest potrzebą naszej duszy."[56]

Wziąwszy pod uwagę fakt równoczesnego pojawienia się szkicu Przybyszewskiego *O dramacie i scenie* w roku 1902[57] zwrócić należy oczywiście uwagę na niedającą się nie zauważyć zbieżność wypowiedzi obu pism, w szczególności wynikającej już po raz kolejny, a wspomnianej także i powyżej, kwestii krytyki tak zwanego "starego dramatu" (Przybyszewski). Tak więc pisze Zapolska w swym szkicu *O scenie*:

"Czy dziwić się należy, iż wolimy być cichymi badaczami własnych dusz niż świadkami hałaśliwych plotek lub śmiesznych awantur urojonych postaci?"[58]

Opinię podobną, karcącą niezrozumienie publiczności, spotkamy także przy omawianiu przez autorkę premiery *Kruczego gniazda* Dagny Przybyszewskiej, o której będzie jeszcze mowa poniżej. Pisała ona:

"- Na przykład śliczny symbol spalenia kwiatu, który rozpoczyna tak niepospolitą pięknością akt trzeci - wzbudził zdziwienie. A przecież to było wymowniejsze niż cała seria krzyków, płaczów, rozmów i akcji."[59]

Przybyszewski podobnie stwierdza w *O dramacie i scenie* (1902):

"Zbrzydły nam te aż do śmieszności przesadne ruchy i ryki aktorów i na gwałt poczęliśmy się domagać, by aktor wyrażał swoje uczucia i wrażenia w ten sposób, w jaki je on, i ty, i ja wyrażamy."[60]

W swym szkicu *Wartość monologu* [*Der Wert des Monologes*, 1898], który w wymowie swej tak bardzo zbliżony jest do pisma Przybyszewskiego *O dramacie i scenie* oraz Zapolskiej *O scenie*, pisze także i Rilke, podejmując niejako

---

[55] Ibidem, s. 269.
[56] Ibidem, s. 267.
[57] Por. Stanisław Przybyszewski: Über das Drama und die Bühne. W: Stanisław Przybyszewski. Kritische und essayistische Schriften [=PW, 6]. Paderborn 1992. S. 332.
[58] GZP, 3. S. 268.
[59] ZST, S. 264.
[60] Stanisław Przybyszewski: O dramacie i scenie. W. Stanisław Przybyszewski. Wybór pism. Roman Taborski (oprac.) Wrocław. Warszawa. Kraków. S. 284f.

zagadnienie *nowej* formy scenicznego przedstawienia, dalekiej od „słowa" zbytecznego, koncentrując się na duchowej treści akcji[61]:

„[M]an wird lernen müssen, nicht die ganze Bühne mit Worten und Gesten auszufüllen, sondern ein wenig Raum darüber lassen, so als ob die Gestalten, welche man schuf, noch wachsen sollten."[62]

[„Trzeba będzie się nauczyć nie zapełniać całej sceny słowami i gestami, lecz pozostawić ponad tym odrobinę przestrzeni, zupełnie tak, jakby postaci, które się stworzyło, rosnąć jeszcze miały."]

Na przywołanie zasługują wreszcie przepojone żywiołem głębi uwagi dotyczące sceny przedstawione przez Hugona von Hofmannsthala (1874-1929) w szkicu *Scena jako przedstawienie senne* [*Die Bühne als Traumbild*] skierowane do berlińskiej publiczności premierowego przedstawienia *Elektry* w roku 1903, w którym przywołując ducha dzieł E. A. Poego, De Quincey'a, M. Maeterlincka czy Ch. Baudelaire'a pisze:

„Denn die Welt ist nur Wirklichkeit, ihr Abglanz aber ist unendliche Möglichkeit, und dies ist die Beute, auf welche die Seele sich stürzt aus ihren tiefsten Höhlen hervor."[63]

[„Bowiem świat jest tylko rzeczywistością, odblask jego jednak jest nieskończoną możliwością, i to jest zdobyczą, na którą dusza rzuca się z najgłębszych jej pieczar."]

Powyższe słowa zwracają uwagę na fakt, iż Zapolska, podobnie jak Przybyszewski, Maeterlinck, Rilke czy Hofmannsthal, czy też kierunek teatralnej odnowy Lugné-Poë'go, nie była odosobniona w swej trosce o zgłębienie przekazu scenicznego przedstawiając silnie sfokusowaną myśl charakteryzującą symboliczny dramat epoki.

---

[61] Por. „Das Hauptgewicht darf nicht auf der Handlung, d. h. nicht auf dem Stofflichen derselben liegen, sondern muß auf dem seelischen Inhalte der Aktion sich konzentrieren." [Główna waga nie może koncentrować się na akcji, tzn. nie na kwestii materiału tekstowego, lecz musi skupić się na treści duchowej akcji."] Rainer Maria Rilke: Brief an eine Schauspielerin vom 10. 12. 1901. W: Maurice Maeterlinck und die deutschsprachige Literatur. Eine Dokumentation. Mindelheim 1985. S. 194.

[62] Rainer Maria Rilke: Der Wert des Monologes. W: Rainer Maria Rilke: Schriften [= Rainer Maria Rilke. Werke. Kommentierte Ausgabe in vier Bänden. Band 4]. Frankfurt am Main und Leipzig 1996. S. 124.

[63] Hugo von Hofmannsthal: Die Bühne als Traumbild. In: Hugo von Hofmannsthal. Sämtliche Werke. Bd. XXXIII. Reden und Aufsätze. Konrad Heumann und Ellen Ritter (wyd.). [= Hugo von Hofmannsthal. Sämtliche Werke. Kritische Ausgabe]. Frankfurt am Main 2009. S. 42.

Nawiązując do europejskiej sceny, warto, kończąc, wspomnieć jeszcze szkic Zapolskiej o maeterlinckizującym, dziś zapomnianym, lecz jakże wartym ponownej lektury, dramacie w 3-ech aktach *Krucze gniazdo - Dagny Przybyszewskiej*[64], w którego krytycznym omówieniu Zapolska również nie omieszkała przywołać pojęcia „duszy" dla podkreślenia konfliktu między życiem wewnętrznym a fatalistyką losu sprzęgającą czyny wszelkie bohaterów w efekcie w niszczącą nieprzejednaną siłę.

Dramat *Ravnegård* Dagny Przybyszewskiej (1867-1901), który jako „pierwsze i przez długie lata jedyne wydanie"[65] ukazał się w tłumaczeniu z norweskiego przez Stanisława Przybyszewskiego jako *Krucze gniazdo* w roku 1902[66], to wprawdzie, jak zauważyła Zapolska, „dzieło niepospolite"[67], które jednak napotkało na niezrozumienie i kiepską artystyczną oprawę właśnie podczas premierowego przedstawienia w Teatrze Miejskim w Krakowie dnia 13. grudnia 1902-go roku[68], dzieło, jak powiada, „stokroć piękniejsze w czytaniu niż na scenie"[69], gdyż, reasumuje dalej, „ciężko jest dobrać taką publiczność, która umie patrzeć na rzeczy dalekie od tych, które są rzeczami ‚bez znaczenia'„[70]. Konkluzją tą zakreśla Zapolska wreszcie wspomniane już wyżej zasadnicze założenie formy dramatu symbolicznego, jaką był ów „spectacle dans un fauteuil", spektakl, dla wybranych, w zaciemnionej sali, jak to czyniła za Bayreuth[71], jako jedna z pierwszych w Paryżu scena „dzieł sztuki" Lugné-Poëgo[72], który będzie mógł w atmosferze takiej rozwinąć się doskonale.

---

[64] Gabriela Zapolska: Krucze gniazdo - Dagny Przybyszewskiej, Walc Barona Molskiego - A. Nowaczyńskiego, We czworo - M. Gawalewicza. W: ZST, s. 263ff.
[65] Aleksandra Sawicka: Dagny Juel Przybyszewski. Gdańsk 2006. S. 326 (dalej jako: Sawicka, Dagny)
[66] Por. Sawicka, Dagny, s. 418.
[67] ZST, S. 264.
[68] Por. Sawicka, Dagny, s. 326.
[69] ZST, S. 264.
[70] Ibidem.
[71] Por. Dieter Kafitz: Drama und Theater der Jahrhundertwende. Tübingen 1991. S. 111. Richard Wagner wprowadza w swe utwory zaciemnienie sali wywołując nieoczekiwane efekty wsród współczesnych: I tak chociażby we wspomnieniach Édouarda Schüré czytamy o wrażeniu z przedstawienia (odbyło się ono 12. lipca 1865, a więc jedenaście lat przed otwarciem występów w Bayreuth, w monachijskim Residenztheater jako forma prywatnej audiencji w wybranym gronie [utwory: *Tannhäuser, Lohengrin, Tristan und Isolde, Das Rheingold, Die Walküre, Siegfried, Die Meistersinger*] dla króla Ludwika II Bawarskiego dyrygowane przez R. Wagnera osobiście): „,,Der Saal des Residenztheaters

Kończąc krótki jeno ten rekonesans poświęcony recepcji dramatu symbolicznego epoki przez Gabrielę Zapolską mam nadzieję, iż przywołane słowa nie tylko przypomną pomijany dość często ten rozdział w życiu i twórczości aktorki i publicystki, ale i zachęcą do dalszego pójścia zaakcentowanymi tu śladami i wątkami, obiecując z pewnością bogaty plon zarówno w kontekście europejskiej slawistyki jak i recepcji literatury i kultury przełomu XIX i XX wieku.

---

mit seinen wunderbaren Holzschnitzereien in Rokoko, völlig leer und in grünliches Halbdunkel getaucht, nahm unter diesen fremdartigen Klängen einen ganz phantastischen Anblick an und schien bald eine unterseeische Grotte, bald ein verzauberter Wald zu sein, aus welchem heraus die tausend Stimmen der Natur und der Sage klangen'„ [„Sala Teatru Rezydencyjnego z jego wspaniałymi drzeworytami stylu rokoko, całkowicie pusta i zatopiona w zieleniejącej półciemni, przybrała pod wpływem dźwięków tych osobliwych fantastycznego widoku i zdawała się być raz to grotą, to znów lasem zaczarowanym, z którego pobrzmiewało tysiące głosów przyrody i baśni."] Cyt. Carl Friedrich Glasenapp: Das Leben Richard Wagners: Vierter Band. W: Sven Friedrich (wyd.): Richard Wagner. Werke, Schriften und Briefe (=Digitale Bibliothek. Band 107). Berlin 2004. S. 45995.

[72] Por. Manfred Brauneck: Die Welt als Bühne. Geschichte des europäischen Theaters. Band 3. Stuttgart. Weimar 1999. S. 595. „Nur als ‚Kunstwerk' - nicht als Träger einer Botschaft - sollte das Theaterstück im Zentrum stehen." [„Tylko jako ‚dzieło sztuki' - nie jako przedstawiciel pewnej idei – stać powinna sztuka teatralna w centrum."] (Ibidem.) Théâtre de l'Œuvre został założony w październiku 1893 roku. 15. Maja 1889 roku, podczas paryskiej Wystawy Światowej, zostaje przedstawiona opera *Esclarmonde* Julesa Masseneta, w której posłużono się całkowitą nowością: zaciemnieniem sali. Por. Frank Halbach: Die *Opéra romanesque* als theatralischer Eiffelturm. Die Uraufführung von Jules Massenets „Esclarmonde" im Mai 1889 und die Pariser Weltausstellung. W: Hans-Peter Bayerdörfer (wyd.). Exotica. Konsum und Inszenierung des Fremden im 19. Jahrhundert. Münster 2003. S. 170.

PIOTR SKRZYPCZAK

„... aby ta śliczna historia inaczej wyglądała...".
O niepowodzeniach i powodzeniach filmowych adaptacji Moralności Pani Dulskiej

Początkiem tego tytułu jest fragment XIV sceny najsłynniejszego dramatu Gabrieli Zapolskiej. Dlaczego wybrałem właśnie ten? Ponieważ Zapolska miała, delikatnie mówiąc, umiarkowane szczęście do filmu. O ile miała je zdecydowanie do scen polskich i choćby niemieckich, o tyle poziom filmów zrealizowanych na podstawie jej tekstów nie dorównywał jej zasługom jako znakomitej pomysłodawczyni scenariuszy. Zapolska nie tylko nie objęła anatemą wczesnego kina, owej dziwnej sztuki-niesztuki, ale i ujrzała w nim szansę stania się więcej niż aparatem naukowym i przyrządem do rejestracji państwowych czy religijnych uroczystości. Takie artystyczne kino miało się ukonstytuować dopiero za pewien czas – po dokonaniach Smitha i Williamsona, Pottera, Wiertowa, Griffitha i Eisensteina.

Tymczasem kino nie odwzajemniło bynajmniej sympatii Zapolskiej, którą je obdarzyła. Nasza kinematografia od samych swoich początków (piszę o „naszym" kinie, ale były to przecież filmy robione pod trzema zaborami) ukochało tak zwany „literacki historyzm". Henryk Sienkiewicz – genialny scenarzysta, jak określi go później Francis Ford Coppola, mógł jeszcze za swojego życia zobaczyć adaptację swojego *Quo Vadis* w reżyserii Enrico Guazzoniego. Równie chętnie polskie kino, już po odzyskania niepodległości, sięgało po tematy z kręgu literatury realistycznej – na przykład Żeromskiego i Orzeszkowej. Autorka *Nad Niemnem* uczęszczała spontanicznie do kinoteatrów, a i Bolesław Prus poświęcił temu nowemu zjawisku kilka przebłysków w swojej felietonistyce i w noweli *Widziadło*. Czy było tu miejsce dla Zapolskiej jako genialnej scenarzystki słowa? Dla pisarki, która podupadała wówczas na zdrowiu, a mimo to znakomicie sobie dawała radę z opinią „kobiety nazbyt wyzwolonej", zmierzenie się z kinematografem okazało się doprawdy wyzwaniem.

Niebezpieczny kochanek w realizacji Kazimierza Kamińskiego z 1912 roku okazał się odważnym akcesem Zapolskiej do kinematografu jako nowego nurtu kultury. Tytuł tego filmu zresztą – tyleż co wówczas intrygujący, a dzisiaj co najmniej brzmiący dwuznacznie, i, jakby najdelikatniej to ująć, niemądrze, wpisywał się w tak zwaną poetykę tytułów wczesnego kina. *Niebezpieczny kochanek* to przecież jednak tytuł niewinny choćby w zestawieniu z takimi przebojami jak: *Kobieta, która grzechu pragnie* w reżyserii Witolda Biegańskiego, *Grzesznej miłości* w reżyserii Mieczysława Krawicza, *Kiedy kobieta zdradza męża* w reżyserii Konrada Toma, *Słodyczy grzechu* w reżyserii Edwarda Puchalskiego, ale i... *Dziejów grzechu* – pierwszej polskiej adaptacji literatury z 1911 r. w reżyserii Antoniego Bednarczyka, promowanej skutecznie zarówno dzięki skandalizującemu tytułowi, jak i „wyuzdanej" treści utworu.

Czy scenariusz Zapolskiej do *Niebezpiecznego kochanka* był nieporozumieniem, czy też w konsekwencji realizacji jego kinematograficzną klęską? Ten krótki film opowiadał o niesfornym i zabójczym (dosłownie) lokaju okradającym pewną damę, której z kolei służąca była jego kochanką. Czy taka intryga była na miarę talentu Zapolskiej? Pisał o tym niefortunnym filmie znawca przedwojennego polskiego kina Stanisław Janicki:

„Prasa pisała, że Zapolska umiała bohaterkę swoją, udającą się do łóżka, tak dyskretnie rozebrać, że nawet cenzurujący tę sztukę reprezentant władzy niczego nie mógł dojrzeć w tym niemoralnego. Kiedy dama zamierzała się już położyć do łóżka, lokaj zakrada się do sypialni, zabija damę, jeden trup, zabija służącą, która chce go zatrzymać, drugi trup, i usiłuje zbiec. To mu się nie udaje, zatrzymują go zbudzeni hałasem sąsiedzi. Ponadto okazało się, że w woreczku (zawieszonym na szyi damy – P.S.) dama przechowywała książeczkę oszczędnościową, w dodatku zawinkowaną, więc dla jakiegokolwiek złodzieja bezużyteczną".[1]

Ta ironiczna opinia Janickiego o tym filmiku, z nieprawdopodobną fabułą i „grzechem" w jej tle, wydaje się uzasadniona o tyle, o ile przyłożymy do niego miarę ówczesnych „produkcji". Trudno się dziwić, że ograniczona warunkami chałupniczej niemal i byle jakiej realizacji Zapolska skapitulowała przed twardo stawianymi wówczas zasadami, które określały małe, nieambitne i efemeryczne wytwórnie – jako połączenie erotyki z przemocą i to w niemym wydaniu. Pozbawiona w ten sposób swojego najgorętszego żywiołu – słowa dialogu –

---

[1] S. Janicki, W starym polskim kinie, Warszawa 1985, s. 30.

autorka musiała ograniczyć się do sprawnie poprowadzonej fabuły erotyczno-kryminalnej w trzyaktowej strukturze kinowego dramatu: nawiązania akcji, pojawienia się konfliktu, jego rozwiązywania i ostatecznego rozwiązania czyli finału. W terminologii z zakresu struktury gagu byłyby to trzy etapy budowania jego napięcia: *start, routine* i *topper*.

Ponieważ istotą dramaturgii autorki *Żabusi* był finezyjny język dialogu, można było się spodziewać, że jej pisarstwo nie znajdzie godnej pod względem poziomu adaptacji na ekranie. Perypetie wczesnego polskiego kina z dźwiękiem nie pomogły Zapolskiej więc przy realizacji pierwszego polskiego „dźwiękowca", jakim była *Moralność Pani Dulskiej* w reżyserii Bolesława Newolina z roku 1930. Dwa konkurujące ze sobą systemy: Vitaphone (synchronizacja obrazu z dźwiękiem nagrywanym na płytach gramofonowych) i ulepszony – Movietone (zapis ścieżki dźwiękowej bezpośrednio na taśmie filmowej) okazały się zbyt kosztowne i obie technologie pozostawały poza finansowym zasięgiem polskich producentów. Realizatorzy *Moralności pani Dulskiej* musieli ograniczyć się więc do systemu synchronizacji obrazu z akompaniamentem dźwięku z płyt gramofonowych. Oczywiście, że musiało się to skończyć klęską częściowej asynchronii. Cały film został nakręcony pierwotnie jako niemy, a później nieudolnie dodawano do niego dialogi. Dodano też kilka scen humorystyczno-knajpianych, aby ożywić i ubarwić akcję przeniesionej do Warszawy całej tej „awantury". Nieoczekiwanie rozgadał się Felicjan i przeszarżował młody Adolf Dymsza grający służącego. Tak określiła rozmach tego przedsięwzięcia Małgorzata Hendrykowska:

„Filmowa adaptacja klasycznej sztuki Gabrieli Zapolskiej przygotowana została w taki sposób, aby maksymalnie uzasadnić i wykorzystać możliwości kina dźwiękowego. Stąd w filmowej wersji kameralnego dramatu znalazły się między innymi huczne dożynki, zaręczyny oraz zabawy w podrzędnym lokalu. Postacią wygłaszającą długie monologi jest też Felicjan Dulski, co zmieniło charakter tego milczącego i założenia niemego bohatera utworu. Muzycznie film zilustrował Ludomir Różycki. Dźwięk nagrany został na płyty gramofonowe, opracowane laboratoryjnie przez warszawską firmę *Syrena Record*. Tytułową rolę Dulskiej zagrała Marta Flanz, która wspólnie z Bolesławem Landem reżyserowała także sceny dźwiękowe. Rolę Dulskiego powierzono Ludwikowi Frische, autorowi dialogów pierwszego polskiego dźwiękowca".[2]

---

[2] M. Hendrykowska, Kronika kinematografii polskiej. 1895-1997, Poznań 1999, s. 109.

Lista zarzutów, które kierowano w stronę *Moralności pani Dulskiej* nie była krótka; bezlitośnie wytykano wszelkie niedociągnięcia tego filmu:

„Polskiemu filmowi brak... przede wszystkim naturalności, prawdy. Dotychczasowy film kroczy zupełnie w ramach sztuczności, a jeżeli ma już być okrasa („gags") przy komedjach, to koniecznie musi ona jeszcze bardziej podkreślać nienaturalności całej akcji. Przytem zazwyczaj ludzie, dający tę „okrasę" nie mają najmniejszego pojęcia o naturalności, bo i gdzie mają ją zdobyć – w kawiarni?"[3]

„Kawiarniane klimaty" realizacji *Moralności pani Dulskiej* skrytykował też pewien widz, który aż tak się rozbrykał, że przy okazji poświadczył, że po drodze byłoby mu najbliżej chyba z oenerowskimi bojówkami:

„Dajcie mi prędko tych ludzi, którzy ten film spłodzili. Niechaj ustawię ich wszystkich tutaj w długim rzędzie i krzyknę: patrzcie, jaka mnie chwyciła astma [...] jak cały przesiąkłem zapachem stęchlizny, dymu i taniego mydła! Patrzcie, z jakim niesmakiem w duszy wyszedł z kina człowiek, który idąc do kina, miał radość i pogodę w sercu! Wyrób krajowy.... Wyrobem krajowym. Wszystko ma jednak swoje granice, moi drodzy państwo! [...] Nie można pozwolić na to, żeby byle kto, z byle kim nakręcał byle co i pierwszy lepszy na zysk obliczony kicz nazywał „pierwszym polskim filmem europejskim" i „pierwszym polskim filmem dźwiękowym" [...] Nakręcono film niemy [...] po kilku dniach nagrano parę dialogów, zgrzytów i szczęknięć [...] i to się nazywa synchronizacja systemu XY! Taką synchronizację, gdzie film swoje, gramofon swoje... sekundę przecież nie chodzi – mieliśmy, Bogu dziękować, 18 lat temu, przed wojną, tylko wówczas nikt nie miał śmiałości blagować o „synchronizacji". Dla dobra krajowej produkcji filmowej nie wolno nam [...] bezkrytycznie przyjmować miernoty i frazesami uznania [...] bezkrytycznie utrzymywać w błogiej iluzji szkodników. Dlatego też nie bijmy braw, a protestujmy ile się zmieści! Czas najwyższy rozpędzić na cztery wiatry tych kawiarnianych „literatów" z ich „przeróbkami", czas rozegnać tych reżyserów od negliżów, ekstaz i spróchniałych zębów, czas otworzyć szeroko okna i przewietrzyć gruntownie zatęchłą i zadymioną atmosferę polskich filmwytórrni [...] Nie wielkość kapitału robi dobry film, a wielkość duszy jego twórcy!"[4]

Kilkadziesiąt lat później kino znowu sięgnie, ale już z pewną skruchą i większym szacunkiem, po dramaturgię Zapolskiej. Po 1945 roku powojennej traumy, a później „strasznego i śmiesznego" – okresu naszego kinowego socrealizmu, na szczęście krótkiego, w porównaniu z innymi kinematografiami wschodnioeuropejskimi, filmowcy zaczęli się znowu zastanawiać czy warto filmować Zapolską. I wówczas zadziałały warunki produkcji. Pod koniec lat 60. kinematografia polska wspięła się bowiem już na taki realizacyjny poziom, że

---

[3] S, Janicki, dz. cyt., s. 169.
[4] Podaję za M. Hendrykowską, dz. cyt., s. 109.

można było robić kosztowniejsze adaptacje literatury – barwne filmy historyczne i kostiumowe.

Reżyserem, który podjął się wyzwania adaptacji *Moralności* był Jan Rybkowski. Dwie bezpretensjonalne burleski z panem Anatolem (1958, 1959), satyra społeczno-obyczajowa – *Nikodem Dyzma* (1956) i adaptacje literatury: film kinowy, a później serial – *Chłopi* (1973), następnie *Granica* oraz telewizyjna *Rodzina Połanieckich* (1978) zapowiadały lub potwierdzały, że Rybkowski, jako zarówno fachowiec od popularnego, lekkiego kina, jak i sprawny adaptator poważniejszej literatury, zekranizuje w interesującej formie historię rodziny Dulskich. Sam temat był niezwykle popularny, chodziło przecież o krytykę „małomieszczańskiego, kołtuńskiego zakłamania" na tle barwnej, niedawnej epoki *fin de siecle'u*. Poza tym, co nie mogło nie wpłynąć na frekwencyjny sukces filmu, *Moralność pani Dulskiej* była już od pewnego czasu obecna w kanonie szkolnych lektur. Ponieważ w latach siedemdziesiątych filmowano w Polsce niemal wszystko, co posiadało uznaną renomę klasyki literackiej, postanowiono skierować do produkcji również najsłynniejszy dramat Zapolskiej. Ten „fędesieklowy" film, a pamiętać trzeba, że połowie lat siedemdziesiątych moda „retro" czyli z początku XX wieku w filmie, modzie i muzyce była modą bardzo popularną, okazać się miał w ten sposób spełnieniem zapotrzebowania widza na rozrywkę lekką, łatwą i przyjemną.

Akcję *Dulskich* (1975) przeniesiono z niebezpiecznie się kojarzącego Lwowa do Krakowa. Adaptacja uzyskała formę dosyć frywolnej burleski z perypetiami do bólu zadufanego w sobie Zbyszka (Jerzego Matałowskiego) i Hanki (Marii Kowalik) w kontekście zabiegów Anieli Dulskiej (Aliny Janowskiej). Ową frywolność filmu podkreśliła jeszcze bardziej dowcipna rola *dumb-blonde* lokatorki w rozbudowanym wątku kokoty granej przez Irenę Karel. Jeżeli jednak coś naprawdę dobrego można napisać o *Dulskich* Rybkowskiego, to chyba tylko to, że niepodzielnie panuje tutaj i kradnie cały film Alina Janowska. To rola z oczywistych względów w utworze dominująca, a mimo to nie jest to jednak najlepsza kreacja w karierze tej aktorki. W *Samsonie* Andrzeja Wajdy (1960), a nawet chociażby w kilku serialach młodzieżowych z lat 60. i początku 70. aktorka pokazała większą skalę swojego talentu. Istotę roli aktorskiej, oprócz naturalnych warunków i umiejętności aktorki/aktora, stanowi także tzw.

emploi lub *genre* czyli typ. Typem Aliny Janowskiej do momentu realizacji filmu Rybkowskiego był typ „dobrej, sympatycznej opiekunki"; tak kojarzono Janowską jako ciocię Anuli z *Wojny domowej* Jerzego Gruzy (1967) i w innych filmach z tego okresu, kiedy grała dowcipne i atrakcyjne „kobiety z charakterem". Czy widzowie mogli się spodziewać, że w roli Dulskiej będzie inną Aliną Janowską? W *Dulskich* Rybkowskiego Janowska jest taką Dulską, którą da się lubić, a przecież wydaje się, że Dulskiej nie da się i nie powinno się za bardzo lubić! Niejednoznaczna, o czym później, rola Dulskiej to przecież jeden z najtrudniejszych scenicznych charakterów, z którymi zmierzyć się mogą dojrzałe aktorki. Idzie choćby o ten, inicjujący całą sztukę, wrzask:

> „Ten wrzask Dulskiej będzie rozbrzmiewał w całym dramacie. Nie przeciwstawi się mu sterroryzowany przez żonę Felicjan Dulski, który raz tylko wykrzyknie: „A niech was wszyscy diabli". Pozorny, chwilowy będzie bunt Zbyszka. Zakłamana, pełna obłudy i chciwości Dulska triumfuje znowu w zakończeniu dramatu: „Zbyszko idź do biura!... Hesia kurze ścierać!... Mela, gamy... Felicjan... do biura! Żywo, Mela!... Otwieraj fortepian.... No! Będzie znów można zacząć żyć po bożemu..."[5]

Owe „gamy", akompaniujące (nazwijmy to w końcu otwarcie) seksualnym wprawkom Zbyszka z Hanką, oraz finałowa klątwa Felicjana nie powinny pozostawiać wątpliwości co do ponurej wymowy dramatu. Jednak w filmie Rybkowskiego gorzki sens dramatu został wyraźnie złagodzony melancholią *La Belle Époque* i nostalgią za dawnym Krakowem, podkreślanymi przez zresztą zupełnie współcześnie brzmiącą piosenkę Piotra Figla, któremu reżyser polecił zagrać u boku dubbingowanej przez Danutę Rinn szansonistki rólkę kawiarnianego grajka. Dlatego trudno się zgodzić z Janem Słodowskim, który pisał o starannie odtworzonych realiach i klimacie epoki pozwalających narysować zjadliwy portret strasznego mieszczaństwa z jego dwuznacznym porządkiem moralnym.[6] *Moralność pani Dulskiej* nie jest przecież pogodną komedią, a tym bardziej nie jest bulwarową farsą, w którą częściowo przeistoczył ten tekst Rybkowski.

Dulscy Rybkowskiego pozostali tylko poprawnie sfilmowaną szkolną czytanką (no, może nie do końca szkolną; film ten zawiera przecież kilka

---

[5] J. Z. Jakubowski, Opracowanie do: Moralności pani Dulskiej Warszawa 1951.
[6] J. Słodowski, Leksykon polskich filmów fabularnych, pod red. J. Słodowskiego, Warszawa 2001.

nieoczekiwanie śmiałych erotycznie scen); lekturową konfekcją. Jakże jednak daleko temu filmowi do innych polskich widowisk z tego samego roku spod znaku tzw. *vintage productions* – „produkcji wystawowych", jak takie kino nazywają Brytyjczycy: *Dziejów grzechu* Waleriana Borowczyka, *Nocy i dni* Jerzego Antczaka, *Ziemi obiecanej* Andrzeja Wajdy czy *Zaklętych rewirów* Janusza Majewskiego. A może ten kameralny, w końcu, dramat nie był zdolny unieść ciężaru pełnometrażowej filmowej fabuły?

To jest, owszem, swego rodzaju komedia ludzka, ale tylko w takim stopniu, w jakim Dulska pozostaje wrzeszczącą matroną, a Felicjan – safandułowatym niemotą. Kazimierz Witkiewicz – pamiętny *amoroso* z filmu *Nie lubię poniedziałku* Zbigniewa Chmielewskiego (1971) zagrał Felicjana przez większą część filmu do bólu powściągliwie, aby zarazem kilka razy popisać się niemą nadekspresją, bo cóż tu przecież można zagrać? Inaczej z Dulską. Nie była ona przecież ani potworem, ani demonem obłudy, ale głupią mieszczką, pojmującą fałszywie istotę pozycji społecznej. Była raczej „ofiarą systemu niż jego twórczynią, bo taką wychowywały warunki ówczesnego życia, fałsz, zakłamanie i stęchlizna jej środowiska" – pisał zgodnie z politycznym duchem swojej epoki Józef Bieniasz.[7] Ale czy nawet z taką tendencyjną opinią o Dulskiej i jej rodzinie można się zupełnie nie zgodzić? Dla wielu czytelników i widzów dramatu Dulska pozostawała jedynie wiedźmą ze złego snu – w papilotach i nieświeżym szlafroku. Ale może jest to tylko zgorzkniała Aniela, którą kiedyś skrzywdził los? Dodali takiej bohaterce odpowiedni rodowód twórcy telewizyjnej sagi *Z biegiem lat, z biegiem dni...* (1980).

Od początku studiów na krakowskiej ASP Kraków był twórczą obsesją i kulturalną bazą Andrzeja Wajdy. Reżyser pragnął nawet rozpocząć adaptację *Wesela* od impresji o tym mieście, ukazującą Stańczyka, wesołych „modernistycznych" studentów, barwnych kawalerów z „Zielonego Balonika" oraz klimatu z płócien Matejki i Wyspiańskiego.[8] W konsekwencji – w 1978 roku z okazji 60. rocznicy odzyskania niepodległości w Starym Teatrze w Krakowie Wajda wystawił siedmiogodzinny spektakl – znakomicie

---

[7] J. Bieniasz, Gabriela Zapolska. Opowieść biograficzna, Wrocław 1960, s. 243.
[8] Zob. A. Wajda, Kino i reszta świata, Kraków 2000, s. 151.

skomponowany przez autorkę tekstu inscenizacji, a później scenarzystkę telewizyjnego serialu – Joannę Olczak-Ronikier.

Był to prawdziwy konglomerat zręcznie i błyskotliwie skojarzonych ze sobą sztuk: Michała Bałuckiego, Zygmunta Kaweckiego, Augusta Kisielewskiego, Tadeusza Boya Żeleńskiego, oraz oczywiście Gabrieli Zapolskiej. Powstała w ten sposób zdumiewająca w swoim rozmachu inscenizacja – fuzja wielu spojrzeń na Kraków u schyłku jego doby austrowęgierskiej. To niemal dziewięciogodzinne przedstawienie, przygotowywane półtora roku i wystawiane w dwóch wersjach, o czym informował odpowiedni jego podtytuł: *Opowieść teatralna na jedną noc albo trzy wieczory* odniosło, podobnie jak później jego telewizyjna ekranizacja, niespodziewanie wielki sukces. Już jednak od premiery (w pierwszym wariancie – 1 kwietnia i w drugim – 29, 30 i 31 marca 1978 r.) zanosiło się na to, że tak monumentalny spektakl powinien uzyskać odpowiedniejszą dla odbioru przez widza formę.[9] Dwa lata później – w 1980 roku Wajda we współpracy z Edwardem Kłosińskim wskrzesili więc ten teatralny projekt w telewizyjnym serialu. O losach Dulskich i Chomińskich scenariusz Ronikier opowiadał barwnie w ośmiu odcinkach: *I. Kraków 1874, II. Kraków 1886, III. Kraków 1898, IV. Kraków 1901, V. Kraków 1902, VI. Kraków 1905, VII. Kraków 1907* oraz *VIII Kraków 1914*.

Przeplatające się ze sobą losy tych dwóch krakowskich rodzin połączone zostały postaciami Anieli, Zbyszka i Felicjana. Losy Dulskich i Chomińskich to zarazem sprytnie i smacznie wydedukowany pretekst do pokazania, nieobecnej w tak pełnym wymiarze, nieobecnym w spektaklu teatralnym, kulturalnej panoramy Krakowa przełomu wieków: premiery *Wesela* Wyspiańskiego, odczytów Przybyszewskiego, pracy Matejki nad „Bitwą pod Grunwaldem" czy spektakli *Zielonego Balonika*, a zarazem historii galicyjskiego społeczeństwa, dążącego do politycznej niepodległości i wreszcie wyruszającego po jej zdobycie w wymarszu Legionów Piłsudskiego. Każdy odcinek, rozpoczynający się od hejnału z wieży Mariackiej (co ciekawe, nie udało się uniknąć w momencie realizacji serialu rejestracji niezamierzonego „świadectwa czasu" – siatki i rusztowań na remontowanej wówczas kopule kościoła), stanowił odrębną, skupioną – jak to nazwał w swojej analizie Tomasz Kłys – na jednym

---

[9] Zob. T. Lubelski, Wajda. Portret mistrza w kilku odsłonach, Wrocław, 2006, s. 184.

momencie, „wybranym w wielkiej osi czasu".[10] Realizacja *Z biegiem lat, z biegiem dni* zbiegła się z końcem epoki Gierka i sierpniowymi ruchami społecznymi Solidarności, co podkreślił Tadeusz Lubelski:

„Zdjęcia, rozpoczęte z końcem listopada, trwały ponad cztery miesiące, do końca marca 1980 r.; później przez trzy miesiące ciągnęły się prace nad montażem. Przez wiele tych dni Wajda był nieobecny z racji obowiązków w stowarzyszeniu (Filmowców Polskich – P.S.), ale i pracy nad przedstawieniem *Onych* Witkacego w Teatrze Nantérre pod Paryżem (premiera 5 lutego 1980 r.), dlatego współreżyserem filmu był Edward Kłosiński, część obowiązków inscenizacyjnych przejęła też Anna Polony, która współreżyserowała spektakl w teatrze. Kiedy serial został wyemitowany po raz pierwszy w telewizji, od 7 września do 26 października 1980 r., można się było obawiać, że wyda się nagle czymś anachronicznym, widownia żyła wtedy nowa sytuacją polityczna po wydarzeniach Sierpnia, narodzinami „Solidarności". Tymczasem nie – film miał żywy epicki oddech i świetnie się łączył z ówczesnym odrodzeniem zainteresowania historią własnego kraju."[11]

Odcinek pierwszy, drugi, czwarty, piąty i ósmy to popisy gry aktorskiej Anny Polony jako Anieli, Jerzego Bińczyckiego jako Felicjana oraz Leszka Piskorza – Zbyszka. Interesującym zbiegiem okoliczności było to, że Piskorz zagrał już we wcześniejszej adaptacji *Moralności...* – w *Dulskich* Rybkowskiego – zalecającego się do Hanki, poczciwego chłopaka. Jednak znowu – na plan pierwszy w całym serialu wydobyła się rola Dulskiej – zagrana znakomicie przez Annę Polony. Dla mnie nie było i nie będzie innej Dulskiej niż Polony. Zgorzkniała i zgryźliwa, ale jakże wiarygodna Aniela to koncertowo zagrana rola tej znakomitej krakowskiej aktorki, która zresztą tę kreację sama autoironicznie zdyskontuje później w roli równie zgryźliwej, ale już „po przejściach", babci w *Rewersie* Borysa Lankosza (2009).

Gdyby zrozumieć się chciało Dulską, należałoby zacząć od pierwszego odcinka serialu – adaptacji *Domu otwartego* Michała Bałuckiego, któremu to autorowi zresztą Wajda poświęci epizod w innym odcinku *Z biegiem....* Aniela w wykonaniu Anny Polony jest zahukaną panną z „dobrego domu", zaś kandydatem do jej ręki jest Felicjan Dulski – genialnie zagrany przez Jerzego Bińczyckiego, nie mogący się przecież nie kojarzyć, ale tylko na zasadzie karykatury, z Bogumiłem z *Nocy i dni* Jerzego Antczaka (1975). Dulski w

---

[10] Podaję za: T. Lubelskim, dz. cyt., s. 185.
[11] Tamże, s. 186.

kreacji Bińczyckiego jest do bólu obliczalny i przewidywalny – masywny, spokojny i małomówny, Aniela Anny Polony to natomiast studium neurastenii, niewybuchły wulkan napięć i emocji. W tym odcinku w pamięć zapada jeszcze jedna postać; błyskotliwą autoaluzją do słynnej roli Lutka Danielaka z *Wodzireja* Feliksa Falka (1978) popisał się Jerzy Stuhr jako czarujący Anielę aranżer wieczorów – Alfons Fikalski.[12] Aniela, jako panna na wydaniu, musi na domowym balu, z braku powodzenia u większości zaproszonych kawalerów, zadowolić się zalotami Felicjana. Odcinek drugi – adaptacja *Sezonowej miłości* Zapolskiej – pokazuje już Anielę po dwunastu latach jako żonę Felicjana, która dla podratowania zdrowia małego, cherlawego Zbyszka wyjeżdża do modnego już wówczas kurortu – Zakopanego. W tej samej góralskiej chacie, gdzie lokuje się Dulska, pomieszkuje też dla „wywczasów" Jan Kozicki – przystojny aktor z Krakowa. Oczarowuje Anielę, która pierwszy raz w życiu jest prawdziwie zakochana i po ciężkich rozterkach niemal zdolna mu się oddać.

Kozickiego gra Jan Nowicki, który podobne role cynicznych amantów miał już na swoim koncie, między innymi w *Anatomii miłości* Romana Załuskiego (1972). Najzabawniejszym jednak zbiegiem okoliczności było to, że bardzo podobną rolę – uwodziciela i światowca – inżyniera Koziełły zagrał Nowicki w dziesiątym odcinku serialu *Czterdziestolatek* Jerzego Gruzy, zatytułowanym *Pocztówka ze Spitzbergenu, czyli oczarowanie*. Grana przez Annę Seniuk Magda Karwowska wyjeżdża jako delegowana z zakładu pracy na szkolenie połączone z „pobytem integracyjnym" do podwarszawskiego ośrodka konferencyjnego, gdzie ulega uwodzicielskiemu czarowi przystojnego inżyniera.

---

[12] Tak aktor pisał o pracy nad rolą Fikalskiego: „[...] Andrzej Wajda porwał nas do lotu, zespolił na chwilę naszą rodzinę (Starego Teatru – P.S.) dziewięciogodzinnym widowiskiem Z biegiem lat, z biegiem dni, potem rozbudowanym w filmowy serial telewizyjny. Mogliśmy przez chwilę być znowu razem, pogadać, wymienić poglądy, pokłócić się z Hanią Polony – jedyną wierną gwiazdą tego teatru, która potrafiła mnie zbluzgać okropnie za zdradę, [...] Ona miała prawo! W Z biegiem lat...grałem Fikalskiego z Domu otwartego Bałuckiego i to niewielkie, znakomicie przez publiczność przyjmowane me pojawienie się na scenie odnotowuję dlatego, że stanowiło dla mnie ogromną, istotną zmianę w spojrzeniu na siebie jako aktora. Otóż w roli tej zaistniałem dla szerokiej teatralnej polskiej publiczności nie jako Jerzy Stuhr, młody aktor, jeden z filarów Starego Teatru, w roli Fikalskiego, lecz jako ogólnie znany, owiany ogromnym sukcesem filmowy Wodzirej – Jerzy Stuhr, w macierzystym teatrze cytujący, za przyzwoleniem Andrzeja Wajdy, w żartobliwy sposób siebie z ekranu. To był zasadniczy zwrot w moim życiu." J. Stuhr, Sercowa choroba, czyli moje życie w sztuce, Warszawa 1992, ss. 243-244.

Także i ją, podobnie jak Felicjan – Anielę w Zakopanem, odwiedzi na chwilę mąż Stefan w roli niemal zesłanego przez opatrzność głosu sumienia. Aby zaś zamknąć tę listę koincydencji, warto dodać, że i sama Anna Seniuk wcieli się pewien czas później w rolę Dulskiej w telewizyjnej ekranizacji Tomasza Zygadły z 1992 roku, ale kilkanaście lat wcześniej, w 1976 roku u tego samego reżysera zagrała rolę Żony w *Ich czworo*, gdzie partnerował jej jako Fedycki ... Jerzy Stuhr.

Do rodziny Dulskich w *Z biegiem lat, z biegiem dni* widz powraca w odcinku siódmym – ekranizacji *Moralności pani Dulskiej* oraz ósmym, zrealizowanym na podstawie *Łuku* Juliusza Kadena-Bandrowskiego oraz *Śmierci Felicjana Dulskiego* Zapolskiej. Historię „buntu" Zbyszka i rozwiązującej nieoczekiwany kłopot Dulskiej z Hanką interwencji Juliasiewiczowej, twórcy *Z biegiem lat...* opowiedzieli z pełną dbałością o zachowanie wierności wobec literackiego oryginału. Oprócz grających tu pierwsze skrzypce, na przemian – budzących antypatię i niwelującą ją tonami komicznymi Anny Polony i Leszka Piskorza, przekonujące, skontrastowane role córek Dulskiej stworzyły Grażyna Laszczyk jako krucha, poczciwa i łatwowierna Mela i Magdalena Jarosz w kreacji perfidnej i wścibskiej Hesi. Taki portret familii Dulskich wydaje się zupełnie prawdopodobny psychologicznie, jeżeli idzie o całą rodzinę i każdy z charakterów z osobna. Wyważone zostały tutaj też ostre efekty intrygi dramatycznej i analizy psychologicznej postaci. Obrzydliwe, na pierwszy rzut oka, postępowanie Dulskiej z żenującym portretem rodzinnym w tle, wydobyło na plan pierwszy istotę finezji dramatu, o czym tak pisał Boy-Żeleński:

> „Zastrzegam się, że nie ujmuję się tu za panią Dulską, ale ujmuję się za artystyczną spójnością tej komedii. Takie „zeskamotowanie" problemu zawsze się mści, toteż z końcem drugiego aktu zainteresowanie nasze słabnie: w pani Dulskiej zaczynamy widzieć przeciętną skłopotaną matkę, przebieg zaś akcji staje się niecierpliwy i przykry. Na zabawę za smutne, na powagę za płytkie".[13]

Boy zinterpretował w ten sposób anamorficzność i schizoidalność *Moralności* jako najistotniejszy walor gatunku tragikomedii, w której można przecież znaleźć i jaśniejsze punkty, czego być może sama Zapolska nie dostrzegała, nie

---

[13] T. Boy-Żeleński: Pisma. T. XIX, Flirt z Melpomeną. Wieczór pierwszy i drugi, Warszawa 1963, ss. 441-445.

pozostawiając wątpliwości co do bezlitośnie oskarżycielskiej wymowy swojej sztuki:

„Chciałam w tej tragifarsie kołtuńskiej dać obraz podłości burżuazyjnej. Gdy ta dziewczynka na końcu woła: *mnie się zdaje, że tu kogoś zamordowali* – to jest to właśnie. Zamordowano tu duszę ludzką."[14]

Moralność pani Dulskiej w ekranizacji Wajdy, Kłosińskiego i Polony według mądrze skonstruowanego przez Olczak-Ronikier scenariusza siódmej części serialu i całego cyklu okazała się więc adaptacyjnym powodzeniem. Po kilku nieudanych próbach – „śliczną historią" i, co ważne, dobrze opowiedzianą.

---

[14] Podaję za: R. Taborskim, „Moralność pani Dulskiej" Gabrieli Zapolskiej, Warszawa 1975, s. 81.

PIOTR SIEMASZKO

Paryż jako przestrzeń nowoczesnego spektaklu

Ostatnimi laty jesteśmy świadkami gigantycznego widowiska, jakim jest widok niezliczonej ilości ludzkich egzystencji, które nie znajdując celu godnego poświęcenia, kręcą się zagubione we własnym wewnętrznym labiryncie. Wszelkie imperatywy, wszelkie normy i reguły znalazły się w zawieszeniu.

Ortega y Gasset, *Bunt mas*

Wiek XIX jest czasem wielkich przemian. Ustala się nowy, demokratyczny porządek ustrojowy, dojrzewa nowy, przemysłowo-rynkowy ład gospodarczy, przemiany dokonują się w sferze socjalnej i kulturowej. Stulecie to, które – jak zauważył Hermann Broch – nie stworzyło oryginalnego stylu w architekturze[1], wytworzyło całkowicie nowy typ miasta. Nastąpiło ostateczne przezwyciężenie koncepcji miasta klasycznego, a zatem tej, w skrócie rzecz ujmując, platońsko - albertiańsko - kartezjańskiej tradycji urbanistycznej; nieużyteczny okazał się model miasta zamkniętego, ograniczonego, o regularnej strukturze i geometrycznym pięknie, będący odwzorowaniem koncepcji świata jako racjonalnie zorganizowanej przestrzeni porządku, hierarchii i sensu, a jego stopniowo destruowaną przestrzeń zaczęło zajmować miasto nowoczesne: otwarte, dynamiczne, wyzwalające się z opresji murów i ładu ustanowionego przez centrum, miasto wielokształtne i wielopostaciowe, zmieszane socjalnie, ekonomicznie, etnicznie, odważnie skierowane ku temu, co na zewnątrz, otwarte na asymilację nowych społecznych sił, a zarazem emanujące odśrodkową energią rozrostu, rozmnożenia i przemiany[2].

Gwałtowna ewolucja europejskiego miasta budziła od początku opór estetów i konserwatywnie zorientowanych elit, które dostrzegały negatywne konsekwencje tego procesu: ekspansję industrialnej brzydoty, dynamikę destrukcji objawiającą się w niszczeniu zabytków, przede wszystkim zaś liczne,

---

[1] H. Broch, Kilka uwag o kiczu, w: tegoż, Kilka uwag o kiczu i inne eseje. Przeł. D. Borkowska, J. Garewicz, R. Turczyn, Warszawa 1998.

[2] Na temat przemiany miasta klasycznego w miasto nowoczesne zob. A. Wallis, Koncepcja miasta i kryzys miasta, w: Problemy wiedzy o kulturze. Red. A. Brodzka, M. Hopfinger, J. Lalewicz, Wrocław 1986.

ostentacyjne i przygnębiające manifestacje nowej rozrywkowej kultury narzucanej miastom przez wszechobecny tłum. „Wszędzie, gdzie daje się odczuć wpływ owych klas oświeconych – ironizował rozgoryczony Ruskin - dawne budynki niszczy się nieubłaganie. Obszerne hotele, wyglądające jak baraki oraz rzędy wysokich kamienic o czworokątnych oknach ustawia się tak, aby – znajdując się od frontu – zasłaniały znienawidzone stare zabudowania wielkich miast Francji i Włoch."[3] William Morris lękał się powszechnej atrofii piękna i krytykował prostacki gust swoich współczesnych szpecących Londyn nowoczesnymi budowlami pozbawionymi wdzięku i charakteru[4]. Victor Hugo już w 1825 roku domagał się wprowadzenia ustaw powstrzymujących niszczenie zabytków architektury przez „niegodnych spekulantów, zaślepionych przez interesowną chciwość"[5] i w tym samym czasie Wiliam Hazlitt wykpiwał bezduszny utylitaryzm Jeremy Benthama i jego zamiar zniszczenia domu Miltona po to tylko, by w jego miejscu ulokować „szeroki jak stajnia potrójny pasaż, aby rozpróżniaczony motłoch Westminsteru mógł sobie łazić tam i z powrotem szlifując bruki szatańskimi kopytami"[6]. Robert de la Sizeranne zwracał uwagę na dwa charakterystyczne dla tej epoki i współzależne zjawiska: nieprawdopodobne rozmnożenie muzeów, wynikające z pragnienia, by „uwięzić piękno" w zamkniętych przestrzeniach, a jednocześnie niszczenie dzieł sztuki w postaci starych miejskich zabudowań.[7] Rozwiązuje się zatem zabytkowe opasanie Avignon, rozcina się wały obronne w Antibes, zagraża mostom w Lucernie. Niszczona jest stara zabudowa Rzymu, Wenecji, Florencji, Tuluzy, Brukseli czy Arles, a radcy miejscy wszystkich europejskich stolic uparcie dążą

---

[3] J. Ruskin, Otwarcie Cristal Palace a losy sztuki, w: Sztuka, społeczeństwo, wychowanie. Wybór pism, przekł. Z. Doroszowa, M. Treter-Horowitzowa. Wstęp i komentarz I. Wojnar, Wrocław 1977, s. 202.
[4] Por. W. Morris, Nadzieje i troski sztuki, Warszawa 1902; Morris –Sizeranne - Rée, Podstawy kultury estetycznej, Warszawa 1906.
[5] V.Hugo, Wojna przeciw niszczycielom! Przeł. H. Ostrowska-Grabska, w: Teoretycy, artyści i krytycy o sztuce 1700-1870. Wybór, przedmowa i komentarze E. Grabska i M. Poprzęcka, Warszawa 1974, s. 462.
[6] W. Hazlitt, Jeremy Bentham, w: Eseje wybrane. Tłumaczył i posłowiem opatrzył H. Krzeczkowski, Warszawa 1957, s. 45.
[7] R. de la Sizeranne, Więzienia sztuki, w: Morris-Sizeranne-Rée, Podstawy kultury estetycznej, przekł. Warszawa 1906, s. 50.

do tego, by jak pisał Ruskin – "wszystkie miejsca na świecie stały się możliwie najbardziej podobne do paryskich Champs Elysées."[8]

Paryż staje się w istocie przykładem dla innych miast zwłaszcza po przebudowach dokonanych na polecenie Napoleona III przez barona Haussmana. Bezpośrednim wzorem dla Haussmanna był tzw. "plan artystów", opracowany jeszcze u schyłku XVIII stulecia i zakładający tworzenie długich, prostych ciągów bulwarowych, pasaży, szerokich alei i ulic, zbiegających się w okrągłych placach. W wyniku przebudowy, przez jednych ocenianej jako akt usankcjonowanego wandalizmu, przez innych jako konkretyzacja nowej wizji urbanistycznej i wyraz cywilizacyjnego postępu, Paryż stracił setki starych, zabytkowych budynków, zyskał natomiast nowoczesny charakter zgodny z duchem nowych czasów i zaspokajający aspiracje nowego masowego gospodarza miejskiej przestrzeni.

Nowoczesność miasta wyraża się jednak nie tylko w nowym programie architektonicznym czy w powszechnym zastosowaniu dokonań nauki i techniki[9]; nowoczesność miasta to również inna mentalność i inna moralność mieszkańców. Nie jest to już promowana przez Platona solidarna więź osadników zawiązywana w celu przezwyciężenia poczucia bezradności i socjalnego lęku,[10] ale swobodna, egoistyczna gra jednostek i grup, której konsekwencją jest zachwianie, naruszenie, a przynajmniej osłabienie zbiorowej

---

[8] J. Ruskin, dz. cyt., s. 202.
[9] Warto wspomnieć, że w ciągu sześciu dekad, pomiędzy 1825 a 1886, pejzaż europejskiego miasta jest systematycznie modyfikowany i wzbogacany przez maszyny usprawniające komunikację publiczną: kolej, omnibus, tramwaj elektryczny i w końcu, od lat 80-tych, samochód, (Por. W. Szolginia, Estetyka miasta, Warszawa 1981, s. 66), co z kolei kształtuje i intensyfikuje nowe zbiorowe doświadczenie, jakim jest odczucie cywilizacyjnego pośpiechu. "Wskutek niesłychanego przyśpieszenia życia – pisał w latach 70-tych Nietzsche - duch i oko przyzwyczajają się do połowicznego lub fałszywego widzenia i sądzenia, wszyscy stają się podobni do podróżnych, którzy poznają kraj i lud z okien wagonu. (...) Im dalej na Zachód, ruchliwość nowoczesna wzrasta coraz bardziej, tak iż Amerykanom mieszkańcy Europy przedstawiają się jako zbiór istot rozmiłowanych w spokoju i uciechach, kiedy w rzeczy samej uwijają się oni niby pszczoły i osy. Ta ruchliwość jest tak wielka, że owoce wyższej kultury nie mają czasu dojrzewać: jest to tak, jak gdyby pory roku następowały po sobie za szybko. Z powodu braku spokoju nasza cywilizacja zdąża do nowego barbarzyństwa". F. Nietzsche, Ludzkie, arcyludzkie, przeł. K. Drzewiecki, oprac. R. Mitoraj, posłowie P. Pieniążek, Kraków 2004, s. 173-174.
[10] Por. T. Sławek, Miasto. Próba zrozumienia, w: Miasto w sztuce-sztuka miasta. Red. E. Rewers, Kraków 2010, s. 18-19.

więzi, otwierające przestrzeń dla bezwzględnej samorealizacji wolnych podmiotów, dla agresywnej rywalizacji i walki o przetrwanie w dżungli interesów.

Miasto nowoczesne implikuje też nowy model kultury. Wspomniana wyżej niechęć do modernizacji europejskich stolic skrywa obawę inną, głębszą, bardziej istotną – lęk przed wielkomiejskim tłumem, który nieuchronnie narzuci miastom swoje prawa, przed niekontrolowanym żywiołem, który od pamiętnej Wielkiej Rewolucji co jakiś czas przypomina o swojej destrukcyjnej mocy, przed owym stanem trzecim, który w nowych realiach staje się stanem pierwszym, a który jako nowy mecenas kultury wymusi też przemiany w sferze ducha[11]. Ten lęk jest tym większy, że przemiana miasta klasycznego w miasto nowoczesne, czy w aglomerację w sensie gassetowskim, jest procesem niezwykle szybkim, obserwowalnym w ramach paru dekad, a więc doświadczanym przez jedno pokolenie, a wynika zarówno z nowej przemysłowej funkcji, jaką zyskują XIX-wieczne ośrodki miejskie, jak i z nieprawdopodobnego postępu demograficznego, jaki przeżywa Europa tego stulecia. Jak zauważa Ortega y Gasset, w okresie od wieku VI do roku 1800 liczba ludności Europy nie przekroczyła 180 mln., w okresie od roku 1800-1914 liczba ta wzrosła z 180 do 460 mln[12]. W latach 1880-1900 ilość miast europejskich o liczbie mieszkańców powyżej 40.000 wzrosła z 287 do 468. W 1850 istniały zaledwie 4 miasta liczące milion mieszkańców, ale w 1900 było ich już 19. W 1852 Paryż liczył 715 tys. mieszkańców, a w 1896 przekroczył dwa miliony, natomiast wielkość zaludnienia w większych miastach europejskich osiągnęła u schyłku XIX wieku w sumie 67 milionów. Rozwinął się przemysł, technika i demokracja liberalna - czynniki, które – jak pisze Ortega „zrodziły człowieka masowego w ilościowym tego słowa znaczeniu"[13]. U schyłku stulecia oczywisty jest fakt, że inwazja mas w przestrzeń miejską jest inwazją w przestrzeń kultury, że istnieje bezpośredni związek pomiędzy charakterem europejskiego miasta a stanem duchowym i moralnym jego

---

[11] Rozumiał to dobrze Baudelaire, który prywatnie pogardzał mieszczaństwem, jednak w rozbudowanym wstępie Do mieszczan otwierającym Salon 1846 pisał „Wy jesteście większością – liczbą i inteligencją; jesteście więc siłą, która jest sprawiedliwością". Ch Baudelaire, Salon 1846 w: Teoretycy, artyści i krytycy, dz. cyt., s. 429.
[12] Ortega y Gasset, Bunt mas, przeł. P. Niklewicz, Warszawa 1995, s. 47.
[13] Ortega y Gasset, dz. cyt., s. 109.

mieszkańców[14], że nowoczesne miasto organizowane jest wedle wspólnych reguł narzucanych potrzebami „człowieka masowego", a samo życie w mieście podporządkowane jest bezkrytycznie akceptowanym szablonom; reguluje je moda, powszechnie uznany pogląd, schemat myśli czy zachowań; uniformizacja dotyczy zatem nie tylko architektury, sezonowego ubioru czy modnej fryzury, ale też świadomości, wrażliwości i moralności.

Szczególnie w wielkich miastach – pisał Antoni Lange pod wrażeniem lektury Nietzschego i Tarde'a – ludzie dostają od razu gotowe na wszystko szablony myśli, uczuć, pragnień, zachwytów, radości, smutków, tak, że niemal zupełnie są wolni od osobistych wysiłków duchowych. Ta barania naśladowczość tłumów daje się widzieć w kroju sukien, formie krawatów, zarazie złych czy dobrych przekonań, falowaniu opinii publicznej, w oklaskiwaniu sztuk teatralnych, nawet w chorobach psychicznych (np. modna dziś choroba weltszmercu)[15].

Dziewiętnastowieczne, zarówno fikcyjne/fabularne kreacje, jak i dokumentalne świadectwa prezentują zwykle miasto właśnie jako przestrzeń wypełnioną tłumami poddanymi wspólnemu rytmowi pracy, zabawy lub

---

[14] Ten sposób odczuwania rzeczywistości znalazł bardzo konkretny wyraz w refleksjach Zenona Przesmyckiego: „Pod wpływem wzmagającego się coraz potężniej kapitalizmu i industrializmu życie, rozpościerając się dawniej wolno i szeroko po całych kraju obszarach, jęło skupiać się w olbrzymich, niekiedy zupełnie sztucznie wytworzonych ogniskach. Nastąpiła epoka dyktatury wielkich stolic. „Miasta pijawcze", wysunąwszy drapieżne swe macki we wszystkie strony, jęły wysysać z najdalszych kraju okolic nie tylko bogactwa mineralne, lecz i siły duchowe. W kolosalnym stłoczeniu olbrzymich mas ludności na stosunkowo nieznacznych przestrzeniach musiały wytworzyć się objawy bardzo niepożądane: z jednej strony, gorączkowe ubieganie się za zyskiem, chęć wybicia się materialnego, zajadła walka o byt – i, jako owoc tego wszystkiego, zupełny brak skupienia, zastanowienia, istotnego życia wewnętrznego, które rozprasza się i zanika w zgiełku stutysięcznych interesów, pogłosek, zdarzeń i szmerów wielkomiejskich; z drugiej niwelacja ogólna, zatarcie odrębności, sparaliżowanie głębszych porywów indywidualnych i ostateczna, miażdżąca przewaga tłumów psychologicznych, w których intelektualne zdolności osobników zacierają się, a natomiast zwycięsko wydobywają się na powierzchnię wszelkie spryty, zręczności, dowcipy i umiejętności eksploatatorskie. Wielkie miasta doprowadziły do nie widzianego przedtem rozpasania najmaterialniejszych instynktów i żądz ludzkich, do niesłychanego wyjałowienia, wypłytczenia i zmiernienia umysłów, do wyjębienia wszelkich zapałów i uniesień..." Z. Przesmycki, Walka ze sztuką, w: Programy i dyskusje literackie okresu Młodej Polski, oprac. M. Podraza-Kwiatkowska, Wrocław 2000, s. 291.

[15] A. Lange, Tarde i Nietzsche, w: Studia i wrażenia, Warszawa 1900, s. 144-145.

wtłoczonymi w chaotyczną arytmię ulicznego ruchu. Taki jest Manchester widziany przez Tocqueville'a, Konstantynopol Flauberta, Londyn utrwalony w impresjach Dostojewskiego. Taki też jest Paryż. Kiedy we wrześniu 1889 roku Gabriela Zapolska przyjeżdża do Paryża i gdy w tym jeszcze miesiącu „Kurier Warszawski" rozpoczyna publikację jej korespondencji, Paryż jest już od lat obecny w literaturze w najróżniejszych wersjach stworzonych przez najwybitniejszych, a przynajmniej najważniejszych pisarzy stulecia. Jest zatem Paryż Balzaca, Paryż Victora Hugo, Paryż Eugeniusza Sue, Paryż Aleksandra Dumasa, jest Paryż Baudelaire'a, Zoli, Flauberta, Goncourtów. Istnieje zatem Paryż literacki, a zarazem mit Paryża, a raczej cały zbiór mitów, nowoczesna zdesakralizowana mitologia miasta nad Sekwaną, która zresztą i dziś jeszcze objawia swą inspirującą siłę, a jednocześnie, jak pisał Roger Caillois, „stanowi zapowiedź szczególnej władzy literatury".[16]

Jest też Paryż opisany przez dwa pokolenia pisarzy polskich. Franciszek Ziejka – badacz „polskiego Paryża" przełomu XIX i XX wieku wyróżnia cztery warianty francuskiej stolicy utrwalone w literaturze rodzimej: Paryż legendowy, Paryż malowniczy, Paryż historyczny i Paryż apokaliptyczny[17]. Korespondencja Gabrieli Zapolskiej pozwala uzupełnić ten rejestr o jeden jeszcze wizerunek: Paryża jako przestrzeni nowoczesnego spektaklu. Spektakl – by skorzystać tu z formuły, jaką wypracowało współczesne kulturoznawstwo - to „publiczne widowisko przyciągające lub mające przyciągać wzrok przez swe rozmiary, proporcje, barwy lub inne właściwości dramatyczne. Spektakl wiąże ze sobą widza i wykonawcę, aktora i publiczność, udział w spektaklu nie jest

---

[16] R. Caillois, Paryż, mit współczesny, [w:] tegoż, Odpowiedzialność i styl. Wybór M. Żurowski, wstęp J. Błoński, Warszawa 1967, s. 116.

[17] F. Ziejka, Nowożytny Babilon. Obraz Paryża w literaturze polskiej (1890-1930), [w:] tegoż, Nasza rodzina w Europie, Kraków 1995. O Paryżu w literaturze polskiej pisał też J. Kolbuszewski, Paryż w literaturze polskiej (1830-1918), w: „Romantica Wratislawiensia" XXVII, Wrocław 1987 oraz Magdalena Siwiec, Między piekłem a niebem. Paryż romantyczny, „Teksty Drugie" 1999, z. 4. Do korespondencji paryskiej Zapolskiej odnieśli się m.in.: P. Siemaszko (Architektura mrowiska. Charakterystyka i krytyka kultury masowej w piśmiennictwie polskim i obcym II połowy XIX i początków XX wieku, „Temat" 2008 nr 11-13) oraz A. Janicka, Paryż 1889. Relacje prasowe Gabrieli Zapolskiej, w: Obrazy stolic europejskich w piśmiennictwie polskim. Red. A. Tyszka, Łódź 2010. W zbiorze tym pomieszczone zostały również teksty prezentujące wizerunek Paryża w twórczości innych pisarzy polskich.

obowiązkowy, jest dobrowolny, wynika ze szczerego pragnienia uczestnictwa"[18].

W Paryżu Zapolskiej wszystko zdaje się spektaklem czy choćby quasi-spektaklem; nie tylko widowiska zaplanowane i zorganizowane, również sytuacje nieprzewidziane, nieoczekiwane, czy wedle nieszczególnie rygorystycznych kryteriów - niestosowne – jeśli tylko znajdują zbiorowe zainteresowanie. Spektaklem będą zatem zarówno zawody hipiczne, walki byków, konkurs piękności, konkurs tańca, cyrk, kabaret czy wielka uliczna feta z okazji 14 lipca, ale też udostępnione publiczności, odlane z wosku głowy obłąkanych czy przestępców; swoisty, spontaniczny spektakl tworzy sie wokół nagłaśnianych przez prasę afer, samobójstw czy spektakularnych zabójstw; spektaklem są tańce histeryczek w szpitalu Sâlpêtrièr, na które to widowiska operatywna administracja szpitala sprzedaje bilety. Jednak spektaklem spełniającym wszelkie wymagania definicji, spektaklem par excellence - jest Wielka Wystawa Powszechna 1889 roku.

Wystawa Powszechna łączyła kilka celów: była prezentacją nowej myśli technicznej, ekspozycją nowych dokonań artystycznych, sposobnością do zawierania transakcji, była też zorganizowaną masową zabawą. Wystawa kondensowała zatem najróżniejsze potrzeby i namiętności: widzenia, nabywania, konsumpcji, rozrywki. Jeśli uznać Wystawę Powszechną za wzorzec dziewiętnastowiecznego spektaklu, to warto też podkreślić, że rozwój instytucji Wystawy Powszechnej jest zbieżny z dynamiką rozwoju nowoczesnego miasta w tym sensie, że - podobnie jak i miasta europejskie rozrastają się przestrzennie i powiększają ludnościowo - tak i każda kolejna wystawa, począwszy od roku 1855, organizowana była na coraz większych obszarach, oferowała coraz większe przestrzenie wystawienniczo-handlowe, skupiała coraz więcej wystawców, prezentowała coraz wiecej eksponatów-towarów, przyciągała też coraz liczniejszą publiczność. Pierwsza wystawa międzynarodowa w Paryżu w 1855 roku zajmowała niespełna 17 ha, wystawa z roku 1878 – już 75 ha, wystawa z 1889 - 96 ha, a wystawa z roku 1900 będzie potrzebowała dla swych

---

[18] J. J. Mac Aloon, Igrzyska olimpijskie a teoria widowisk w społeczeństwach współczesnych, w: Rytuał, dramat, święto, spektakl. Wstęp do teorii widowiska kulturowego. Red. J.J. Mac Aloon przeł. K. Przłuska-Urbanowicz, Warszawa 2009, s. 363.

potrzeb aż 108 ha. Wystawa Powszechna z 1889 roku - oprócz sal i hal wystawowych, zajmowała spory obszar centralnej części miasta, a w okresie od maja do listopada – jej tereny przemierzyło 33 miliony zwiedzających[19].

Spektakl jest sumą czy wspołzależnością dwóch czynników: danych zmysłowych i reakcji emocjonalny. Istotą wystawy, podobnie jak istotą spektaklu - jest pokaz, wystawa udostępniona jest widzeniu, przeznaczona jest do oglądania. Przedmiotem oglądu jest tu zarówno zbiór eksponatów: maszyn, strojów, dokonań kolonialnych, dokonań cywilizacyjnych, artystycznych, występy teatrów, cyrków, kabaretów; przedmiotem oglądu są też nowe, ogromne, zachwycające przestrzenie wystawiennicze: hale, galerie, pałace, przedmiotem widzenia jest oprawa tych przestrzeni: dekoracje z materii i światła, przedmiotem oglądu, a zarazem samooglądu jest wreszcie sam tłum, zbiorowość odbiorców urzeczona magią widowiska, delektująca się przepychem, wielkością tego, co widać i wielością tego, co widać, ale też zafascynowana sama sobą, swą liczebnością, dynamiką, siłą, rozmnożeniem spojrzeń, sumą wrażeń i egzaltacji.

Zapolska – mimo że czasem w sposób bardzo krytyczny dystansuje się od tłumu i jego reakcji - zdaje się poddawać magii zintensyfikowanego, zbiorowego przeżycia, ulegać magnetycznej sile spektaklu; komunikuje nie tylko podziw, ale wręcz admirację dla wystawy jako starannie zaprogramowanego widowiska będącego, zarówno z uwagi na charakter obiektów prezentowanych, jak i z uwagi na oprawę – świadectwem nieograniczonych możliwości ludzkiego umysłu. Przedmiotami, które w sposób szczególnie silny angażują jej uwagę są osiągnięcia nauki i techniki: elektryczność, maszyna, w największym stopniu - wieża Eiffla – symbol nowoczesnej wyobraźni architektonicznej. Wieża, która dla elity francuskich pisarzy była „ohydną kolumną z nitowanej blachy"[20] - dla Zapolskiej jest cudem nowoczesnej myśli technicznej, świadectwem absolutnego tryumfu rozumu praktycznego, który przewyższa naturę, objawiając pokornym wyznawcom swą boską niemal władzę, toteż widok wieży, połączony z efektownym

---

[19] Dane liczbowe ze wskazaniem źródeł zob. P. Siemaszko, Architektura mrowiska, dz. cyt.
[20] Zob. Wieże stalowe i wieże z kości słoniowej w: Historia brzydoty, red. U. Eco, Poznań 2007, s. 346.

luministycznym widowiskiem, rodzi w niej doznanie bliskie wręcz jakiejś technofanii:

„Morze świateł, morze ognia, morze ludzi skłębionych w jedną masę, a spośród tego czarnego mrowiska oblanego potokami światła wysuwa sie wysoko, wysoko, aż w niebo, z koronki lamp utkany cud, przed którym gwiazdy bledną, księżyc niknie, strącony ze swego stanowiska, i chowa się, zawstydzony, poza chmurną zasłonę... To wieża Eiffel. (...) Na próżno na Esplanadzie smugi świetlne biją złocąc się w liniach malowniczych, na prózno pawilon Argentyny jak zaczarowany pałac mieni się setkami świateł purpurowych, błekitnych zielonych; na prózno geniusz stojacy na pawilonie gazu rozlewa z wyciągnietej dłoni strumien ognia; na próżno galeria centralna skąpana w powodzi blasków zanurza swą podstawę w liliowej lub szmaragdowej pianie kolorowych wodotrysków (...) wszystkie te ognie, te blaski bledną wobec wieży! Wobec tej wiązanki sztab żelaznych mieniących sie sznurami lamp i biegnącej do zawrotnej wysokości, aby wreszcie gdzieś u samego stropu niebios, w ciemnych fałdach czarnej nocy zajaśnieć olbrzymią, błękitną gwiazdą, ku której miliony głów ludzkich codziennie się podnoszą"[21].

Pomieszczone w listach partie opisowe mają często charakter takich właśnie samoistnych, ekfrastycznych obrazów literackich, unaoczniających wizualną specyfikę obiektu, oddających dynamikę spektaklu oraz cały, przebogaty zasób reakcji emocjonalnych, zarówno podmiotu, jak i obserwowanej zbiorowości, a temperatura zbiorowego przeżycia zdaje się też kształtować pośpieszną narrację[22]. Publiczność postrzegana jest przez Zapolską jako liczba, stan emocjonalny i swoisty stan moralny. Jest to zawsze zbiorowość niepoliczalna: „zbita masa ludzi", „tłum bezmyślny", „milion głów", „wąż ludzi", „czarne mrowisko" - ukazana w szczególnym stanie ducha, który wyraża się i emocjami, i gwałtowną kinetyką, i potrzebami. Jest to tłum podekscytowany, rozentuzjazmowany, istniejący w ciągłym ruchu, tłum spontaniczny, nienasycony, głodny wrażeń, spragniony sensacji, zdradzający. wzmożoną potrzebę rozrywki, poszukujący bodźców możliwie najsilniejszych i znajdujący

---

[21] G. Zapolska, Pierwsze wrażenia z Wystawy Powszechnej, w: Dzieła wybrane Gabrieli Zapolskiej pod red. E. Korzeniewskiej. Publicystyka, cz.1, oprac. J. Czachowska i E. Korzeniewska, Wrocław 1958, s. 73-74.

[22] Problem literackiej prezentacji miasta w dyskursie modernistycznym akcentuje Elżbieta Rybicka. Zob. tejże Modernizowanie miasta. Zarys problematyki urbanistycznej w nowoczesnej literaturze polskiej, Kraków 2003, s. 9. Ważne uwagi na temat sposobu postrzegania i opisywania realiów paryskich przez Zapolską zob. A. Janicka, Paryż 1889, dz. cyt., s. 160-161.

upojenie w doznaniach skrajnych, wstrząsających czy „szokowych".[23] Tłum, odbiorca spektaklu - sam staje się jego współtwórcą i to w sensie przynajmniej podwójnym: ekonomicznym i wizualnym. Spektakl jest bowiem towarem oferowanym publiczności jako klientowi, jest stworzony dla mas, stworzony w taki sposób, by tłum przyciągnąć, wzbudzić potrzebę uczestnictwa, rozbudzić ciekawość, pobudzić głód i wreszcie dać możliwość zaspokojenia, skłonić do konsumpcji, czyli – jak pisał obrazowo Marks – „wywabić złotego ptaka z kieszeni po chrześcijańsku umiłowanego bliźniego"[24].

Ale tłum jest też współtwórcą pewnej naddanej sumy wrażeń, którą tworzy właśnie swoją masą, wielobarwnością, ruchem, zbiorowym komunikatem spojrzeń, gestów, reakcji emocjonalnych. Dynamika tłumu, jego dzika witalność, żywiołowa wszechobecność, naturalna skłonność do interaktywnego zaangażowania sprawia, że zakłócone i zniwelowane zostają podziały i rozróżnienia budujące tradycyjną strukturę widowiska. Widz staje się tu aktorem, widownia staje się sceną, podmiot widzenia staje się jednocześnie obiektem oglądu i oceny. W opisach Zapolskiej masy mają coś z nieodpowiedzialności szaleńców, objawiają nieprzewidywalną beztroskę dzieci, czasem przypominają żarłoczne stado, a czasem watahy barbarzyńców pragnące zaspokoić niszczycielskie instynkty:

„Na Polu Marsowym tłum się jeszcze zwiększa. Pod wieżą Eiffel straszna czerń porusza się krzycząc i hałasując bez pamięci. Całe sznury Francuzów trzymają się za ramiona i biegną gęsiego, wołając: „Attention! Voila – les fauteuils rrrroulants!"

I z krzykiem wpadają w tłum depcąc i roztrącając wszystkich, którzy mają nieszczęście znaleźć się na ich drodze"[25].

Czy inny, jeszcze bardziej wymowny fragment:

„Gdy zmrok zapada jak nagle rozlewająca się rzeka, tłum (...) wpada przez bramy i zalewa Esplanadę, aleję La Bourdonnais, most Jeny, aleję Rapp, ulicę Kairu. Biegnie, krzyczy, śmieje się, cieszy, popycha, oblega bazary wschodnie, restauracje, kawiarnie,

---

[23] Przyjmuję tu Benjaminowskie rozumienie szoku jako kwintesencji i miary nowoczesności. Zob. na ten temat: B. Frydryczak, Estetyka szoku-szok dla estetyki, w: „Drobne rysy w ciągłej katastrofie...". Obecność Waltera Benjamina w kulturze współczesnej. Red. A. Zeidler-Janiszewska, Warszawa 1993.
[24] Por. K. Marks, F. Engels, O literaturze i sztuce. Wybór tekstów, przeł. E. Wróbel, Warszawa 1958, s. 50-51.
[25] G. Zapolska, Uroczystość nocy, Publicystyka, cz. 1, s. 140-141.

trawniki, urąga ruinom Tuilleriów bielejących koło wieży Eiffel. Jak tysiące szaleńców ludzie ci rzucają się na sklep Chińczyków wyrywając sobie paczki z herbatą, wdrapują się na wschody pawilonu „ziemskiego globusu", rozsiadają się w miniaturowych okrętach (...), pochłaniają tysiące filiżanek indyjskiej herbaty (...), pakują się na osły prowadzone przez bosych Egipcjan lub wyrywają sobie krzesełka, aby stojąc na nich przyglądać się sławnym kolorowym fontannom. (...) Jedzą tu dużo i ciągle. Jedzą w windach wiozących na platformy wieży, jedzą w hali maszyn, jedzą wobec brylantów przedstawiających miliony, jedzą wobec czarów elektryczności, jedzą wszędzie i zawsze"[26].

Kilka lat po omawianych tu publikacjach Zapolskiej, Gabriel Tarde ogłosi pracę pt. *Opinia i tłum*, w której wyróżni m.in. „tłumy estetyczne", tzn. tłumy „gromadzące się przed sztandarem jakiejś dawniejszej lub nowszej szkoły literackiej lub artystycznej, w imię potępiania lub popierania jakiegoś np. utworu dramatycznego lub muzycznego"[27]. Jednak opisywana przez Zapolską publiczność jest zbiorowością innego rodzaju; nie integruje się ona ani wokół wspólnie respektowanych poglądów politycznych, ani estetycznych, lecz na poziomie prymitywnego afektu, przeżycia, doznania, nagle wyzwolonej potrzeby czy namiętności[28]. To emocjonalne, irracjonalne li tylko spoiwo nie jest bynajmniej siłą duchowo uwzniaślającą, lecz degradującą, nie tworzy publiczności jako grupy o skrystalizowanych poglądach i potrzebach kulturalnych, lecz przekształca zbiorowość w infantylny, beztroski, patologiczny wręcz tłum – który z uwagi na swoją liczebność, siłę społeczną i potencjał ekonomiczny przekracza kulturowe peryferia, by stać się współtwórcą dominującego modelu kultury. W korespondencjach paryskich likwiduje Zapolska mityczną aurę Paryża, który nie jest już ani miastem tajemnic, ani miastem odkryć, ani miastem piękna i miłości, ani miastem grozy i zła, nie jest „centrum ludzkości i miastem świętym" – jak je nazywał Hugo[29], ale nie jest też „Nową Sodomą", „Nowym Babilonem" czy „miastem-potworem"; dyskredytuje też pisarka nobilitujący mit Paryża jako kulturalnej stolicy świata, ukazuje

---

[26] G. Zapolska, Pierwsze wrażenia..., s. 75-76.
[27] G. Tarde, Opinia i tłum, przeł. K. Skrzyńska, Warszawa 1904, s. 42.
[28] Zabawa, śmiech, rozrywka, wrażenie chwili, połysk jedwabiu, uśmiech kobiety, pieszczota miłosna, coś, co by wstrząsnęło drzemiące nerwy, oto, co miotało ludźmi tymi tłoczącymi się na chodnikach, zalegających kawiarnie, wyczekującymi przed drzwiami cyrków i teatrów. Namiętność, próżność, chęć błyszczenia rozpostarła tu wszechwładne panowanie swoje i jak zaraźliwe miazmy wciskała się w płuca każdej kobiety, mężczyzny, ba! Nawet małego dziecka. G. Zapolska, U salutystów, Publicystyka, dz. cyt. s. 174.
[29] Por. M. Siwiec, Między piekłem a niebem..., dz. cyt., s. 128.

miasto zatracające swą kulturową moc, rozpraszające swe twórcze siły, przeistaczające się pod dyktaturą mas w sprawnie funkcjonujący ośrodek handlu wytworami kultury i sztuki[30], w światową stolicę kiczowego spektaklu, w miasto śmiechu - przestrzeń wstrząsaną błazeńskim paroksyzmem „masowego idioty". Nowoczesny Paryż to miasto, które:

„...zawsze śmieje się ze wszystkiego, nawet z trupów, które się kołysały sto lat temu na szubienicach latarń (...). Miasto, które wyje z uciechy, skoro policji dziwnym zbiegiem okoliczności uda sie odnaleźć worek z pokrajaną na ćwiartki kobietą lub kufer, w którym trup zasnuty pleśnią (...) domaga się sprawiedliwości – miasto, które wybuchem śmiechu przyjmuje wiadomość o tragicznych samobójstwach swych ulubieńców, które chichocze na widok stosu pod stopami Joanny d'Arc, miasto, które nie zna świętości żałoby, nietykalności i majestatu smutku, grozy społecznej hańby, milczenia wobec trupa"[31].

---

[30] Zwracał już na to uwagę Emil Zola, komentując Salon 1876 roku. Salon – pisał Zola – „reprezentuje Paryż, (...) który dostarcza zagranicy sztukę, tak jak dostarcza całemu światu mydła, rękawiczek i strojów." E. Zola, „Słuszna walka" Od Courbeta do impresjonistów. Antologia pism o sztuce. Wybór i wstęp G. Picon, opracowanie J-P Bouillon, przekład i posłowie H. Morawska, Warszawa 1982, s. 118.
[31] G. Zapolska, Publicystyka, cz.2, Wrocław 1959, s. 145.

ANNA JANICKA

Widok z okna. Lwowskie felietony Gabrieli Zapolskiej

I. *Gabriela Zapolska, art.[ystka] dram.[atyczna], Lwów, ul. Sykstuska nr 35 na dole.*[1]

Lwów okazał się miejscem niezwykle istotnym na „mapie" życia i twórczości Gabrieli Zapolskiej. To tu powołana została do życia Zapolska – skandalistka; debiutantka, gorsząca czytaną w perspektywie naturalistycznego rynsztoka *Małaszką*.[2] W liście do życzliwego jej Adama Wiślickiego, redaktora „Przeglądu Tygodniowego", bohaterka skandalu pisała w sierpniu 1883 roku:

> „Słowem – ta *Małaszka* interesuje cały Lwów tak żywo, że rada bym przenieść ją na bruk warszawski i czekać decyzji Tartuffów tamtejszych."[3]

Już wkrótce pisarka miała poznać tę, jakże dla niej ostatecznie niesprawiedliwą, opinię tamtejszych Tartuffów. Głosy krytyczne przybrały bowiem ton obraźliwy w roku 1885, kiedy *Małaszka* wydana została wraz z innymi nowelami w tomie *Akwarele*. Biorąc pod uwagę wysoką temperaturę emocjonalną dyskusji wokół Zapolskiej można uznać, że wtedy właśnie ustalił się specyficzny język pisania o jej twórczości.

Sytuacja ta uległa wyraźnemu wzmocnieniu w kontekście sprawy sądowej, jaką pisarka wytoczyła Popławskiemu i Świętochowskiemu w odpowiedzi na zarzuty sformułowane przez pierwszego z nich w artykule *Sztandar ze spódnicy*.

---

przedstawionego tu tekstu powstała w grudniu 2008 roku i została zgłoszona na konferencję Modernistyczny Lwów. Teksty życia, teksty sztuki. Nie została jednak przeze mnie wygłoszona i zgłoszona do publikacji. Wersja obecna została znacznie poszerzona.

[2] O skandalu związanym z debiutem pisarki zob.: J. Czachowska, Debiut Gabrieli Zapolskiej, „Pamiętnik Literacki" 1957, z. 3; tejże, Gabriela Zapolska. Monografia bio-bibliograficzna, Kraków 1966, s. 37- 43; A. Janicka, Nieuzasadniony nadmiar piękna? Wokół debiutu Gabrieli Zapolskiej, w: Światło w dolinie. Prace ofiarowane Profesor Halinie Krukowskiej, pod red. K. Korotkicha, J. Ławskiego, D. Zawadzkiej, Białystok 2007

[3] G. Zapolska, Listy..., s. 32.

Dotyczyły one bowiem już nie tylko artystycznych i obyczajowych uchybień utworu, lecz przede wszystkim zawierały posądzenie o plagiat.[4]

Na tego typu zarzut Zapolska zareagowała zdecydowanie. Ponieważ autor (wówczas jeszcze nieznany) nie odpowiedział na jej list zamieszczony w tygodniku „Świt", w październiku 1885 roku oddała sprawę do sądu przeciwko redaktorowi „Prawdy". Rozprawa wstępna odbyła się 7 listopada 1885 roku (tym razem już z udziałem Popławskiego), główna – 9 kwietnia 1886. Jak podaje Czachowska, „proces (...) stał się ogromną sensacją w świecie literackim [wtedy jeszcze przede wszystkim] ze względu na osobę Świętochowskiego."[5] Rozprawa została szczegółowo rozpisana na wiele głosów, opini i argumentów w tytułach prasowych.[6] Ścierały się w nich różne, niekiedy bardzo skrajne, racje. Ostatecznie Zapolska sprawę przegrała.[7] Sensacja literacka, dzięki procesowi utrwalona w dyskusjach prasowych i świadomości społecznej, stała się skandalem.

Póki co, „rozgłośna już autorka"[8] w 1883 roku pozostała jednak na lwowskim bruku i tu właśnie rozpoznawała smak pierwszych rozczarowań i zniechęceń, tu – wśród i wobec niezrozumienia, lęku i opinii pogardliwych bądź akceptacji i pochwał – kształtował się jej *instynkt naturalistki*[9]:

---

[4] [J.L. Popławski] Wiat, Sztandar ze spódnicy, „Prawda" 1885, nr 35. Autor oskarżał: „(...) winniśmy odkryć sekret: Małaszka jest nieudaną przeróbką rosyjskiej powieści, drukowanej w jednym z pism wychodzącym w Charkowie. P. Zapolska zapomniała o tym powiedzieć. (...) nudny formalista nazwał by to plagiatem." (s. 414-416). Więcej o skandalu z tym związanym piszę w: A. Janicka, Sprawa Zapolskiej. Głosy – polemiki – interpretacje, Białystok 2012.
[5] J. Czachowska, Gabriela Zapolska. Zarys..., s. 41.
[6] Dla przykładu wymienić można: W. Sp. [W. Spasowicz], Z powodu sprawy p. Zapolskiej, „Kraj" 1886, nr 17; W. Wścieklica, Do światła!, „Kłosy" 1886, nr 1086; T. Jeske-Choiński, Z małej chmury..., „Kurier Warszawski" 1886, nr 136b, 137b; A. Dygasiński, Literacki proces przed sądem, „Wędrowiec" 1886, nr 15; W. Wścieklica, O prawdę, „Kłosy" 1886, nr 1088; Poseł Prawdy [A. Świętochowski], Veto Meletusów, „Prawda" 1886, nr 16; A. Świętochowski, Szturm Meletusów, „Prawda" 1886, nr 18.
[7] Szczegóły dotyczące procesu i teksty przemówień sądowych podaje O. Missuna. Zob.: Proces Gabrieli Zapolskiej, w: tegoż, Warszawski pitaval literacki, Warszawa 1960.
[8] „Przegląd Tygodniowy" 1885, nr 25, s. 361.
[9] Określenie to nawiązuje – z jednej strony – do ustaleń Danuty Knysz-Rudzkiej, która wskazywała na incydentalność spotkania Zapolskiej z naturalizmem; z drugiej strony – do niezwykle trafnego określenia z epoki, autorstwa Anna Zahorskiej, która pokazała, że

„Nazywają mnie tutaj ‹polskim Zolą› (pisze Zapolska w jednym z lwowskich listów) – i wskutek tego błąkam się chwalona, czytana w rękopisach, ale nie mając stałego przytułku dla prac swoich. (...) praca piśmiennicza stanowi dla mnie po części źródło utrzymania, muszę więc ulegać presji niektórych pism tutejszych i tworzę poetyczne brednie, z których sama się śmieje. Redaktorowie jeszcze obcinają zbyt ‹jaskrawe› wyrażenia i naginają moje biedne, zeszpecone obrazki do pojęć rozanielonych czytelniczek. Ile na tym cierpię, wiem tylko sama. Pisząc według nakazu, strzegąc się porównań, barw wziętych z życia, z tego, co widzę, co czuję – męczę się nad wyraz wszelki."[10]

Do tych lwowskich kompromisów i rozczarowań literackich doszły już wkrótce, nie bez zależności ścisłej, również aktorskie, kiedy zadziałał charakterystyczny dla skandalu mechanizm *przesunięcia* i role Zapolskiej – aktorki zaczęto interpretować z perspektywy winy obyczajowej, tak jakby gest kreacji scenicznej mógł być niepoprawny obyczajowo, a nie estetycznie. Aktorkę oceniano więc z perspektywy zakłócenia uniwersalnego porządku etycznego, a nie estetycznego.[11] Żaliła się na to artystka w jednym z listów lwowskich do Ludwika Masłowskiego, redaktora „Kuriera Lwowskiego", w styczniu 1884: „Nie rozumiem prawdziwie, co znaczą te bezustanne napaści czynione na mnie (...). Co wam zrobiłam? (...) że [jak pisze recenzent teatralny gazety] ja jedna grałam n i e p r z y z w o i c i e?"[12]

Mimo tych, rozpisanych w wielu listach z lat 1883 – 1885 utyskiwań, zażaleń i rozczarowań, trudno uznać ten pierwszy lwowski epizod w biografii Zapolskiej za porażkę. To raczej miejsce, w którym narodziła się Zapolska – jak sama o

---

pisarka jest naturalistką „organiczną", tj. że jej naturalizm jest wyjątkową dyspozycją jej talentu, niezwykle przenikliwym sposobem widzenia rzeczywistości. Zob.: D. Knysz-Rudzka, Gabriela Zapolska – spotkanie z naturalizmem, w: J. Kulczycka-Saloni, D. Knysz-Rudzka, E. Paczoska, Naturalizm i naturaliści w Polsce. Poszukiwania, doświadczenia, kreacje, Warszawa 1992; tejże, Proza buntu i prowokacji (O spotkaniach Gabrieli Zapolskiej z naturalizmem), w: tejże, Europejskie powinowactwa naturalistów polskich, Warszawa 1992;

[10] G. Zapolska, Listy..., s. 32.

[11] O mechanizmach charakterystycznych dla skandalu, w tym mechanizmie „przesunięcia" pomiędzy porządkiem estetycznym a etycznym zob.: B. Misiuna, Oburzenie. Filozoficzna analiza zjawiska i jej konsekwencje aksjologiczne, Warszawa 1993; H. Skandal w kulturze, w: Wobec kryzysu kultury. Z filozoficznych rozważań nad kulturą współczesną, Gdańsk 1993; M. Tramer, Literatura i skandal. Na przykładzie okresu międzywojennego, Katowice 2000; tenże, Skandalon – scandalum – skandal, w: tegoż, Rzeczy wstydliwe, a nawet mniej ważne, Katowice 2007; A. Janicka, dz. cyt.

[12] G. Zapolska, Listy..., s. 37-38.

sobie pisała – „artystka dramatyczna", autorka i aktorka, osobowość, zamiast – jak pogardliwie mówiła o innych, „autorki ‹Bluszczowej›"[13], schlebiającej gustom przeciętnym i niewyrobionym.

II. Dziennikarka

Trudno to uznać za porażkę tym bardziej, że po latach Lwów przywitał Gabrielę Zapolską – aktorkę entuzjastycznie, dając jej – co prawda nie na miarę Europy, a tylko Galicji – „cachet wielkości"[14]. Ona, jak poświadczają listy, zapał ten odwzajemniała z charakterystyczną dla siebie przesadą:

> „To już nie entuzjazm – relacjonuje Janowskiemu po sukcesie *Nory* – to...bzik. Te ryki, te wrzaski opisać się nie dadzą. Na ulicy przejść nie mogę. Ludzie czekają na mnie przed hotelem, gdy wsiadam do dorożki, aby mnie zobaczyć (...) Dopiero tu odżyłam i nabrałam znów otuchy i chęci do pracy."[15]

Entuzjazm dla Lwowa odwzajemniała Zapolska tym żarliwiej, im większą niechęć wywoływał w niej Kraków, od lat i konsekwentnie oceniany jako miasto malarycze, cmentarne, nudne; miejsce marne intelektualnie i artystycznie, grób i cmentarzysko talentów wybitnych, trupiarnia.[16] Z Krakowa przecież uciekła do Paryża („co oni tu robią całe dnie, o czym myślą, co mówią (...). Jest to kraj dziki straszny, potwornie głupi. Tysiące kretynów w wyszarzanych futrach, a pomiędzy nimi garstka malarzy ginących z głodu i ... syfilisu!"[17]), z ulgą porzuciła też Kraków dla Lwowa, „bo tam jest jakieś życie, nie taki grób straszny i ciężki jak tutaj."[18]; „Tu czuję się swobodniejszą, lżejszą, zdrowszą, oddycham lepiej, słowem, jestem tak, jakby mi kto ciężar jakiś zdjął z głowy."[19] – pisała tuż po przyjeździe, 23 kwietnia 1899, do Stanisława Janowskiego.

---

[13] Tamże, s. 32.
[14] Określenie samej pisarki. Tęsknie pisała w jednym ze swoich paryskich listów: „Wrócę, lecz... wtedy, gdy mi Paryż da cachet [piętno] wielkości." (G. Zapolska, Listy..., s. 108.)
[15] Tamże, s. 638.
[16] Tamże, s.634.
[17] Tamże, s. 70.
[18] Tamże, s. 531.
[19] Tamże, s. 632.

Kiedy ponownie, po paromiesięcznej nieobecności (powrót do Krakowa, liczne wyjazdy sanatoryjne) Zapolska do Lwowa powróciła, entuzjazm jej nieco okrzepł i przekształcił się w życzliwą aprobatę („to się nazywa publiczność"[20] – pisała po sukcesie *Domu otwartego* Bałuckiego), która potem – bywało – zamieniała się też w niechęć[21]. Nigdy jednak Lwowa pisarka nie znienawidziła, choć bywała nim zmęczona czy rozczarowana (zdarza się jej narzekać, na przykład, na „wapienny zaduch" miasta[22]) ale nigdy nie bywa ono – jak Kraków – cmentarzyskiem, grobem czy trupiarnią.

Stały pobyt we Lwowie wiązał się z wieloma wyzwaniami, choćby natury finansowej. Kiedy jesienią 1900 roku nastąpiły niekorzystne dla Zapolskiej zmiany personalne na stanowisku dyrektora teatru lwowskiego i miejsce życzliwego bardzo pisarce Ludwika Hellera zajął nieprzychylny jej Tadeusz Pawlikowski, pojawiła się konieczność podjęcia pracy. Wybór profesji dziennikarskiej wydawał się w tej sytuacji wyjściem najwłaściwszym – podejmując **lwowskie wyzwania** pisarka mogła tym samym uruchomić **paryskie doświadczenia**, kiedy to, zastępując we wrześniu 1889 roku Teodora Tomasza Jeża – wysłannika specjalnego „Kuriera Warszawskiego", relacjonowała czytelnikom przebieg głośnej Wystawy Powszechnej w Paryżu.[23]

Utrzymywane od roku 1898 kontakty z liberalno-demokratycznym „Słowem Polskim" wskazywały na tę redakcję jako wybór naturalny i od końca sierpnia 1900 roku została pisarka oficjalnym angażem włączona w skład redakcji (do której – przypomnijmy – należeli miedzy innymi: Stanisław Szczepanowski,

---

[20] Tamże, s. O pobycie pisarki we Lwowie pisze K. Lesisz-Stanisławska. Zob.: tejże, Gram swoją rolę. Przypadek Gabrieli Zapolskiej, w: Modernistyczny Lwów. Teksty życia, teksty sztuki, pod red. E. Paczoskiej, D. M. Osińskiego, Warszawa 2009.
[21] Zdarzało jej się też bardzo krytycznie oceniać teatr lwowski, ale sądy takie należą raczej do wyjątków. Wiąże się to przede wszystkim z powołaniem na stanowiska dyrektora Józefa Kotarbińskiego: „(...) bo tu we Lwowie [po objęciu teatru przez Kotarbińskiego], to już nie teatr, a jakaś szopa. Sztuki idą pod psem. Wystawa okropna. Aktorzy, prócz Feldmana i Chmielińskiego, absolutnie niemożliwi." (G. Zapolska, Listy..., s. 650)
[22] Pisze na przykład: „Tu jest straszne powietrze we Lwowie. Literalnie oddychać nie można. Budują i wapno się unosi tumanami dokoła, a gdy deszcz spadnie, to taki odór, że nic poradzić nie można. Żadne heliotropy nie pomogą! Co dzień jeżdżę na spacer do parku, (...) aby choć godzinę odetchnąć czystym powietrzem." (Tamże.)
[23] Zob.: A. Janicka, Paryż 1889. Relacje prasowe Gabrieli Zapolskiej, w: Obrazy stolic europejskich w piśmiennictwie polskim, red. A. Tyszka, Łódź 2010.

Tadeusz Romanowicz, Tadeusz Rutowski, Antoni Chołoniewski, Bronisław Laskownicki, Leopold Szenderowicz i – do czasu zatrudnienia Zapolskiej na jej miejsce, jedyna kobieta w dziennikarstwie lwowskim – Teresa Klemensiewiczówna).[24]

Włączenie się Zapolskiej w prace redakcyjne „Słowa Polskiego" okazało się nie tylko głośnym wydarzeniem („rozgłośną sprawą" – jak pisano przy okazji debiutu), lecz skandalem, potwierdzając niejako ze znaczącą konsekwencją regułę biografii Zapolskiej, w zgodzie z którą każda niemal „sprawa" czy wydarzenie stawały się skandalem.[25]

Dziennikarska aktywność pisarki rozpętała natychmiast niemal zwartą przeciwko sobie kampanię, prowadzoną głównie na łamach pism konserwatywnych: „Przeglądu Wszechpolskiego" i „Dziennika Polskiego", a skierowaną przede wszystkim przeciwko jej felietonom, kronikom czy – nawet! – recenzjom teatralnym. Kiedy do odwiecznych już wrogów pisarki (na przykład Jana Ludwika Popławskiego) dołączyli zwolennicy skonfliktowanego z nią wówczas Tadeusza Pawlikowskiego – Ostap Ortwin (w lwowskim „Tygodniku Narodowym") i Antoni Sygietyński (w „Kurierze Warszawskim"), kampania przeciwko pisarce przekształciła się dosłownie w zmasowany atak, reaktywując niejako dyskurs, który towarzyszył debiutowi autorki *Małaszki* – jakby temperatura emocjonalna dyskusji wokół „sprawy Zapolskiej" nie obniżyła się od lat osiemdziesiątych.[26]

Warto w tym miejscu przypomnieć fragment napastliwego tekstu Ostapa Ortwina:

---

[24] J. Czachowska, Współpraca Zapolskiej z czasopismami w latach 1898-1921, w: G. Zapolska, Publicystyka, cz. 3, opr. J. Czachowska, Wrocław 1962.
[25] Dość wymienić skandal debiutu czy skandal śmierci, by pozostać tylko przy ujęciu „klamrowym". Można też jednak wskazać, na przykład, na skandal związany z przygodą pisarki z kinematografem, która zakończyła się skandalem nagłego zamknięcia jednego z kin krakowskich. O kinematograficznym epizodzie w życiu Zapolskiej, który stał się skandalem, pisze niezwykle interesująco M. Hendrykowska. Zob.: tejże, Śladami tamtych cieni. Film w kulturze polskiej przełomu stuleci, Poznań 1993.
[26] Por.: K. Kłosińska, Kobieta autorka, w: tejże, Ciało, pożądanie, ubranie. O wczesnych powieściach Gabrieli Zapolskiej, Kraków 1999.

„(...) uprawia ona [Zapolska] zawód duchowej markietantki filisterii naszej. Liweruje higieniczne pierniki ckliwych, filantropijnych sentymentów na Lwów i okolicę. (...) Zamianował się orędowniczką pretensjonalnej, napuszonej, sarceyowskiej przeciętności. **Osławione jej okno, ulegajace ciekawej metamorfozie oka, przez które się patrzy, ucha, przez które się słyszy**, i dziury, którą wydmuchuje się cudzą trywialność w braku własnych idei, stało się witryną sklepową zawieszoną pstrymi lampionami tanich uczuć dorastających, naiwnych podlotków. Te maki, chabry i chryzantemy (...) należy trzebić i tępić. Poczuwamy się tedy po długim namyśle i należytej rozwadze do obowiązku podjęcia walki z p. Zapolską."[27]

Ostap Ortwin wyraźnie się zagalopował i to go zgubiło. I nie idzie tu tylko o jaskrawie niesprawiedliwą ocenę paryskich korespondencji Zapolskiej – to w jego katalogu prezentowanych zarzutów i tak jeden z najłagodniejszych – posądzenie pisarki o schlebianie sarceyowskiej przeciętności. Zagalopował się ponieważ – niechcący i jakby wbrew własnym intencjom – wskazał trafnie na ciekawą metamorfozę okna w felietonowych strategiach pisarki. Miała to być, jak można się domyślać, złośliwa aluzja do tytułu, jaki nadała Zapolska cyklowi swoich felietonów na łamach „Słowa Polskiego" – *Przez moje okno*.[28]

Zostawmy więc, wzięte ze spisu wyraźnie niesprawiedliwych zarzutów Ortwina, Sarceyowskie spojrzenie na paryską ulicę i zostańmy przy lwowskim oknie Gabrieli Zapolskiej.[29]

---

[27] O. Ortwin, Dla pięknej pani Gabrieli słów kilka, „Tygodnik Narodowy" 1900, nr 60, s. 371-372, cyt. za: J. Czachowska, Współpraca Zapolskiej..., s. XVII. Pogrubienia w tekście Ortwina moje – A. J.

[28] Będą nas tu interesowały felietony z lat 1900 – 1902, a więc te drukowane na łamach „Słowa Polskiego". Można też przypomnieć, że Zapolska ponownie zaczęła drukować felietony pod wspólnym tytułem Przez moje okno od roku 1910 do 1912 na łamach popularnego dziennika „Wiek Nowy" i zostały one zapowiedziane przez redakcję pisma jako ciąg dalszy felietonów znaczonych tym tytułem z lat 1900-1902. Por.: J. Czachowska, dz. cyt., s. XXVIII-XXIX.

[29] Okno – zarówno realne, jak i symboliczne – niesie ogromny potencjał znaczeniotwórczy, jeśli idzie o tworzenie metafor, tytułów lub, najczęściej, tytułów-metafor. Por. na przykład: B. Cieszyńska, Okna duszy. Pięć zmysłów w literaturze barowej, Bydgoszcz 2006; D. Kozicki, Okna czasu [dokument dźwiękowy], Rzeszów 2006; H. Krall, Okna, Warszawa 1987; S. Mihalić, Okna szaleństwa, przeł. G. Łatuszyński, Warszawa 2006; ks. K. Matwiejuk, Ikona – okno ku Transcendencji, „Warszawskie Studia Pastoralne", Warszawa UKSW, nr 13/2011.

III. Okno i jego metamorfozy

Wprowadzenie figury okna jest – moim zdaniem – poszukiwaniem przez Zapolską nowej i nowoczesnej formuły felietonu. Warto jednak przypomnieć, że motyw ten obecny jest znacząco w całej twórczości pisarki.[30] Na użytek kontekstu można przywołać dwa tylko przykłady – nowelę z 1895 roku *Otwierają okna* i *Córkę Tuśki* z 1907 roku. W pierwszym z tekstów rama okna – początkowo traktowana realistycznie – w zakończeniu utworu silnie usymbolicziona, staje się nie tylko ciekawym elementem gry narratora z perspektywą, ale też tekstowym znakiem melancholii, której nie umiała w sobie rozpoznać bohaterka noweli, prosta służąca, ofiara przypadku i jakiejś nieubłaganej logiki zdarzeń; logiki, która w swej banalności graniczy niemal z przeznaczeniem. Zacytujmy finał noweli:

„Baśka nagle zawirowała i na wznak padając, znikła w jasnej przestrzeni.

I teraz słoneczna jasność, nie zakryta jej krępą sylwetką, zabłysnęła tryumfalnie wiosenną światłością.

W pokoju pozostały dzieci skurczone, przerażone z oczyma szeroko otwartymi, wpatrzonymi w pustkę tajemniczą, w której znikła sługa."[31]

W powieści *Córka Tuśki* okno – w kontrapunktowym zestawieniu z zaryglowanymi drzwiami mieszczańskiego domu, okazuje się znakiem świata odebranego głównej bohaterce. Ta dojrzewająca dziewczyna, uwięziona w roli

---

[30] Warto też zauważyć, że figura okna odgrywa niebagatelne znaczenie w literaturze polskiej drugiej połowy XIX wieku. Dla przykładu choćby warto przypomnieć symbolizujące zagrożenia polskiej przestrzeni sacrum okna Starego Miasta w *Dziecięciu Starego Miasta* Józefa Ignacego Kraszewskiego, fenomen okna jako znak tajemnicy ludzkiego losu w *Zygmuncie Ławiczu i jego kolegach* Elizy Orzeszkowej czy Bolesława Prusa grę w okna odsłonięte/zasłonięte w *Lalce*. Zob. np.: E. Paczoska, *Balkony i wnętrza*, w: tejże, *Lalka czyli rozpad świata*, Białystok 1995, s. 60-61. Wspomnijmy też biedermeierowską Panienkę z okienka Deotymy [Jadwigi Łuszczewskiej]. Por. w tym kontekście: M. Janion, *Zmierzch romantyzmu*, w: *Romantyzm. Studia o ideach i stylu*, Warszawa 1969; hasło: *Biedermeier*, w: *Słownik literatury polskiej XIX wieku*, red. J. Bachórz, A. Kowalczykowa, Wrosław 1997.
Interpretacyjny i kulturowy potencjał figury okna znakomicie został wykorzystany w tomie: *...przez oko... przez okno. Wybór materiałów z IX Wspólnej Konferencji Pracowników Naukowych i Studentów*, pod red. M. Tramera, W. Bojdy i A. Bąka, Kraków 1998.

[31] G. Zapolska, *Otwierają okna*, w: tejże, *Fioletowe pończochy i inne opowiadania nieznane*, opr. J. Czachowska, Kraków 1964, s. 171.

"śpiącej królewny", w wyglądaniu przez okna próbuje dostrzec i zrozumieć rzeczywistość nie poddaną regułom mieszczańskiego salonu:

> "Zaczyna wtedy wgłębiać się w swój światek, stojąc przy szybie, jak te dziewczęta Maeterlincka, czekające tak ładnie na przeznaczenie. (...) Patrzy, patrzy... Ludzie chodzą po dziedzińcu dookoła klombiku. Tu i owdzie dziewczynka, druga, przylgnęła do szyby; fortepiany płaczą deszczem gam. To także jest życie. Ale dalekie od niej. Ona tylko jest widzem! widzem! I to oddzielone od niej szybami, przestrzenią, milczeniem..."[32]

W felietonach Zapolskiej figura okna zostaje wprowadzona równie świadomie i z rozmysłem. W inicjującym aktywność dziennikarską artykule autorka pisze:

> " – i nic tak myśli moich nie zatrzymuje – oczów nie więzi przy sobie jak to duże, szeroko otwarte okno. (...)
>
> Spojrzałam w to okno. (...)
>
> (...) Dlaczego ja nigdy nie widziałam życia tak jasno i prawdziwie jak w tej chwili? (...)
>
> W tej chwili mnie samej zdaje się, że ja lada chwila położę rękę moją na tętnie olbrzyma i wsłuchiwać się będę w potężny, wspaniały odgłos pulsującej krwi zbiorowego życia. I ta masa, ten olbrzym tajemniczy, a mimo to odsłaniający przed nami, dziennikarzami, wnętrze swej duszy z naiwnością dziecka, zdaje się być tam, niedaleko – przedzielony ode mnie tylko ramą okna, i za chwilę zagarnie mnie do siebie, uczyni mnie swoim adwokatem, sędzią, lekarzem, każe mi słuchać swych skarg, liczyć swe łzy, śmiać się swoim śmiechem, pojmować jego pychę, marzenia, zawiść, ekstazę, zbrodnię – liczyć rany trupów, motyle miłostki, tragiczne ruiny i przetańczone walce, stężałe ciała samobójców, obrazy honoru, podrzucone bezimienne dzieci, cegły i style nowych teatrów, pękniete rury gazowe, nagie dusze dorożkarzy – i ślady złodzieja, który ukradł bułkę chleba..."[33]

Perspektywa okna wyznacza perspektywę dziennikarskiego zaangażowania, które zasadza się na pozornej sprzeczności podmiotu, uobecniającego się jednocześnie i „tam" i „niedaleko". Okno daje bowiem możliwość osadzenia się „pomiędzy" (ulicą a gabinetem), może więc być figurą dystansu i uczestnictwa, oddalenia i zaangażowania. To okno właśnie ustanawia sposób organizowania

---

[32] G. Zapolska, Córka Tuśki, Kraków 1957, s. 45-46.
[33] G. Zapolska, Przez moje okno... [O dziennikarstwie], w: tejże, Publicystyka, cz. 3, opr. J. Czachowska, Wrocław 1962, s. 4.

dziennikarskiej aktywności (łączy i dzieli), co daje autorce felietonów – zgodnie ze wskazaniem Jana Lorentowicza – umiejętność „widzenia wielorakiego"[34].

Efekty tej niezwykłej umiejętności znajdujemy w tekstach Zapolskiej, która jako dziennikarka tropi[35], śledzi („Ja z mego okna śledzę."[36]), „patrzy"[37] i wreszcie – „dostrzega"[38]. Okno, pozornie zawężając pole widzenia, uwrażliwia na fragment, strzęp, szczegół, co w konsekwencji daje pisarce możliwość wydobycia z bogatej materii życia miejskiego – jak sama pisze – marginesu, „tej reszty"[39]. Uwrażliwienie to pozwala przypomnieć, odzyskiwane w takim właśnie widzeniu miejskiej rzeczywistości, paryskie doświadczenia reporterskie Zapolskiej. Jej relacje dotyczące wydarzeń Wystawy Paryskiej roku 1889 zdecydowanie odchodzą od tradycyjnej, buchalteryjnej formuły opisu, stosowanej przez poprzednika pisarki. Zapolska nie systematyzuje, nie porządkuje, nie kataloguje miasta. Próbuje uchwycić ruch, zmianę, nadmiar, innymi słowy – zgodnie z rozpoznaniami współczesnych antropologów przestrzeni miejskiej – próbuje pisać miasto, a nie – pisać o mieście.[40] Jej miasto jest materią ożywioną, konwulsyjną, drgającą – antropologiczna dociekliwość pozwala zobaczyć w Zapolskiej widzeniu miasta kobiecy wariant Baudelairowskiego flâneura[41] - flâneuse, nastawionej na odzyskiwanie doświadczeń i przestrzeni marginalnych, peryferyjnych.[42]

Faktura lwowskiej rzeczywistości, u Zapolskiej gęsta i żywa, w perspektywie okiennej porządkowana jest według specyficznych praw, pozostających w zgodzie z przywoływaną wcześniej regułą nadmiaru. Kalejdoskopowa

---

[34] Krytyk użył tego określenia w odniesieniu do Panny Maliczewskiej. Zob.: J. Lorentowicz, Wrażenia teatralne, „Nowa Gazeta" 1911, nr 28, s. 2-3; przedr. w: tenże, Dwadzieścia lat teatru, cz. 4: Współczesny teatr polski, Warszawa 1935, s. 24-29, cyt. za: J. Czachowska, Gabriela Zapolska..., s. 432-433.
[35] G. Zapolska, Przez moje okno [O dziennikarstwie]..., s. 4.
[36] Tamże, s. 6.
[37] G. Zapolska, Przez moje okno [O teatr ludowy]..., s. 11.
[38] G. Zapolska, Przez moje okno [„Co ludzie powiedzą?..."]..., s. 40.
[39] Tamże, s. 41.
[40] O tym rozróżnieniu zob.: Pisanie miasta – czytanie miasta, pod red. A. Zaidler-Janiszewskiej, Poznań 1997.
[41] A. Janicka, Paryż 1889....
[42] Zgodnie z sugestiami Elizabeth Wilson. Zob.: E. Wilson, The Sphinx in the City. Pod. za: E. Rewers, Ekran miejski, w: Czytanie miasta...

zmienność daje w efekcie portret miasta wielokształtnego i zmiennego, na poziomie pojedynczego felietonu znaczonego częstymi antytezami, kontrapunktowymi zestawieniami i zdynamizowaniem opisu.

Sięgnijmy po przykłady. Stojąca pod oknem pisarki grupa robotników uruchamia refleksję, dzięki której pojawia się pytanie o świąteczne rozrywki przeznaczone dla najuboższych: „Stoję w oknie, patrzę i myślę sobie, gdzie pójdą jutro w ten dzień świąteczny ci ludzie i co robić będą. Czy błoto z butów oczyszczą? czy kobieta z uśmiechem odprasuje wstążkę u kapelusza, czy ten obdarty chłopak przywdzieje czystą koszulę, a kupczyk wyprostuje schylone plecy?

Myślę tak – i wątpię."[43]

Niedostatek świątecznych rozrywek w mieście przywołuje z kolei kontrastowe zestawienie z zapamiętanym przez Zapolską Paryżem:

„W Paryżu – klasa pracująca spieszy za miasto. I zimą, i latem jest to nagła emigracja z murów, które duszą i dławią spracowane płuca. Całe rodziny czyste, umyte, wesołe siadają w tanie kolejki i wracają późno w nocy znużone, ale jakieś lepsze, bez smutku i goryczy w sercu. Bo widok drzew i nieba budzi w każdej istocie lepsze instynkta."[44]

czy nawet Warszawą:

„Warszawa nareszcie, choć pod batem autokratyzmu, a przecież troszczy się o te ubogie tysiące i robi, co może, aby wydrzeć je hydrze alkoholu. Wszak próby wykazały, że w Teatrze Ludowym Szekspir przemówił do duszy warszawskiego robotnika."[45]

Ten ciąg skojarzeń rodzi kolejne pytania („A we Lwowie?"[46]), prowokuje narastanie wątpliwości dotyczących tego, czego w mieście brak. Zostają one uwyraźnione dzięki obrazowemu przywołaniu okazałego, złoconego gmachu teatralnego: „Gmach teatralny jest biały, złoty, piękny i wielki."[47]; to, co piękne, podziwiane, gustowne w wyobraźni Zapolskiej odsłania szpetotę miejsc zaniedbanych, peryferyjnych, obrzeżnych: „Ciemno, błoto, straszno. (...) I nic,

---

[43] G. Zapolska, Przez moje okno...[O teatr ludowy]..., s. 11.
[44] Tamże, s. 12.
[45] Tamże.
[46] Tamże.
[47] Tamże, s. 13.

ani teatru ludowego, ani żadnej zabawy obmyślonej i urządzonej z planem odpowiednim."[48]

Krytyczna refleksja Zapolskiej na tym się nie zatrzymuje i pisarka odważnie prowadzi ją dalej. Wykorzystuje głośną wówczas sprawę morderstwa[49] dla zbudowania argumentów na rzecz ukazania nie tylko etycznego, ale też integrującego wymiaru zabawy jako „faktu społecznego" (określenie Bolesława Prusa).[50] Nie lęka się przy tym zestwień odważnych, ryzykownych: „Szekspir i Bekierski!"[51] i na nich właśnie buduje swoje postulaty związane z koniecznością wybudowania we Lwowie teatru ludowego.

Jakże często opis tego, co widać, tego co jest, modelowany bywa poprzez tryb przypuszczający, budując w ten sposób dynamiczny horyzont postulatów i zmian: „**gdyby** w dzień świąteczny przemawiał w dużej szopie Szekspir, może o wiele mniej słów słyszałaby sala sądowa."[52]; jakże często domysł, przypuszczenie, niewiedza stają się inspirującym punktem wyjścia, rozpoznania czy diagnozy:

„Idą – **nie wiem** dokąd. Może na spacer, może w odwiedziny, może obejrzeć kamienicę, którą mają kupić, a może powracają z jakiegoś zakładu zastawniczego, dokąd zanieśli obrączki i sześć herbacianych łyżeczek, owiniętych w jakiś stary dziennik. Nie wiem, dokąd idą, i o to mniejsza. Ja tylko patrzę jak oni idą obok siebie (...)."[53]

jakże często intymne, prywatne doświadczenia budują perspektywę reporterskiego zaangażowania:

---

[48] Tamże.
[49] „Mowa o robotniku Teodorze Bekierskim, który w maju 1900 r. zamordował siekierą stróżkę A. Wojtunową i znajdującą się u niej 10-letnią dziewczynkę. Przyczyn zbrodni nie ustalono; prawdopodobnie Bekierski dokonał zabójstwa w chwili obłędu." (J. Czachowska, Komentarze..., s. 543)
[50] Podkreślanie integrującego wymiaru świątecznych zabaw również pozwala zestawić felietonowe propozycje Zapolskiej z kronikami Bolesława Prusa. Zob.: B. Prus, Kronika tygodniowa, „Kurier Codzienny" 1893, nr 180. Cyt. za: tegoż, Kroniki..., s. 321-323. Prus argumentuje: „Otóż taka zabawa, która wciąga w swój odmęt kilkadziesiąt tysięcy ludzi, jest już poważnym faktem społecznym. (...) Bawić się zatem potrzeba, jak trzeba jeść, spać, wybiegać na wiejskie powietrze..." (Kroniki, s. 323.)
[51] G. Zapolska, Przez moje okno...[O teatr ludowy], s. 14.
[52] Tamże.
[53] G. Zapolska, Przez moje okno...[Różne drogi], s. 31.

"Dawniej w tym świcie [teatru], w tej powodzi świateł byłam autorem-aktorką. Mówiłam słowami innych i słuchałam, jak inni moje słowa mówili. Dziś danym mi jest zamilknąć jako aktorce, zamilknąć jako autorowi, lecz natomiast przyjęłam na siebie obowiązek chłonąć w siebie całą gamę uplastycznionych myśli ludzkich i wrażeniami, jakie one wywierać na mnie będą, dzielić się z czytającym mnie ogółem."[54]

Sprawy zasadnicze sąsiadują tu z banałem („rany trupów" i „motyle miłostki"), sztuka z codziennością („cegły i style nowych teatrów" oraz „pęknięte rury gazowe"), metafora („ja lada chwila położę rękę moją na tętnie olbrzyma i wsłuchiwać się będę w (...) odgłos pulsującej krwi zbiorowego życia") ze statystyką („każe mi (...) liczyć").

Zapolska jako autorka felietonów jest bowiem świadoma, że żmut miejskiego życia nie znosi buchalteryjnego sparametryzowania czy jednolitości.

Zmienność i różnorodność, którą – odwołując się do paryskich formuł pisarki możemy nazwać zapisem mozaikowym[55] – wynika też wyraźnie z genologicznej struktury felietonu pisarki. Jadwiga Czachowska podkreśla:

„Felietonom swoim potrafiła Zapolska nadać wyraz indywidualny i przeważnie prawdziwie artystyczny. Wykorzystywała możliwości zbliżenia reporterskiego i obyczajowego obrazka, wprowadzała podsłuchane dialogi i elementy satyry."[56]

W gatunkowej heterogeniczności tekstów Zapolskiej można też dostrzec sposób na pochwycenie kulturowej heterogeniczności miasta. Na przykład relacja z wystawy artystycznej ruskiego Towarzystwa Przyjaciół Sztuki[57] staje się okazją do stworzenia estetycznej przestrzeni powinowactw i zależności, które bezkolizyjnie łączą malarską tradycję bizantyjsko-ruskiego Wschodu z Zachodem:

„(...) a z góry wiedziałam, że wejdę do świata uwięzionej na płótnie modlitwy. I rzeczywiście – duża sala Narodnego Domu przemieniła się jakby w kaplicę. Od progu wchodzi się w świat złoceń i barw jaskrawych, gorących jak promienie południowego słońca. Na prawo, na lewo – ikonostasy, ołtarze (...).

---

[54] G. Zapolska, Przez moje okno...[Teatr – scena], s. 15.
[55] Część korespondencji prasowych Zapolskiej, nadsyłanych z Paryża na łamy „Kuriera Warszawskiego" w roku 1890, nosiła znaczący tytuł: Mozaika paryska [I] i [II].
[56] J. Czachowska, Współpraca Zapolskiej z czasopismami..., s. XVI.
[57] „Wystawa artystyczna ruskiego Towarzystwa Przyjaciół Sztuki została otwarta w salach Narodnego Domu we Lwowie 23 września i trwała do 10 października 1900 r." (J. Czachowska, Komentarze..., s. 541)

Zgasły malarz holenderski, Van Gogh, pragnął wyrazić Mękę Pańską za pomocą... krajobrazów. I zdawało się, że tylko w mózgu szaleńca może powstać myśl podobna. A jednak, gdyby Van Gogh chciał zakończyć tę wspaniałą tragedię Golgoty – nie mógłby dobrać innego wyrazu nad ten, jaki Pankiewicz[58] znalazł dla krajobrazu stanowiącego tło tego obrazu. Pomiędzy szkicami Pankiewicza zwraca uwagę *Zwiastowanie*."[59]

Pisarka świadomie i umiejętnie odtwarza patchworkową strukturę Lwowa – miasta, które jest metropolią i prowincją; miasta, w którym ważne są fakty dokonane i te zaniechane; miasta nowoczesnego i tradycyjnego. Obok relacji z wystawy ruskiej sztuki dostajemy więc projekt teatrów ludowych i opis zabłoconych lwowskich przedmieść; brak kwiatów w oknach (*Bez kwiatów*) prowadzi autorkę do ustaleń z zakresu estetyki (piękno naturalne a sztuka), by powrócić w zdaniu kolejnym do spraw wychowawczych (edukacja młodych panien). Kwestie ekonomiczne (*Wędrówka milionów*) i obyczajowe (*Kwiaty zła*), obyczajowe (*Kwiaty zła*) i polityczne (*Za kamień – chlebem*), zasadnicze (*Czy na to rozbrzmiewają dzwony rezurekcyjne?*) i (pozornie) błahe (*Lalka*) tworzą w felietonach Zapolskiej całość trudną, dynamiczną, ale też spójną – nie do rozdzielenia.

Tak wyprofilowaną perspektywę reporterską można pokazać jako realizację, wprowadzonego przez Bolesława Prusa w latach osiemdziesiątych XIX wieku, projektu dziennikarstwa nowoczesnego. Niemal na progu swej kariery dziennikarskiej autor *Lalki* tworzy, wart przypomnienia w tym miejscu, portret współczesnego dziennikarza, antropologa nowoczesności i strażnika rozsądnie traktowanej tradycji, uczestnika życia miejskiego, a jednocześnie przenikliwego obserwatora, niezawodnego przewodnika wśród cywilizacyjnego przepychu i nadmiaru, ale też buchaltera codzienności, umiejącego wskazać cywilizacyjne upośledzenie czy niedostatek:

„Dzisiejszy felietonista także musi być w s z ę d z i e i wiedzieć o w s z y s t k i m. Musi zwiedzać nowo zabudowujące się place, ulice pozbawione chodników, tamy, mosty, targi wełniane i wołowe, muzea, teatry, uczone psy, cyrkowe konie, posiedzenia różnych towarzystw akcyjnych, instytucje dobroczynne, jatki, łazienki, itd. Musi czytywać i robić wyciągi ze wszystkich pism, sprawozdań, nowych książek, reklam, skarg i procesów. Musi być kawałeczkiem ekonomisty, kawałeczkiem astronoma, technika, pedagoga, prawnika itd., jeżeli zaś brak mu jakiejś cząstki «wszechwiedzy» i

---

[58] Julian Pankiewicz – ur. w r. 1863 malarz ukraiński, absolwent krakowskiej ASP. Używał pseudonimu Proster Dobromysł. Pod. za: J. Czachowska, Komentarze..., s. 542.
[59] G. Zapolska, Przez moje okno... [Wystawa ruskiej sztuki], s. 7-9.

wszechmądrości› - wówczas musi, nie przymierzając z wywieszonym językiem, gonić po mieście specjalistów lub do góry nogami przewracać encyklopedie. Gdy dawniejszy felietonista narzekał na brak faktów, dzisiejszy przeklina ich nadmiar i nieledwie bije głową o mur, myśląc, jakby je rozklasyfikować, w jaki sposób połączyć (...)."[60]

Ten obszerny cytat z kronik Prusa warto zestawić z inicjującym pracę dziennikarską, a już przeze mnie przywoływanym, felietonem Zapolskiej *O dziennikarstwie*. Zestawienie to ujawnia bowiem nie tylko różnice, ale też znaczące podobieństwa pomiędzy pisarzami budującymi portret dziennikarza współczesnego – tego, który musi zmierzyć się z nieprzewidywalną materią miasta i nad nią – słowem własnym – zapanować. Różnicę zasadniczą buduje odmienność horyzontów myślenia – u Prusa zazwyczaj ujawnia się horyzont cywilizacyjny, u Zapolskiej – antropologiczny. Podobieństw, choćby nawet drobnych, jest jednak więcej. Przede wszystkim wskazać można na logikę przypadku, która wyznacza rytm miejskiej rzeczywistości oraz nadmiar faktów, zdarzeń, okoliczności, rozpiętych pomiędzy wykwintnym parkietem salonu a zabłoconym brukiem ulicy. Dziennikarz powinien ten nadmiar ujarzmić, zdyscyplinować („rozklasyfikować i (...) połączyć"), stąd konieczność i dystansu, i zaangażowania; obserwacji i uczestnictwa.[61] U Prusa przeważa zaangażowanie, u Zapolskiej, sytuująca się na granicy uczestnictwa – obserwacja.

Warto też w tym miejscu, dla dookreślenia reporterskiego wizerunku Zapolskiej z czasów lwowskich, przypomnieć jej fascynację postępową dziennikarką francuską Sèverine, która uwrażliwiła autorkę *Kaśki Kariatydy* na

---

[60] B. Prus, Sprawy bieżące, „Niwa" 1875, nr 8, cyt. za: tenże, Kroniki. Wybór, opr. J. Bachórz, Wrocław 1994, s. 16-17.

[61] Zestawienie Zapolskiej z Prusem nie jest przypadkowe. Pokazuje ono bowiem, że felietonistyka Zapolskiej jest nie tylko ważnym a zapoznanym ogniwem „kobiecego modelu żurnalistyki" (jakże trafne, choć nieodnoszące się do Zapolskiej, określenie Jolanty Sztachelskiej – zob.: tejże, „Reporteryje" i reportaże. Dokumentarne tradycje polskiej prozy w 2 połowie XIX i na początku XX wieku, Białystok 1997), ale też istotnym ogniwem prozy dokumentarnej przełomu XIX i XX wieku. Pojawiały się, nieliczne co prawda, opinie wskazujące na wyjątkowość felietonów Zapolskiej, np.: E. Łuniński, Gabriela Zapolska, „Tydzień Polski" 1921, nr 51, s. 46; S. Majkowski, Przez okno Zapolskiej, „Kurier Poznański" 1923, nr 33, s. 17. Opinie te przywołuję za: J. Czachowska, Współpraca Zapolskiej z czasopismami..., s. XX. Z prac współczesnych można wymienić: D. M. Osiński, Zapolska wygląda przez lwowskie okno. Tożsamość modernistycznego Lwowa, „Rocznik Komparatystyczny", Szczecin 2011, nr 2.

kobiecą perspektywę reporterskiego zaangażowania, przejawiającą się nie tylko w doborze tematów, ale też w sposobie ich zapisywania, w specyficznym – bo kobiecym – stylu. W swoich korespondencjach paryskich Zapolska pisała z zachwytem:

„W niezbyt długiej swej karierze dziennikarskiej Seweryna zdołała sobie wywalczyć bardzo niezależne i wyjątkowe stanowisko. Jest k o b i e t ą d z i e n n i k a r k ą (femme-journaliste) w całym słowa tego znaczeniu. (...) Upodobała sobie i obrała formę ściśle dziennikarską. Elle fait des articles – na temat kwestii dziennych ogół obchodzących. Jest to niemal jedyna kobieta pracująca na tej niwie w Paryżu. (...) Jest to typ ciekawy, bo każdą kwestię rozbiera ona z punktu widzenia kobiecego i tym samym daje echo opinii kobiet francuskich o zachodzących bądź to politycznych, bądź innych wypadkach. Styl jej – to ona cała."[62]

Fragment ten mógły współtworzyć, w połączeniu z wizerunkiem współczesnego felietonisty z kronik Prusa, charakterystykę lwowskiego dziennikarstwa Zapolskiej. Mamy tu przecież kwestie ogólne wyraźnie przefiltrowane przez perspektywę kobiecą, mamy styl osobny i osobliwy. Jednak ton specyficzny lwowskich felietonów Zapolskiej ujawni się w całej okazałości wtedy, kiedy pożyczymy formuły od niej samej, odwołując się do ostatniego tekstu w interesującym nas cyklu, zatytułowanego *Za kamień chlebem*. Opisuje w nim autorka dramatyczne wydarzenia z 29 kwietnia 1901 roku, kiedy doszło we Lwowie do poważnych rozruchów wywołanych przez bezrobotnych.[63]

Potraktowany przenośnie tytuł felietonu w metaforycznym skrócie ujawnia właściwą pisarce antropologiczną dyspozycję talentu, dzięki której potrafi ona z materii nieożywionej wydobyć materię istnienia, odsłaniając tym samym nagie ciało miasta. Pisarka umie w kamieniu dostrzec, by posłużyć się słynną tytułową formułą Sennetta[64], substancję żywą – krew. Jak przystało naturalistce. Nie darmo wszak – pisała – „nazywają mnie tutaj polskim Zolą"[65].

---

[62] G. Zapolska, Listy paryskie I [Sèverine – Delair – Bruant], w: tejże, Publicystyka, cz. 2, opr. J. Czachowska i E. Korzeniewska, Wrocław 1959, s. 60.
[63] Szczegóły związane z tym, bardzo wówczas dyskutowanym w prasie, wydarzeniem podaje J. Czachowska. Zob.: tejże, Komentarze, w: G. Zapolska, Publicystyka, cz. 3..., s. 560-561.
[64] Zob.: R. Sennett, Ciało i kamień. Człowiek i miasto w cywilizacji Zachodu, przeł. M. Konikowska, Gdańsk 1996.
[65] G. Zapolska, Listy..., s. 32.

VIOLETTA WRÓBLEWSKA

Kultura wsi i przedmieść w prozie Gabrieli Zapolskiej

Tematyka wiejska w prozie Zapolskiej

Gabriela Zapolska już za życia została okrzyknięta skandalistką, burzącą w swych dziełach uświęcone tradycją kulturowe stereotypy płci oraz wzorce rodziny[1]. Te skądinąd nie pozbawione racji sądy niejednokrotnie rzutowały i nadal rzutują na odbiór oraz ocenę twórczości autorki *Kaśki Kariatydy* do tego stopnia, że nawet współcześnie kojarzy się ją zwyczajowo z nurtem feminizmu oraz naturalizmu. Powyższe tendencje interpretacyjne z kolei przyczyniają się do marginalizowania przez badaczy wymykających się wspomnianym ujęciom kręgów tematycznych podejmowanych przez pisarkę. Należy do nich choćby obecna w dziełach Zapolskiej problematyka dotycząca szeroko pojętej kultury wsi i przemieść oraz jej reprezentantów[2]. W przeszłości kwestię tę oczywiście rozpatrywano, ale głównie w odniesieniu do jednego utworu – *Małaszka*, zwykle analizowanego w kontekście skandalu literackiego, bowiem „gorszono się brudnymi kolanami bohaterki siedzącej na płocie"[3] oraz ukazaną pożądliwością dziewczyny z ludu próbującej uwieść hrabiego[4]. Wydaje się jednak, że kwestia obecności tematyki wiejskiej w przekazach młodopolskiej artystki jest zdecydowanie poważniejsza i godna odrębnego omówienia.

W przeciwieństwie do swych poprzedników czy rówieśników sięgających do obrazów z życia polskiej prowincji, takich jak Bolesław Prus, Eliza Orzeszkowa czy Henryk Sienkiewicz, Zapolska wypowiadała się na temat chłopstwa i jego tradycji bez wyraźnego krytycznego nastawienia, bez swoistego poczucia wyższości czy litości. Unikała również zbędnego pozytywistycznego moralizatorstwa i postawy wynikającej z pragnienia naprawy świata. Pisarka, obnażając mechanizmy rządzące środowiskiem wsi i przedmieść, nakreślając

---
[1] A. Chałupnik, *Sztandar ze spódnicy. Zapolska i Nałkowska: o kobiecym doświadczeniu ciała*, Warszawa 2004, s. 41-46.
[2] Dodatkowo wymienić można tematykę żydowską oraz teatralno-aktorską.
[3] Tamże, s. 84.
[4] Tamże, s. 40-41.

obrazy życia biednych rodzin, zarówno chłopskich, jak i robotniczych, dążyła przede wszystkim do pokazania ich autentyczności, ukazania takimi, jakimi są, a nie jakimi być powinny. Przy okazji pośrednio wskazała na istnienie innych niż mieszczańskie czy szlacheckie norm kulturowych, na funkcjonowanie różnych modeli rodziny oraz licznych wzorców relacji uczuciowych, czyli szeroko ujmując – odmiennych wzorów kultury[5], co nie znaczy, że przez to gorszych czy godnych potępienia. Zawsze też koncentrowała się na losie dość wyraziście zarysowanej jednostki traktowanej jako reprezentant określonego środowiska, odciskającego wyraziste piętno na jego życiowych postawach i wyborach.

Wyjście przez autorkę *Sezonowej miłości* poza obraz typowego pozytywistycznego projektu naprawy wsi sprawiło, że nie stroniła również od ukazywania na przykładzie kreowanych przez siebie tragicznych postaci kwestii szczególnie drażliwych, takich jak rozbudzona seksualność, niechciane macierzyństwo, nieudane związki małżeńskie, nieszczęśliwe dzieciństwo. Rodzaj naturalistycznego obrazowania, jaki zazwyczaj stosowała do ich opisu, miał zapewne zwiększyć siłę społecznego oddziaływania jej tekstów, głównie jednak – o czym była mowa – przyczynił się, niestety, do kierowania w jej stronę oskarżeń, że „specjalizuje się w «grzebaniu w śmietnikach» i «gnojowiskach»„[6]. Negatywna i stereotypowa ocena wielu utworów Zapolskiej sprawiła, że i obecnie rzadko dostrzega się jej pionierskie dokonania w zakresie prezentacji postaci z tzw. marginesu społecznego, którego przedstawicieli, choćby służbę, jako jedna z pierwszych wprowadziła do powieści polskiej na równi z innymi bohaterami[7]. Co prawda Gabriela Matuszek w swej rozprawie doceniła tzw. dramaty chłopskie Zapolskiej, będące scenicznymi adaptacjami prozy jej autorstwa, jednak nie podjęła się ich głębszej interpretacji, pokrótce tylko omawiając główne idee *Małaszki* (1886 – adaptacja opowieści z 1883 roku) oraz *Kaśki Kariatydy* (1895; adaptacja powieści z lat 1885-1886). Badaczka podkreśliła jednak, iż pisarka wprowadziła „na scenę nowe bohaterki (z ludu) i już przez to podważające istniejące układy społeczne"[8], a ponadto

---

[5] Termin „wzory kultury" definiuję w taki sposób jak wspomniana Ruth Benedict. Zob. R. Benedict, Wzory kultury, przeł. J. Prokopiuk, Warszawa 2002.
[6] G. Matuszek, Dramaty naturalistyczne, Kraków 2008, s. 266.
[7] J. Rurawski, Gabriela Zapolska w 60. rocznicę śmierci pisarki, Warszawa 1981, s. 108.
[8] G. Matuszak, dz. cyt., s. 271.

„sztuki te, a zwłaszcza *Małaszka*, warte są jednak uwagi w kontekście zrodzonego przez naturalizm «dramatu chłopskiego», ze względu na wpisany w nie obraz człowieka. Żaden inny dramat nie pokaże tak wielostronnie fizjologii popędów, jak uczyniła to Zapolska w swej wczesnej sztuce"[9].

Wydaje się jednak, że nie tylko wspomniany naturalizm, który zaciążył jednak na skądinąd interesujących interpretacjach Matuszek, czy feminizm, determinujący odczytanie dzieł Zapolskiej, widoczny choćby w ciekawej pracy Agaty Chałupnik *Sztandar ze spódnicy*[10], należą w twórczości autorki *Moralności pani Dulskiej* do spraw najistotniejszych. Pisarka, mając co najmniej ambiwalentny stosunek do feminizmu[11], nie chciała jedynie pokazać „fizjologii popędów", jak tłumaczono niejednokrotnie jej gorszące powieści. Trudno też poprzestać na skądinąd słusznym stwierdzeniu, że twórczość Zapolskiej „przynosi krytykę (choć ukrytą) kulturowych mechanizmów patriarchatu i w sposób odważny odwraca role w ustanowionych społecznie relacjach (pan – służąca, kobieta – mężczyzna)"[12]. Znajdziemy oczywiście opowieści, które do tego klucza interpretacyjnego pasują, np. *Fin-de-sièclistka* (1894), ale są też takie, gdzie ujawniają się jeszcze inne, bardziej złożone kwestie i problemy. Kiedy przyjrzymy się dziełom epickim, a nawet dramatycznym autorki *Żabusi*, okaże się, że tematyka dotycząca wsi i przedmieść oraz uwikłanych w nią jednostek występuje równie często jako problematyka relacji damsko-męskich, teatru i aktorstwa czy kwestia żydowska. Czasami występuje ona niejako w tle głównej akcji, będąc swoistym dopełnieniem nakreślonego obrazu epoki i miejsca, jak we wspomnianej powieści *Fin-de-sièclistka*, zawierającej wielce udane, choć szczątkowe opisy wywodzących się z gminu postaci panien służących. Niekiedy stanowi element równoważny wobec innych zagadnień, jak w cyklu *Menażeria ludzka* (1893), gdzie znajdziemy obok różnych satyrycznych portretów mieszczańskich czy arystokratycznych także portret wiejskiego pijaka – lokaja zatrudnionego we dworze (w opowiadaniu *Bydlę*). Problematyka kultury prowincjonalnej równorzędną rolę odgrywa także w powieści *Sezonowa*

---

[9] Tamże.
[10] Zob. ciekawą pracę tej badaczki: A. Chałupnik, Sztandar ze spódnicy. Zapolska i Nałkowska: o kobiecym doświadczeniu ciała, Warszawa 2004.
[11] Tamże, s. 41.
[12] G. Matuszek, dz. cyt., s. 267.

miłość (1904), w której śledzimy uczuciowe przygody Tuśki (żony warszawskiego urzędnika), przebywającej na wakacjach w Zakopanem, ale obok nakreślone z dużym wyczuciem perypetie miłosne gaździny Obidowskiej, cierpiącej katusze z powodu niewierności o kilkanaście lat młodszego męża. Bywa, że tematyka chłopska jest dominująca, gdy bohaterem staje się tzw. postać z ludu – wiejskiego jak w *Małaszce*, czy ze środowiska robotniczego, jak w *Pielgrzymce pani Jacentowej* (z tomu *Fioletowe pończochy*). Bogactwo wpisanych w prozę Zapolskiej obserwacji dotyczących kultury wsi i ściśle z nią związanej kultury przedmieść, które łącznie będę nazywać także kulturą ludową bądź prowincjonalną, jest zaskakujące, ale po części zrozumiałe, gdy uświadomimy sobie, że większość scen rodzajowych z chłopskiego oraz robotniczego życia niejednokrotnie poprzedzały wnikliwe obserwacje poczynione przez pisarkę. Sama wspominała zresztą o tym niejednokrotnie:

„Owa *Małaszka* – pisała jeszcze w r. 1883 – to pierwszy typ kobiecy, który stanowi początek całego szeregu podobnych obrazków. Będzie ich dziesięć. Dziewięć kobiet z różnych sfer społeczeństwa, kobiet, z którymi żyję – rozmawiam, śledzę, patrzę – nie wahając się stać długimi chwilami u parkanów, poza którymi chodzą brudne wyrobnice, i siedzieć w kuchni, studiując własną kucharkę"[13].

Autorka *Kaśki Kariatydy* dbała o etnograficzną wiarygodność swych przekazów, co zapewniała jej znajomość z autopsji choćby wsi wołyńskiej, z której pochodziła[14], nie mówiąc o dobrej znajomości miasta. Niektórzy z krytyków, zwłaszcza jej dramatów, czynili z tego przywiązania do szczegółu dość istotny zarzut, niekiedy nawet zabraniając wprowadzania na scenę „chłopów rusińskich", gdyż w opinii piszących winni być tam tylko chłopi polscy, a „wszelka zaś ścisłość kolorytu etnograficznego jest to nudziarstwo, zupełnie dla krytyki niepojęte"[15].

Antropologiczno-socjologiczny rys widoczny w dramacie, dostrzec można również w prozie Zapolskiej, ale co ciekawe, pisarka skoncentrowała się nie tyle na odmalowaniu kultury wsi czy przedmieść, choć i tego rodzaju obserwacji nie brakuje, lecz raczej na pokazaniu zjawiska dającego się określić mianem kultury

---
[13] Z. Raszewski, *Zapolska – pisarka teatralna w latach 1883-1898*, [w:] G. Zapolska, *Dramaty*, t. 1, oprac. A. Raszewska, Wrocław-Warszawa 1960, s. XXX.
[14] Tamże, s. XXIII.
[15] Cyt. za: Z. Raszewski, dz. cyt., s. XXVI-XXVII.

w sytuacji przejścia. Nazywam tak tę literacką wizję kultury, która nie przystaje w sposób pełny do żadnego znanego sytemu kulturowego – ani do obrazu kultury chłopskiej, ani też do kultury mieszczańskiej, gdyż powstaje niejako na ich styku. Antropolodzy nazywają tego rodzaju zjawisko akulturacją, rozumiejąc pod tym terminem:

„[..] proces zmian kulturowych wywołanych przez konfrontację autonomicznych odmiennych (sub)systemów kulturowych w sytuacji ich ciągłego (nie incydentalnego) i głównie bezpośredniego (choć w niektórych przypadkach także i pośredniego) kontaktu, który prowadzi do stopniowych transformacji w jednym lub we wszystkich wchodzących w interakcję systemach. Przekształcenia te polegają na adaptacji obcych treści do własnej kultury, na eliminacji niektórych treści rodzimych, na modyfikacji (restrukturyzacji) elementów pozostałych i na tworzeniu treści synkretycznych, co w efekcie prowadzi do wzrostu podobieństw i zmniejszenia się różnic w kontaktujących się systemach"[16].

W dziełach epickich Gabrieli Zapolskiej odzwierciedleniem akulturacji staje się życie konkretnej jednostki, reprezentanta wybranego środowiska, z czasem szukającego (głównie z powodów ekonomicznych) nowego miejsca w świecie. Pisarka najczęściej pokazuje typ kultury w sytuacji przejścia na przykładzie bohatera migrującego z jednego środowiska do drugiego, a w związku z tym funkcjonującego w sferze wpływów dwóch różnych wzorców kulturowych i związanych z nimi systemów wartości – zwykle tradycyjnego (wiejskiego), z którego niejako wyszedł, i nowego (miejskiego), który z czasem zaczyna przyswajać jako własny. Spięcie między nimi powoduje stopniowe wyparcie elementów jednego systemu przez drugi, zwykle bardziej ekspansywny, bardziej ponętny, z różnych powodów atrakcyjniejszy. Biorąc ten fakt pod uwagę, można rzec, iż w zakresie antropologiczno-socjologicznych obserwacji pisarka zdecydowanie wyprzedza ustalenia badaczy zajmujących się tego typu problemami, choćby Ruth Benedict. W 1934 roku w swej pracy naukowej *Wzory kultury*, charakteryzując podobne zjawiska, tyle że na przykładzie plemion afrykańskich, Benedict pisała o kulturze nieskoordynowanej:

„Nie tylko plemię z pogranicza danego obszaru może mieć kulturę nieskoordynowaną, lecz także i to, które odrywa się od pokrewnych plemion i zajmuje miejsce w obrębie innej cywilizacji. W takich wypadkach najostrzejszy konflikt zarysowuje się między

---

[16] A. Posern-Zieliński, Akulturacja, [hasło w:] Słownik etnologiczny, red. Z. Staszczak, Warszawa-Poznań 1987, s. 16-17.

nowymi wpływami, którym uległ lud tego plemienia, a tym, co można nazwać ich rodzinnym sposobem zachowania. Taka sama będzie sytuacja ludu, który wprawdzie został wśród plemion pokrewnych, leczy przybyło tu plemię o dużym znaczeniu lub liczne, które wprowadziło poważne zmiany w tym rejonie"[17].

Badaczka jednak dodała, że „Zachowanie zbiorowe, które omawialiśmy, to także zachowanie jednostek"[18]. Zapolska zdecydowanie koncentruje się na losie poszczególnych bohaterów, widząc w nich jednak reprezentantów określonych wspólnot, mających wyraziste wzory kulturowe. Doskonale obrazuje tę tendencję zwłaszcza powieść *Kaśka Kariatyda* oraz opowieść *Małaszka*, choć każda z nich ukazuje powyższe kulturowe zetknięcie w innym wymiarze.

Kaśka Kariatyda, czyli chłopka w wielkim mieście

Powieść *Kaśka Kariatyda* jest w rzeczywistości historią miasta, w którym znalazła się dziewczyna z prowincji. Główna bohaterka – tytułowa Kaśka – pochodzi ze wsi zlokalizowanej tuż na granicach przedmieść, co już zdaje się zapowiadać konfrontację obu środowisk. Opuszczona przez dziewczynę rodzinna miejscowość jawi się w jej wspomnieniach i marzeniach jako utopijna kraina spokoju oraz dostatku. Wizja „raju utraconego" jest zresztą niejednokrotnie przywołana przez bohaterkę, choćby w chwili zakupu przez nią kwiatów, „o wielkich gałęziach, co wieś przypominają"[19], czy w momencie odwiedzin swej przyjaciółki w kawiarni-mleczarni, gdzie ta pracowała:

„W tej kuchni, zastawionej tyloma naczyniami, otwierającymi szerokie wnętrza mlekiem napełnione, błąkało się niewyraźne wspomnienie wsi, skąpanej w promieniach słońca, szumiącej swobodą drzew, zielonej szmaragdową trawą – wsi wolnej, uśmiechniętej jak oblicze wiejskiej mołodycy. Kaśka czuła się swobodną w tej atmosferze i uśmiechała się na widok tych zapasów świeżego płynu, którego szerokie strugi zalewały nawet podłogę kuchni. (...) Chętnie zdjęłaby swoje skórkowe buciki, które piekły ją na podbiciu i umaczałaby rozpalone stopy w chłodnym, sinawym mleku, którego szeroka struga zalewała podłogę. Z jakąż radością zanurzyłaby swe ręce w stosie tej świeżej trawy, której zapach przypominał jej chałupę matki i spędzone dziecinne lata, bez troski, na przedmieściu małego miasteczka"[20].

---

[17] R. Benedict, Wzory kultury, przeł. J. Prokopiuk, Warszawa 2002, s. 320-321.
[18] Tamże, s. 348.
[19] G. Zapolska, Kaśka Kariatyda, Kraków 1957, s. 76.
[20] Tamże, s. 31.

Kaśka, jak widać, nie opuściła swej oazy dobrowolnie, lecz zmusiła ją do tego trudna sytuacja życiowa. Po okresie w miarę szczęśliwego dzieciństwa, bieda wynikająca z jej stanu sieroctwa skłoniła ją do szukania pracy w dużym mieście, w czym upatrywać możemy typowy model ludowej migracji. Początkowo panna znajduje zatrudnienie w fabryce, ale z czasem zostaje służącą, która sukcesywnie podporządkowuje się rytmowi miasta, nade wszystko jednak życiu kamienicy, gdzie dostaje posadę pomocy domowej. Mimo podjęcia przez nią próby dostosowania się do życia w metropolii, u bohaterki ujawniają się zwłaszcza na początku jej miejskiej kariery zachowania, gesty i odruchy charakterystyczne dla przedstawicieli kultury ludowej, w czym widać silne przywiązanie do tradycji.

Żywioł prowincji daje o sobie znać już w sposobie organizacji najbliższej Kasi przestrzeni. Jej niewielka, bardzo skromna izdebka, w której przyjdzie jej żyć, próbuje być przez nią oswojona metodami wywiedzionymi z organizacji izby wiejskiej. Mamy więc imitację tzw. świętego kąta, czyli miejsca, w którym umieszczano święte wizerunki, czy w formie obrazów, czy świątków, gdzie składano jako wota kwiaty bądź inne dary i odprawiano modły indywidualne oraz rodzinne. Rolę świętego miejsca otoczonego swoistym kultem w pokoiku służącej pełnią wizerunki świętych przyczepione bezpośrednio do ściany:

„Gdy zasłała ze starych desek pozbijane łóżko i pokryła je grubym prześcieradłem, a na ścianie powiesiła rzędem cztery piękne malowane obrazy, uśmiechnęła się w swym ubóstwie i uczuła się zadowolona. Te obrazy były jej jedynym bogactwem. Święta Trójca z szafirową kulą, przedstawiającą świat cały, Matka Boska Kochawińska, wychylająca czarną twarz z pozłocistej sukni, i święty Wincenty à Paulo z dzieckiem na ręku. Czwartym w tej galerii obrazów był Bogumił Davisohn[*], rozpostarty w purpurowym płaszczu i koronie cezarów. Kaśka, nie znając bohaterów sceny, umieściła tragika pomiędzy obrazami świętymi, uważając go za coś wysokiego ze względu na czerwony płaszcz i dumną, wyzywającą pozę, z jaką się rozpierał koło urny, na kolumnie wysokiej sterczącej"[21].

Szczególnie ostatni z obrazków, uznanych przez Kaśkę za wyobrażenie postaci świętego, wydaje się ciekawy. Obnaża on bowiem jeszcze jedną istotną cechę

---

[*] Bogumił Dawison (1818-1972) – znakomity polski artysta dramatyczny; odnosił duże sukcesy za granicą. Informacja pochodzi z przypisu do cytatu zamieszczonego w powieści Zapolskiej.
[21] G. Zapolska, Kaśka Kariatyda, s. 48-49.

ludowej religijności – nie tyle brak teologicznej wiedzy, co także stanowi jej immanentną cechę, ale przede wszystkim jej sensualistyczny wymiar, wyrażający się w potrzebie ukonkretniania wszelkich istot i zjawisk związanych ze sferą sacrum[22]. Potrzeba materializacji religijnych wyobrażeń, przybierająca w tradycyjnej kulturze ludowej określone formy przedstawień świętych w rzeźbie, malarstwie, także na szkle, a znajdująca również zaspokojenie w przedstawieniach ściennych w kościołach, doprowadziła do znacznej stereotypizacji tych wizerunków. Święty w tradycji ludowej, nawet jeśli był pokazany w roli męczennika, musiał być piękny i dostojny, co miało przemawiać na korzyść porządku Boskiego, który ten reprezentował na ziemskim padole. Pośrednio więc miał przekonywać oglądających malarskie wizerunki do prowadzenia religijnego życia. Stąd też nierzadko następowało swoiste kulturowe nieporozumienie, nieobce osobom pozyskującym dostęp do dóbr innej, a nieznanej dobrze kultury, kiedy jej element, zupełnie świecki, brano za przejaw sakralności. Tego rodzaju doświadczenie ukazuje Zapolska w działaniach Kaśki, która nieświadoma pomyłki, traktuje zdjęcie przystojnego aktora, popularnego zresztą w czasach Zapolskiej, jako obraz Bożego wybrańca.

Przejawem ludowej religijności w omawianej powieści jest również niejedna zresztą wizyta bohaterki w kościele. Regularne zaglądanie do świątyni stanowi dla samotnej panny nie tylko sposób na spędzanie wolnego czasu czy też rodzaj ucieczki od trudów codzienności. Wizyta staje się nieuświadomionym rytuałem, silnie wpojonym w dzieciństwie. Jak pisał Czarnowski, badający ludowy rytualizm religijny,

„[...] u dziewczyn dorosłych okazywanie nabożności umiarkowanej, uczęszczanie regularne na nabożeństwa, udział w nich od początku do końca, śpiewanie wraz z innymi jest dobrze widziane, aby tylko ta nabożność utrzymana była w karbach i nie przeszkadzała oddawaniu potrzebnego czasu sprawom świeckim. Dziewczyna, która ostentacyjnie do kościoła nie chodzi, która nie odbywa spowiedzi wielkanocnej, traci dobra opinię"[23].

Wizytom w kościele, w czym również widać ślady ludowej pobożności, towarzyszy szczególny kult Matki Boskiej, orędowniczki polskiej prowincji.

---

[22] S. Czarnowski, Kultura religijna wiejskiego ludu polskiego, w: tamże, Kultura, Warszawa 2005, s. 116-120.
[23] Tamże, s. 122-123.

Powieściowa Kariatyda wobec wizerunku tej świętej czuje się bezbronną, kruchą istotą, czemu niejednokrotnie towarzyszą wyrzuty sumienia, gdy brakuje m.in. wotów dla Bożej rodzicielki:

„Kaśce zrobiło się bardzo przykro.

Przyszła z pustymi rękami, nie złożyła żadnej „audańs" na ołtarzu Matki Boskiej. Wczoraj wszakże kupiła sobie nafty i pachnącego mydła za ostatnie pieniądze. Mogła się wyszorować zwyczajnym mydłem, a na ołtarz audań położyć. Co jej po tym, że pachnie migdałami? – Matka Boża zapachów nie potrzebuje, a elegancją duszy nie zbawi. I bardzo skruszona korzy się u stóp ołtarza, przyrzekając przyjść za trzy tygodnie i kupić piękną „ofiarę" – serce albo krzyżyk, zresztą zobaczy, co będzie piękniejsze"[24].

Przejawem prowincjonalnej pobożności w tradycji ludowej było traktowanie Matki Boskiej jako opiekunki pokrzywdzonych, osieroconych, nieszczęśliwych, o czym pisał m.in. Stefan Czarnowski[25], ale – co ważne – opiekunki aktywnie obecnej w życiu religijnej wspólnoty wioskowej, udzielającej pocieszenia i wspomożenia. W powieści Zapolskiej sceny ukazujące stan ducha Kaśki, modlącej się do świętej Maryi w kościele, wyraźnie na tego rodzaju podejście pokrzywdzonej dziewczyny wskazują[26]. Wiele na ten temat mówi odbiór także wizerunków innych świętych, którzy w mniemaniu samej bohaterki patrzą na nią raz srogo, raz ze smutkiem, a niekiedy pogodnie, co też wiązać można z prymitywną skłonnością do konkretyzacji religijnych doznań.

Fakt zapomnienia przez pannę ofiary dla świętej wydaje się pierwszym symptomem zmian, które w niej zachodzą w zetknięciu z nowym systemem kulturowym. Ten drobny akt pozornie bez znaczenia wyraźnie wskazuje na stopniową wewnętrzną przemianę dziewczyny, stykającej się z kulturą mieszczańską, reprezentowaną przez jej chlebodawców, a jednocześnie z kulturą robotniczą, reprezentowaną choćby przez domowego stróża i pozostałe służące z kamienicy. Dla obu tych grup wartością nadrzędną okazują się pieniądze i dające się za nie nabyć wszelkiego rodzaju dobra doczesne. Religia nie odgrywa w tym systemie decydującej roli, czego świadectwem jest choćby pogardliwe stwierdzenie chlebodawcy Kaśki, że Matka Boska kwiatków nie potrzebuje i zniszczenie zakupionego przez dziewczynę bukietu bzów przeznaczonych w

---

[24] G. Zapolska, Kaśka Kariatyda, s. 108-109.
[25] S. Czarnowski, dz. cyt., s. 112-114, 117-118.
[26] G. Zapolska, Kaśka Kariatyda, s. 109-111.

ofierze dla świętej. Dominujący materializm, ciągłe liczenie i przeliczanie pieniędzy, staje się zresztą przyczyną przewartościowań aksjologicznych dziewczyny. Uczciwa Kaśka, pod wpływem namowy zaprzyjaźnionej Julii, zaczyna dokonywać drobnych oszust, zawyżając m.in. kwoty zleconych jej zakupów i przywłaszczając resztę. Pozyskane pieniądze przeznacza na przyjemności ze swym adoratorem, późniejszym kochankiem – Janem.

Przejściu z systemu kultury pracy obowiązującego na polskiej wsi, gdzie wartością człowieka było posiadanie ziemi oraz uprawa roli, do odmiennego systemu kultury pracy oferowanego przez miasto (m.in. służba) i związaną z nim kulturą pieniądza (stanowiącego formę regularnego wynagrodzenia za codzienny trud) i czasu wolnego towarzyszą dość silne zmiany obyczajowe. Pojęcie czasu wolnego, nie istniejącego w zasadzie na wsi, gdzie zawsze istniała konieczność zajmowania się choćby gospodarstwem, darciem pierza czy obróbką lnu, w mieście skłania do szukania beztroskich rozrywek, pozwalających zapomnieć o trudach dnia codziennego. Z racji braku większych sum znaczna część ukazanych bohaterów poprzestaje na spożywaniu alkoholu i przelotnych romansach, a ponieważ nawet na drobne przyjemności potrzeba funduszy, więc przyjętą normą staje się dokonywanie wobec swych pracodawców niewielkich oszustw oraz kradzieży, uchodzących w danej grupie za wyraz sprytu oraz zaradności życiowej. W takim świecie czysta moralnie Kaśka przeistacza się stopniowo w istotę nieczystą, co początkowo ją dręczy, lecz z czasem rodzi obojętność wobec towarzyszących grzesznym uczynkom wyrzutom sumienia:

> „Gdy po ukończeniu rachunku weszła do kuchni, a załatwiwszy się z robotą, uklękła do wieczornego pacierza, nie mogła odmawiać modlitw jak zwykle. Mimo woli słowa więzły w jej gardle, a oczy, zamiast wprost na obrazy świętych, patrzyły uparcie w ścianę. Tak czysta i dobra dusza w swej ślepej wierze sądziła, że z malowanych twarzy świętych wyczyta ostrą naganę za zły postępek, jakim się splamiła.
>
> Dlatego to Kaśka klęczała długą chwilę, milcząc i nie śmiejąc spojrzeć w twarz Najświętszej Panienki, a nawet surowe oczy Davisona. Pozwoli jednak oswoiła się ze swym stanem. Był to początek rozkładu nie zepsutej jeszcze natury"[27].

W nurt przemian moralnych zachodzących w Kaśce wpisuje się też jej narastająca swoboda seksualna, której uczy się od swych rówieśnic, a także od

---

[27] Tamże, s. 143.

swej zdradzającej małżonka chlebodawczyni. Początkowo pragnie zachować czystość przedślubną, marząc o życiu u boku wybranego męża, co widoczne jest w odpieraniu wszelkich zalotów mężczyzn[28], których nie chce i nie rozumie[29]. Tym samym chce postępować zgodnie z wzorcem kulturowym wyniesionym z domu, obowiązującym w małych społecznościach, gdzie każda sprawa była sprawą publiczną, kontrolowaną, szczególnie kwestia tzw. dobrego prowadzenia się. Z czasem, nie podlegając w zasadzie społecznej cenzurze, a raczej stykając się z powszechnym przyzwoleniem i zachętą, zmienia swe przekonania, zwłaszcza że ukochany stróż Jan, ściskając ją na kuchennych schodach, obiecuje jej małżeństwo. Kobieta ulega mężczyźnie, łudząc się rychłym ślubem, do którego oczywiście nie dochodzi, gdyż wybranek zdecydowanie preferuje niezobowiązujący tryb życia. Wyrazem moralnego zepsucia mężczyzny jest nie tylko odtrącenie ciężarnej Kaśki i wyparcie się własnego dziecka, ale też sypianie z przyjaciółką swej kochanki. Swoboda obyczajowa charakteryzuje zresztą nie tylko klasę pracującą, ale też przedstawicieli pozostałych warstw społecznych, czego dowodzi dyskretna zdrada męża pani tytułowej Kariatydy.

Finałem kulturowo ujętego przejścia jest całkowite zagubienie bohaterki – jej odtrącenie przez wszystkich, nawet przez Kościół i ukochanego Jana, śmierć dziecka w trakcie porodu, odbieranego gdzieś na brudnych przedmieściach przez podejrzaną akuszerkę, co wywołuje poważny wstrząs psychiczny, w końcu zgon kobiety. Dopełnieniem obrazu jest oddanie ciała niewinnej ofiary systemu społecznego do prosektorium dla celów badawczych. Szczególnie ostatni element pośmiertnej egzystencji Kaśki jest wyraźnym przejawem całkowitego zawłaszczenia jej przez miasto, przez kulturę, którą ono uosabia, przez cywilizację, jednym słowem – dramatycznego przejścia od natury do kultury, co narrator nie bez gorzkich słów komentuje:

„Ona, skamieniała w swym cierpieniu, patrzy wciąż w przestrzeń szeroko rozwartymi i nieruchomymi źrenicami i leży spokojna, mimo swej nagości, wśród tej gromady mężczyzn jeszcze pobladłych od nocnej rozpusty. Dręczona życie całe jak zwierzę, wyzyskiwana moralnie i fizycznie, zdradzona, oszukana, sponiewierana, wygłodzona,

---

[28] Tamże, s. 48.
[29] Tamże, s. 92.

ofiarowuje jeszcze wymęczone ciało swoje na potrzeby ludzkości, ofiarowuje je pod skalpel, który lada chwila zanurzy się w jej łonie. Kariatyda!"³⁰.

W tym zakresie Zapolska zdaje się być prekursorką nie tylko feminizmu, ale także pewnych tendencji typowych dla zdecydowanie późniejszego tzw. nurtu chłopskiego w literaturze. Poczynając już od dwudziestolecia międzywojennego, głównie jednak po II wojnie światowej, tacy twórcy jak Jan Piętak, Stanisław Pigoń, Tadeusz Nowak czy Jan Kawalec, pisarze chłopskiego pochodzenia, zaczną na kartach swych powieści obnażać dylematy towarzyszące zmianie paradygmatu kulturowego³¹. W ich utworach zostaną ukazane, oczywiście w zdecydowanie głębszym i pełniejszym wymiarze niż czyni to Zapolska, negatywne skutki, wiążące się z awansem społecznym, z przejściem ze wsi do miasta, z prowincji do wielkiego ośrodka. Nierzadko, jak w choćby w *Tańczącym jastrzębiu*, próba życiowej zmiany zostaje zakończona samobójczą śmiercią bohatera. Zapolska niejako wyprzedziła ten nurt, pokazując na przykładzie Kaski Kariatydy trudy towarzyszące poszukiwaniu swego nowego miejsca na ziemi, wiążące się z przejściem z jednego do drugiego, zupełnie obcego środowiska. Oczywiście w żadnym wypadku pisarka nie gloryfikuje wsi i życia jej mieszkańców ani nie neguje kultury metropolii, lecz raczej koncentruje się na pokazaniu konsekwencji kulturowego przejścia, zwłaszcza istoty słabej, naiwnej, dobrodusznej, łatwo poddającej się obcym wpływom.

3. *Bydlę* oraz *Małaszka*, czyli lud w zetknięciu w kulturą nieludową

Autorka *Moralności pani Dulskiej* posuwa się dalej w swych obserwacjach, uświadamiając czytelnikom, że nawet życie na wsi, a więc pozostanie w macierzystym środowisku nie gwarantuje spokoju, bowiem może zostać zakłócone przez ingerencję innej, zewnętrznej kultury i okazać się równie tragiczne w skutkach. Doskonale uzmysławia tę prawidłowość wspomniane już opowiadanie *Bydlę*, a nade wszystko opowieść o *Małaszce*. Wymienione historie mają pewne elementy wspólne, więc warto omówić je łącznie, bowiem

---

[30] Tamże, s. 341-342.
[31] R. Sulima, Folklor i literatura. Szkice o literaturze i kulturze współczesnej, Warszawa 1976.

w obu pokazano skutki przemian kulturowych przedstawicieli chłopstwa mających bezpośrednio w miejscu zamieszkania dostęp do kultury wyższej. Bohater z przywołanego opowiadania *Bydlę* jest mieszkańcem wsi, ma żonę i dziecko, ale większość czasu spędza we dworze, gdzie zajmuje się obsługą tzw. kredensu. Zachwyt nad dobrami materialnymi, które ma pod swoją opieką, możność obserwacji wystawnego życia chlebodawców powodują w nim niechęć do swej dotychczasowej, chłopskiej egzystencji, unikanie wywiązywania się z wszelkich obowiązków domowych i rodzinnych. Wprost nawet mowa jest o tym, że:

„Chata, w której mieszkała jego żona, nie była mu domem, chodził tam w gościnę w chwilach wolnych, nie pamiętając i nie wiedząc nawet, jakie imiona miały jego dzieci.

Od grzebania się w ziemi i mieszkania w izbie z uklepaną z gliny podłogą odwykł i tylko w kredensie żyć już mógł, w tym kredensie, pomiędzy szafą z ubraniami pana sędziego i kantorkiem, w którym chował roczniki „Tygodnika Ilustrowanego"[32].

Efektem odrzucenia starej, a nieświadome w gruncie rzeczy przyjęcie nowej kultury są wyrzuty sumienia mężczyzny i zagłuszanie ich poprzez nadużywanie alkoholu. Zapolska, trafnie nakreślając portret psychologiczny służącego, dokonuje nie tylko interesującej diagnozy przyczyn pijaństwa, ale nade wszystko wprowadza ciekawy zabieg porównania bohaterów z różnych sfer, dotkniętych tym samym nałogiem. Alkoholizm sędziego jest odbierany przez jego najbliższe otoczenie jak rzecz naturalna, zwykła mężowska słabość czy dolegliwość, o którą nie robi się awantur. Nadużywanie trunków przez wieśniaka nie tylko wywołuje wobec niego pogardę państwa – sędzina nawet nazywa go z tego powodu „bydlę"[33], ale nade wszystko gwałtowną, usankcjonowaną społecznie reakcję małżonki:

„Kiedy bowiem szedł przez wieś – a Warka broń Boże „audań" w ogrodzie za chruściakiem przy burakach albo tytoniu, to porywała się z wrzaskiem, aż jej medaliki po piersiach dzwoniły.

A doloć mają, doloć zatracona! – krzyczała przez płot przełażąc, rozdzierając spódnicę, zapaskę, z „dolami" najeżonymi dokoła twarzy jak faworyty pana sędziego.

---

[32] G. Zapolska, Bydlę, [w:] taż, Dzieła wybrane, t. 12, Nowele. Menażeria ludzka, Kraków 1958, s. 155.
[33] G. Zapolska, Bydlę, s. 149.

I był to lament tak wielki, że wszystkie baby, jakie były w chacie, wypadały na drogę z koszulami zawiniętymi po kolana, z zapaskami ubielonymi mąką; ta od łatania świty, ta od przewijania dziecka. Wszystkie otaczały Janka i Warkę – łamały ręce, kiwały głowami – a dokoła podskakiwały dzieci w zgrzebnych koszulach, czasem zupełnie nagie, z masą jasnych włosów na szpiczastych głowach, i kwiczały prosięta zbiegłe ze źle domkniętych chlewików..."[34].

Już nawet w zachowaniu żony i wspierających ją kobiet widać ciekawie ukazany przez Zapolską mechanizm wspomnianej tzw. cenzury społecznej. Gdy w kulturze miasta czy dworu wszystkie występki się kamufluje, metaforycznie mówiąc – pudruje i woaluje, co widać także w *Kaśce Kariatydzie* (m.in. sprytne zachowanie pani, która pod pretekstem odwiedzania chorej matki spotyka się z kochankiem), w kulturze wsi dobitnie się naganne uczynki ujawnia, dokonując wyraźnego napiętnowania. Być może babskie lamenty przyniosłyby jakiś pozytywny skutek, gdyby nie fakt, że bohater miał zapewnione miejsce ucieczki – dwór. To od jego mieszkańców i z jego zasobów czerpał różne wzorce, nie tylko w trakcie obserwacji (np. naśladując swego pana, odnoszącego się do niego pogardliwie, bydlęciem nazywa podległego mu lokajczyka[35]), ale i z lektur, co wywoływało w nim wewnętrzne rozdarcie. Zwłaszcza w chwilach alkoholowych uniesień miotał się po okolicznych drogach, nie widząc co ze sobą zrobić,

„[...] z fantazją przepełnioną wizjami powieści i artykułów, których nie rozumiał setnej części, z tęsknotą straszną [...]. Bydlę miało to wszystko w sobie, to wycie rozpaczliwe w pustkę, która się powiększa z dniem każdym. Jak duch pokutujący, jak trup, któremu nie dano mogiły i domowinki uskąpiono – tak błąkał się Janek od karczmy do dworu z „Tygodnikiem" sterczącym brudną bielą druku z obciągniętej kieszeni surduta"[36].

Tak zarysowany w epickiej miniaturze konflikt wewnętrzny musi się skończyć tragicznie dla bohatera. Pijany służący, nie będąc w stanie pełnić właściwie posługi, zostaje zwolniony, co skutkuje jego ogromną rozpaczą. Rusza więc do karczmy, gdzie zamierza ukoić swe smutki poprzez spożywanie trunków. Pragnąc uniknąć jazgotu żony, rezygnuje z marszu przy swej chacie i korzysta z przeprawy łodzią przez jezioro, ale w jej trakcie uświadamia sobie tragizm swej sytuacji:

---

[34] Tamże, s. 149-150.
[35] Tamże, s. 151.
[36] Tamże, s. 150.

"Serce Janka, które było w tej chwili jedną raną, targnęło się jeszcze silniej i codzienna melancholia, tłocząca go ku ziemi, wżarła się w boleść rozstania z tym, co już za swoje przywykł uważać, co się z nim zrosło, z czym umrzeć miał...

Przed nim bielił się dwór, nieduży, silny, dobrze rozłożony na tle masy drzew. Z boku widać było ganeczek i wejście do kredensu. Do kredensu!...

I nagle porwał Janka szał.

Schwycił gobelin i cisnął go w wodę.

- Sczeźnij! – zasyczał przez zęby. [...]

Był cały teraz czerwony, z sinymi pręgami żył po obu stronach skroni. Z serca krew mu płynęła na mózg zatruty siwuchą. Pijany był w tej chwili, pijany rozpaczą.

Za nim wciąż kołatki grały.

Teraz pochylił się, porwał stos „Tygodnika" i w wodę wrzucił. [...] czółno gwałtownie się przechyliło, a on z dziką radością, po raz pierwszy w życiu roześmiany serdecznym, gorącym śmiechem, w wodę skoczył, waląc się głową naprzód, tak jak zwyczajnie na swój tapczan w kredensie się walił"[37].

Zarówno dziwną w takim momencie radość bohatera, jak i brak podjęcia przez niego próby ratowania się z topieli można odebrać jako wyraz świadomej decyzji mężczyzny o własnej śmierci. Silniejsza okazała się w nim potrzeba bycia w lepszym świecie niż nieszczęśliwy powrót w roli osobnika przegranego do znienawidzonej chaty i w rzeczywistości obcej mu rodziny, zresztą niewykluczone, że właśnie z tego powodu fizycznie przez niego maltretowanej. Konflikt kulturowy, konflikt na swój sposób tragiczny, który lokaj uosabiał, został ostatecznie rozwiązany i to niejako wbrew wzorcom wyniesionym z kultury ludowej. Samobójstwo, romantycznie przedstawiane w literaturze, w chłopskim ujęciu traktowane było jako najcięższa zbrodnia, skutkująca nie tylko brakiem spokoju po śmierci, ale i niegodnym pochówkiem, zwykle poza granicami cmentarza[38].

Z innym, ale równie ciekawym wypadkiem mamy do czynienia w opowieści *Małaszka*, w której tytułowa bohaterka, piękna wiejska dziewczyna, jest spragniona nowych doświadczeń:

„Oczy jej szare, ocienione długimi rzęsami patrzyły na świat badawczo, niespokojnie jakoś.

---

[37] Tamże, s. 156-157.
[38] H. Biegeleisen, Śmierć w obrzędach, zwyczajach i wierzeniach ludu polskiego, Warszawa 1930, s. 99-109.

W oczach tego chłopskiego dziewczęcia migały chwilami jakieś zielonawe ogniki. Tryskała z nich ciekawość i żądza nieznanego"[39].

Przede wszystkim jednak ulega fascynacji życiem bogatego dworu. Już jako dziewczynka podgląda przez okna czy zerka zza płotu, co dzieje się wewnątrz eleganckiego domostwa bądź na jego dziedzińcu:

„Ja by wolała być we dworze, tam takie jasne świece jak w cerkwi, a ściany malowane złotem! Widziałam przez szyby"[40].

Z podziwem patrzy także na wszystkich, którzy mają jakikolwiek kontakt z dworem i z jego mieszkańcami. Stąd też, gdy podrośnie, nie zaskakuje specjalnie jej decyzja o ślubie z biedakiem, z wioskowym sierotą, który jednak ma przewagę nad innymi konkurentami – pracuje w dworskim gospodarstwie, co bohaterce umożliwia dostanie się do podziwianych w dzieciństwie wnętrz: „Wprawdzie Julek nie był audańskim, ale zawsze był to już sługus dworski, ktoś z pałacu, z kredensu..."[41]. Z czasem jednak pozbawione uczuć małżeństwo zaczyna ją drażnić, a głównym marzeniem staje się zbliżenie do hrabiostwa. Kiedy więc nadarza się okazja, by przeprowadzić się do miasta w roli mamki szlacheckiego potomka, bez wahania pozostawia własne malutkie dziecko i nieporadnego męża, nie informując go nawet o swym postanowieniu. W mieście dziewczyna rozkwita, czuje się w końcu u siebie, a za pierwsze zarobione pieniądze kupuje piękną, czerwoną spódnicę z jedwabiu, której szelest sprawia jej wręcz fizyczną przyjemność. Warto dodać, że Zapolska zresztą nie stroni od opisów poczucia dumy ujawniającej się u Małyszki, jej dystynkcji i skłonności do zbytku. Stan pychy z czasem wiedzie do podjęcia przez bohaterkę prób uwiedzenia hrabiego, by jeszcze bardziej przybliżyć się do tak pociągającej ją sfery i stylu życia kojarzonego z luksusem. Nie wydaje w tym kontekście słusznym zarzut, jakoby postawa dziewczyny wynikała jedynie z fizjologicznego pożądania, na co wskazuje w swej pracy Agata Chałupnik[42]. Raczej wiązać tę skłonność można z niezwykle silnym pragnieniem zaznania lepszej egzystencji, której zdobycie wymagało ofiar i poświęceń, także z

---

[39] G. Zapolska, Małaszka, http://www.pbi.edu.pl/book_reader.php?p=6512&s=1
[40] Tamże.
[41] Tamże.
[42] A. Chałupnik, dz. cyt., s. 40.

własnego ciała. Warto dodać, że podobny motyw spotkamy w innej powieści Zapolskiej – w *Córce Tuśki*, gdzie jedna ze służących, zajmująca się naprawianiem i szyciem odzieży dla państwa, z całą premedytacją uwodzi pana domu, by w ten sposób nakłonić go do kupienia jej upragnionej maszyny do szycia. Dzięki jej pozyskaniu, do czego zresztą dochodzi, panna może zostać niezależną krawcową, może zapracować na siebie, nie licząc się z łaską czy niełaską chlebodawców.

W wypadku Małaszki jednak nie dochodzi do zbliżenia z hrabią, gdyż bohaterka, dążąc do zaspokojenia swego pragnienia, wybiera się co prawda na schadzkę, ale przedtem poi podległe jej opiece dziecko wódką, w efekcie czego doznaje ono wstrząsu i umiera. Nawet w tej okrutnej, zdawałoby się scenie, ponownie ujawnia się typowy dla przedstawicieli kultury ludowej sposób obchodzenia się z niespokojnym niemowlęciem. Poza częstym biciem, o którym zresztą jest mowa i w opowiadaniu *Bydlę*, i w *Małaszcze*, i w *Pielgrzymce pani Jacentowej*, gdzie oprócz bezpośredniego znęcania się nad podopiecznymi są też obrazy głodzenia potomstwa, odnaleźć można tradycyjny, chłopski sposób na uspokojenie płaczącego dziecka, czyli pojenie wódką, zamiennie stosowanego z podawaniem wywaru maku z mlekiem[43].

Śmierć hrabiątka sprawia, że dziewczyna zostaje wygnana, wraca na wieś, ale i tam nie znajduje ukojenia, bowiem jej własne dziecko przez nią zaniedbane, a nieumiejętnie chowane przez ojca – również umiera, a mąż z tego powodu popada w obłęd. Efektem końcowym jest dość tajemniczy pożar i śmierć obydwojga.

4. Kultura wsi w starciu z kulturą miasta – w prozie Zapolskiej

Tragicznych przykładów niedopasowania, kulturowego zachwiania równowagi obyczajowej, religijnej czy aksjologicznej, można znaleźć w twórczości Zapolskiej zdecydowanie więcej. W tle tych ludzkich tragedii pojawiają się dyskretnie wprowadzone przez pisarkę cytaty z pieśni ludowych, z ballad podwórzowych, elementy folkloru dziecięcego, ciekawe, choć migawkowe opisy podhalańskich chat, góralskich przesądów czy zasad moralnych. Stanowią

---
[43] F. Kotula, Znaki przeszłości, Warszawa 1976, s. 189-192.

one nie wartość samą w sobie, lecz istotne dopełnienie obrazu człowieka uwikłanego w proces kulturowych przemian. Właśnie obecność tego rodzaju składowych w prozie Zapolskiej pokazuje, że jednostka ludzka jest zarazem twórcą, jak i nosicielem określonej kultury, to ona buduje normy, które potem sankcjonowane przez wspólnotę pozwalają na lepszą orientację w świecie. Teza ta zgodna zdaje się z ustaleniami wspomnianej Ruth Benedict, wedle której:

> „Społeczeństwo [...] nigdy nie jest całością, którą można by oddzielić od składających się na nią jednostek. Żadna jednostka nie może osiągnąć nawet progu swych możliwości, bez kultury, w której partycypuje. I odwrotnie, żadna cywilizacja nie zawiera ani jednego składnika, który w ostatecznej analizie nie byłby wkładem jakiejś jednostki"[44].

Jednak pisarka zdaje się sugerować, że nie ma jednego uniwersalnego wzoru kultury. Kultura wsi i przedmieść, w jej ujęciu, zdaje się bardziej autentyczna, jednoznaczna, prostsza, choć nie pozbawiona prymitywizmu. Jednak i oferowane przez nią zasady oraz wzorce nie są na tyle stabilne, by w konfrontacji z inną kulturą przetrwać, co najlepiej obrazują postaci kobiece w jej powieściach – Kaśka czy Małaszka. Zapolska zdaje się stawiać tezę, że atrakcyjniejsza z perspektywy odbioru kultura miasta – jawiąca się jako kolorowa, gwarna, dynamiczna, jeszcze bardziej niewoli człowieka niż zgrzebna, choć stabilniejsza kultura wsi. Tej ostatniej w żadnym wypadku Zapolska jednak nie gloryfikuje, uciekając od romantycznych uniesień nad polskim siołem. Pokazuje, że także w wioskową scenerię wpisane są ludzka tragedia, bieda i nieszczęście. Można jednak odnieść wrażenie, że wedle autorki *Moralności pani Dulskiej* kultura chłopska zdaje się bardziej prosta i jednoznaczna aksjologicznie niż kultura miasta, która w rzeczywistości jest kulturą brudu – fizycznego i moralnego. Nie pozostawiają w tym zakresie wątpliwości interpretacyjnych zarówno sceny śmierci głównych bohaterów, zwykle w poniżeniu, jak i obrazy często przez pisarkę przywoływanych miejskich okien, skrywających prawdziwe oblicza domostw i ich mieszkańców, kuszących do złego schodów kuchennych, mrocznych podwórek, suteren i poddaszy, a nade wszystko zamykanych na noc bram, przez które dyskretnie przemykają się mieszkańcy kamienic.

---

[44] R. Benedict, *Wzory kultury*, przeł. J. Prokopiuk, Warszawa 2002, s. 350.

DARIUSZ BRZOSTEK

Higiena jako mechanizm biowładzy.
Uwagi o *Przedpieklu* Gabrieli Zapolskiej

I

W powieści Gabrieli Zapolskiej *Przedpiekle*, referującej histeryczne perypetie osieroconej Stasi w opresyjnej i panoptycznej scenerii pensji dla panien ścierają się rzekomo dwie wizje wychowania: konserwatywna i modernistyczna, religijna i świecka, histeryczna i higieniczna. Role zostają rozdzielone w sposób nie budzący żadnych wątpliwości, a sympatia narratora skłania się wyraźnie ku nowej pedagogice – wolnej od religijnych dogmatów, „eterycznych miazmatów ducha" i represjonujących płciowość wzorców osobowych – skupionej na zdrowiu ciała i higienie życia codziennego. Jeśli więc kierowniczka pensji, pani Gierczykiewicz oraz nieco demoniczny w swym ascetyzmie ksiądz Marek reprezentują tu stronę konserwatywną i pedagogikę religijną, to opiekun medyczny pensjonarek, zauroczony Stasią, doktor Gwozdecki jest przedstawicielem tendencji modernizacyjnych w teorii i praktyce wychowawczej skierowanej do „młodych panien". Ich spór wydaje się najistotniejszym aspektem ideowej wymowy powieści Zapolskiej. Czy jednak w istocie mamy tu do czynienia z **konfliktem** opresyjnego systemu pedagogicznego ufundowanego na chrześcijańskich taktykach wychowawczych (ascetyzm, dyscyplina praktyk religijnych, spowiedź)[1] z modernistyczną pedagogiką osadzoną w wolnej od ideologii i dogmatyki wiedzy naukowej i praktykach higieny publicznej? Czy może raczej obserwujemy tylko dwie strony tego samego medalu, gdzie medyczny „zwrot ku ciału" jest wyłącznie

---

[1] Michel Foucault nazwał je niegdyś trafnie „technikami siebie" – pozwalającymi „jednostkom dokonywać, za pomocą własnych środków bądź przy pomocy innych, pewnych operacji na własnych ciałach oraz duszach, myślach, zachowaniu, sposobie bycia, operacji, których celem jest przekształcenie siebie tak, by osiągnąć pewien stan szczęścia, czystości, mądrości, doskonałości czy nieśmiertelności". Zob. M. Foucault, Techniki siebie, [w:] tenże, Filozofia, historia, polityka. Wybór pism, przeł. D. Leszczyński, L. Rasiński, Warszawa 2000, s. 249. Wynikają one wprost z tego typu władzy, którą Foucault analizował jako typową dla chrześcijaństwa „władzę pastoralną". Zob. M. Foucault, „Omnes et singulatim": przyczynek do krytyki politycznego rozumu, tamże, s. 219-246.

nieuniknionym rewersem wieloletniego „prymatu ducha", korzystającym z równie opresyjnych metod wychowawczych? Aby odpowiedzieć na tak postawione pytanie, musimy spróbować zrekonstruować w tym miejscu swoisty „program pedagogiczny" doktora Gwozdeckiego, który formułuje on wprost w swych wypowiedziach skierowanych do pani Gierczykiewicz.

II

Do ostatecznej konfrontacji[2] tych dwóch strategii wychowawczych dochodzi podczas spotkania doktora z kierowniczką pensji w jego gabinecie, już po pierwszych atakach histerii, jakim ulegają skłonne do (religijnej i erotycznej) egzaltacji pensjonarki. Wówczas to Gwozdecki formułuje swą fundamentalną refutację pedagogiki tradycyjnej, proponując jej naukową (medyczną) „alternatywę". Prezentując swój program, doktor rozpoczyna od krytyki konserwatywnej normy wychowawczej skoncentrowanej na formowaniu ducha przez odrzucenie ciała[3]. Wypowiada się przy tym w tonie kpiącym: „dziewczyny te są zdrowe, bo kaszlą i plują tylko po kątach, bo trzęsą się jak galarety, bo ich organa karłowacieją zamiast się rozwijać, bo blednica zgniliznę w ich ciała wprowadza, bo katar żołądka pokarm ich w truciznę obraca, bo konwulsje histeryczne kandydatkami do szpitali je robią"[4]. Dzieje się tak, ponieważ strategii wychowawczej praktykowanej w pensji pani Gierczykiewicz patronuje „dusza". By przywołać w tym miejscu pamiętne stwierdzenie Michela Foucaulta: „Dusza – więzienie ciała"[5]. Gwozdecki wypowiada się w sposób

---

[2] Konfrontacja ta ma zresztą przebieg dość szczególny – obejmuje bowiem niemal wyłącznie obszerny „monolog programowy" Gwozdeckiego. Jedynym wyraźnym aktem polemicznym pani Gierczykiewicz (prócz zachowań pozawerbalnych – jak chęć opuszczenia gabinetu) jest jej finałowa wypowiedź, w której jednoznacznie odrzuca ona projekt Gwozdeckiego – motywując jednak swą odmowę raczej praktyczną nierealizowalnością postulatów doktora, niż ideowym sprzeciwem.
[3] Ciekawe przykłady ścierania się higieny motywowanej religijnie, w której „cykl menstruacyjny wciąż zawiaduje kalendarzem kąpieli" z regulaminami higienicznymi wprowadzanymi w szpitalach referuje na przykładzie dziewiętnastowiecznej Francji Alain Corbain w rozdziale Kulisy. Zob. Historia życia prywatnego. Od rewolucji francuskiej do I wojny światowej. Tom 4, pod red. M. Perrot, przeł. W. Gilewski, Wrocław 1999, s. 458.
[4] G. Zapolska, Przedpiekle, Kraków 1957, s. 189.
[5] M. Foucault, Nadzorować i karać. Narodziny więzienia, przeł. T. Komendant, Warszawa 1993, s. 37.

bardzo zbliżony: „pani wiesz jedynie o tym, czy wychowanki pani dostatecznie ukształtowały ducha! a ciało? ... ciało poszło w poniewierkę"[6]. Aby przeciwdziałać owej „poniewierce ciała", lekarz proponuje pani Gierczykiewicz bardzo praktyczne rozwiązania, ujęte w kilka czytelnych punktów. Przywołajmy je w tym miejscu: „ograniczyć liczbę godzin klasowych"; „pozbyć się połowy uczennic lub powiększyć lokal"; „wynająć mieszkanie za miastem, w otoczeniu pól i lasów"; „zaprowadzić gimnastykę, kąpiele, ruch"; „oddalić nauczycieli, natomiast przyjąć system **po klasztorach zaprowadzony** – wykładów kobiecych"; „zwrócić uwagę na rozwój fizyczny dziewczyn"; „kłaść nacisk na praktyczną stronę życia"[7]. Wszystko to stawia w uprzywilejowanej pozycji ciała dziewcząt, które kształtują się w sposób zdyscyplinowany – jak zobaczymy za chwilę – w ściśle określonym celu. Trzeba bowiem zauważyć, że w programie Gwozdeckiego kobieta zostaje zredukowana do swych funkcji cielesnych – nie wszystkich jednak, lecz tych tylko, które są „społecznie użyteczne", a więc reprodukcyjnych:

„Zamiast algebry – każ pani dziewczynom tym, pokrzywionym, cherlającym, anemicznym, wykładać anatomię, higienę – zamiast o Lukrecjach lub tyranach z Syrakuzy daj im pani dokładny pogląd **przeznaczenia fizycznego kobiety**, powiedz im, jak życie całe gotować się i kształtować mają do noszenia w swym łonie dzieci! do odbywania ciąży... porodu..."[8]

Nie ma tu więc miejsca nie tylko na „eteryczne miazmaty ducha", ale też na wiedzę stanowiącą fundament światopoglądu naukowego (algebra). Higiena i praktyki życia codziennego wyznaczają horyzont pedagogicznej wizji Gwozdeckiego – w odniesieniu do „cherlających pensjonarek". Z harmonogramu ćwiczeń doktora wyłania się obraz bliski procedurom dyscyplinarnym stosowanym w procesie kształtowania żołnierza (ale później także – ucznia czy artysty-wirtuoza): „Metody te, pozwalające na drobiazgową kontrolę czynności ciała, zapewniające ciągłe u**j**arzmianie jego sił i narzucające mu relację ›podatność-przydatność‹, można by nazwać dyscyplinami"[9]. Szczególne miejsce zajmuje tu, rzecz jasna, owa relacja między „podatnością" ciała na ćwiczenia a jego społeczną „użytecznością". W programie

---
[6] G. Zapolska, dz., cyt., s. 189-190.
[7] Tamże, s. 196. Podkreślenie – D.B.
[8] Tamże, s. 190-191. Podkreślenie – D.B.
[9] M. Foucault, Nadzorować i karać, s. 163.

wychowawczym Gwozdeckiego „podatność" kobiecych ciał na działanie zabiegów higienicznych ma się zatem przełożyć wprost na ich społeczną „przydatność" jako instrumentów reprodukcji biologicznej. Nie koniec na tym jednak, wszak nabywanie tych kompetencji „kobiecych" wiąże się w sposób nieunikniony z jeszcze jedną procedurą wychowawczą – systematycznym i skrupulatnym „badaniem". Sam doktor podkreśla to kilkakrotnie: „Czy pani badasz, jak rozwijają się dziewczęta, pieczy pani powierzone?"[10] (to diagnoza); „badać je co chwila ze skrupulatnością lekarza"[11] (to zaś recepta). Tylko higiena i regularne badanie zapewnią bowiem prawidłowy rozwój ciał kobiecych poddanych fizycznemu treningowi przygotowującemu je do „noszenia w swym łonie dzieci", co zdaniem lekarza jest podstawową powinnością kobiety. Gwozdecki daje temu wyraz wprost, mówiąc: „Pani wychowujesz matki! żony!"[12], choć, przyznajmy, dostrzega też nieco szerzej zakrojony cel edukacji kobiecej, postulując, by dać „każdej jeszcze w rękę jakiś fach, który dozwoliłby w razie biedy zarobić na utrzymanie"[13]. Jeśli więc ten „higieniczny program wychowawczy" dowartościowuje ciało, wyzwalając je z „więzienia ducha", to równocześnie traktuje ciało w sposób absolutnie sfunkcjonalizowany – nie tyle jako „ciało kobiety", ile jako społecznie użyteczne „ciało matki".

Na czym zatem miałaby polegać rewolucyjność propozycji Gwozdeckiego? Wolno przypuszczać, iż jego innowacyjność sprowadza się li tylko do zastąpienia ascetycznej i pastoralnej „władzy nad duszą", dyscyplinarną „władzą nad ciałem", a więc „biowładzą". W niej właśnie współczesne teorie społeczne widzą źródła „biopolityki" znamionującej pedagogiczne strategie nowoczesności, produkujące „specyficzny rodzaj ujarzmienia", który „mógł zrodzić człowiecze ›ja‹, uchodzące za przedmiot dyskursu korzystającego z prestiżu naukowości"[14]. Dyscypliny nie kształtują zatem wyłącznie ciała, ale formując je, wytwarzają zarazem swoistą (dyscyplinarną) tożsamość jednostki. Podmiotowość kobiet w programie wychowawczym Gwozdeckiego jest zatem docelowym punktem rozbudowanych praktyk higienicznych, obejmujących

---

[10] Zapolska dz. cyt., s. 189.
[11] Tamże, s. 196.
[12] Tamże, s. 190.
[13] Tamże, s. 196.
[14] M. Foucault, Nadzorować i karać, s. 30.

ciało w jego aspekcie zdrowotnym, seksualnym i prokreacyjnym, zaś same pensjonariuszki zostają ujarzmione jako „żony-matki", czyli w sposób zredukowany do społecznej funkcji reprodukcyjnej. Wszak nieustanna kontrola (badanie, egzamin): „W centralnym punkcie dyscyplinarnych procedur manifestuje ujarzmienie tych, których postrzega się jako obiekty i obiektywizację tych, których się ujarzmia"[15].

III

Przypomnijmy w tym miejscu, że Foucault definiował w sposób ogólny „biowładzę" jako „władzę, która objęła i ciało, i życie, lub [...] objęła życie w ogóle z jego dwoma biegunami: po stronie ciała i po stronie populacji"[16]. Jednostkowa „cielesność" (podatna i użyteczna) została tu podporządkowana „interesom" populacji. Warto w tym miejscu uzasadnić użycie metody przejętej od Michela Foucaulta do opisu „programu higienicznego" z powieści Zapolskiej. Otóż to właśnie Foucault uprawomocnił w refleksji filozoficznej nad biopolityką pojęcie „biowładzy", czyniąc zeń narzędzie opisu rozmaitych procedur dyscyplinarnych obecnych w kulturze europejskiej[17]. Co ważniejsze zaś pojęcie to wyprowadził wprost ze szczegółowych analiz zinstytucjonalizowanych praktyk społecznych wieku XVIII i XIX – zaprezentowanych choćby w książkach poświęconych „narodzinom" kliniki oraz więzienia. Foucaultowska metoda opisu „higieny dla dziewcząt" proponowanej przez doktora Gwozdeckiego jest więc nie tylko zasadna, ale też w znacznym stopniu zwalnia piszącego te słowa z dokonywania obszernych badań porównawczych w sferze procedur pedagogicznych i higienicznych współczesnych powieści Zapolskiej – dokonanych już przez francuskiego myśliciela. Nic nie stoi zatem na przeszkodzie, aby traktować program wychowawczy referowany w *Przedpieklu* właśnie w kategoriach biowładzy.

W przypadku funkcji reprodukcyjnej ciała kobiety, eksponowanej w wystąpieniu Gwozdeckiego, dyscyplinarne procedury „biowładzy" dotykały

---

[15] Tamże, s. 222.
[16] M. Foucault, Trzeba bronić społeczeństwa. Wykłady w College de France, 1976, przeł. M. Kowalska, Warszawa 1998, s. 250.
[17] Zob. T. Lemke, Biopolityka, przeł. T. Dominiak, Warszawa 2010, s. 42-63.

jednak kwestii szczególnie złożonej i wrażliwej – seksualności, nie tylko poddając ją kontroli, ale zarazem umieszczając w dyskursie nauk medycznych (wśród tego, co normalne i tego, co patologiczne), nakładając na siebie higienę i etykę. Jak zauważa francuski filozof w swej *Historii seksualności*, pisząc właśnie o dyskursie medycznym w XIX wieku:

> „Nauka związała się z natrętną i wścibską praktyką lekarską, [...]. Ale obok podejrzanych przyjemności przywłaszczyła sobie inne jeszcze władze: uznawała się za ostateczną wyrocznię w sprawach higieny. Łącząc stare obawy przed chorobami wenerycznymi z nowym tematem aseptyki, wielkie ewolucjonistyczne mity – z niedawno powstałymi instytucjami służby zdrowia; rościła sobie prawo do dbałości o kondycję fizyczną i czystość moralną organizmu społecznego; przyrzekała eliminację nałogowców, zwyrodnialców i zdegenerowanych populacji".[18]

W ten sposób wykształciło się swoiste „urządzenie wiedzy i władzy" w związku z seksem. Jego podstawą stały się zaś, jak chce Foucault, cztery „zespoły strategiczne", a więc społeczne taktyki zarządzania seksualnością. Wśród nich zaś np. „histeryzacja ciała kobiety" – „matka i jej negatyw ›kobieta nerwowa‹ – stanowią najbardziej widoczną oznakę tej histeryzacji"[19]; „socjalizacja zachowań prokreacyjnych", czyli „narzucenie im odpowiedzialności wobec całego organizmu społecznego"[20] czy wreszcie „pedagogizacja seksu dzieci" – sprawiająca, że seksualność dzieci postrzegana była jako „niepożądana aktywność, ›naturalna‹ i zarazem ›przeciwna naturze‹"[21]. Warto zwrócić uwagę, iż z programu wychowawczego Gwozdeckiego wyłaniają się (choć nie wprost) niemal wszystkie spośród wyróżnionych przez Foucaulta „zespołów strategicznych" znamionujących „urządzenie seksualności", jakie konstytuowało się w kulturze europejskiej począwszy od wieku XVIII na styku władzy i wiedzy, stanowiąc fundament nowoczesnej biopolityki. Nie ulega bowiem wątpliwości, że opiekun medyczny pensjonarek widzi w niekończącym się erotycznym pobudzeniu dorastających dziewcząt zagrożenie fizyczne (zdrowotne) i moralne („rozogniona ich wyobraźnia hamować zmysłów nie potrafi, pędząc je na nierząd i rozpustę!"[22]). Socjalizacja prokreacji jest zaś, w

---

[18] M. Foucault, Historia seksualności, przeł. B. Banasiak i in., Gdańsk 2010, s. 43-44.
[19] Tamże, s. 74.
[20] Tamże.
[21] Tamże.
[22] G. Zapolska, dz. cyt., s. 193.

oczach Gwozdeckiego, oczywistością, skoro widzi on w kobietach w zasadzie wyłącznie „reproduktorki ludzkości"²³, oddzielając seksualność od erotyzmu i przyjemności („nie dla rozkoszy kobietą jesteś!"²⁴). Histeryczne pensjonarki przeciwstawia zaś doktor konsekwentnie matkom, w których łonach „spoczywa ludzkość"²⁵. Najistotniejsze jest jednak to, że Gwozdecki w swym niezwykle emocjonalnym wystąpieniu niemal idealnie definiuje podstawowe założenia każdej biopolityki, mówiąc: „Ależ ludzkość z ciała się składa!"²⁶, wiążąc to, co jednostkowe z tym, co społeczne a bezpośrednie „władanie ciałem" łącząc z kontrolą populacji, której reprodukcji służą przede wszystkim „uspołecznione" (podatne i pożyteczne) ciała kobiet. Jest zatem projekt wychowawczy Gwozdeckiego swoistym programem „higieny publicznej" pojmowanej jako instrument „kontroli nad populacją"²⁷, której egzekwowanie powierza się rozmaitym instytucjom władzy, co w wieku XIX staje się (bio)polityczną normą: „codzienne zdrowie wszystkich, staje się odtąd obiektem stałej troski i interwencji ze strony policji"²⁸.

Czy zatem program Gwozdeckiego wpisuje się w te „ambicje ogrodniczo-hodowlano-chirurgiczne" państwa, których oświeceniową genezę wskazywał Zygmunt Bauman²⁹, mechanizmy śledził Foucault, zaś dramatyczne konsekwencje społeczne i etyczne odsłonił po latach Giorgio Agamben³⁰? Czy higieniczną wizję skromnego doktora ożywiają te same niebezpieczne fantazmaty, które zrodziły później totalitarne praktyki pedagogiczne nazizmu i komunizmu? Wszak: „Fantazje na ten temat rozkwitały w okresie międzywojennym w ideologicznie i politycznie wrogich sobie obozach. Znalazły swój wyraz w projektach ›nowego człowieka‹ w stalinowskiej

---

[23] Tamże, s. 191.
[24] Tamże, s. 197.
[25] Tamże, s. 192.
[26] Tamże, s. 190.
[27] Zob. M. Foucault, Bezpieczeństwo, terytorium, populacja, przeł. M. Herer, Warszawa 2010, s. 355.
[28] Tamże, s. 328. Przypomnijmy tylko, że policję definiuje Foucault szeroko – jako „zespół środków służących do pomnażania sił państwa, przy jednoczesnym zachowaniu doskonałego porządku". Tamże, s. 315.
[29] Z. Bauman, Wieloznaczność nowoczesna, nowoczesność wieloznaczna, przeł. J. Bauman, Warszawa 1995, s. 52.
[30] G. Agamben, Homo sacer: suwerenna władza i nagie życie, przeł. M. Salwa, Warszawa 2008.

dyktaturze, ale również w praktykach eugenicznych demokracji liberalnych"[31]. Wydaje się to nieuniknione, choć rzecz cała może być również nieco bardziej złożona. Aby przyjrzeć się tej złożoności nieco bliżej, powinniśmy tu rozpatrywać ów problem zarówno w kontekście upodmiotowienia – zinstytucjonalizowanego konstruowania tożsamości jednostek, jak i w perspektywie pojęcia *episteme*, a zatem zespołu „relacji, które mogą łączyć w jakiejś epoce praktyki dyskursywne umożliwiające pojawianie się figur epistemologicznych, nauk i ewentualnie systemów sformalizowanych"[32]. W jakim zatem *episteme* usytuowany został naturalistyczny, medyczny program wychowawczy Gwozdeckiego? Ciekawej odpowiedzi może udzielić nam Michel Onfray:

„Ciało w kulturze Zachodu jest chrześcijańskie. Nawet ciało ateistów, muzułmanów, deistów czy agnostyków wychowanych w geograficznej i ideologicznej strefie judeochrześcijańskiej. Nasza cielesna powłoka, przyjmowany przez nas bezwiednie platońsko-chrześcijański schemat ciała, symbolika narządów i ich zhierarchizowanych funkcji (szlachetność serca i mózgu, wulgarność trzewi oraz organów rozrodczych, górowanie neurochirurgii nad proktologią), spirytualizacja i odmaterializowanie duszy, zestawianie grzesznej materii z bezcielesnym, wzniosłym umysłem, ontologiczna stratyfikacja tych dwóch sztucznie przeciwstawionych komponentów, mroczne siły ekonomii libidinalnej ujmowane w kategoriach moralnych – oto sposoby tworzenia hierarchii na gruncie liczącego dwa tysiące lat dyskursu chrześcijaństwa".[33]

Zachodni dyskurs cielesności uformowała zatem judeochrześcijańska *episteme*, która „kształtuje spojrzenie lekarzy, specjalistów od radiologii i diagnostyki obrazowej, naznacza swoim piętnem filozofię zdrowia i choroby, normalności i patologii, pojmowanie cierpienia, podejście do bólu, farmacji, substancji znieczulających i narkotyków, wyznacza sposób, w jaki medyk zwraca się do pacjenta, a także stosunek do samego siebie, uwewnętrznienie własnego obrazu, konstrukcję idealnego ›ja‹ fizjologicznego, anatomicznego i psychologicznego"[34]. Także program Gwozdeckiego mieści się, z konieczności, w ramach tej *episteme*. Doktor dokonał wprawdzie istotnego przesunięcia w sferze wartościowania – sytuując ciało w miejscu ducha, ale zarazem nie tylko

---

[31] T. Lemke, dz. cyt., s. 22.
[32] M. Foucault, Archeologia wiedzy, przeł. A Siemek, Warszawa 1977, s. 231.
[33] M. Onfray, Traktat ateologiczny. Fizyka metafizyki, przeł. M. Kwaterko, Warszawa 2008, s. 64-65.
[34] Tamże, s. 65.

nie zakwestionował podstawowego celu „wychowania dziewcząt" (prokreacja, macierzyństwo), lecz także zachował opresyjne procedury pedagogiczne (spowiedź jako egzamin duchowy zastępując systematycznym badaniem ciała) – odwołując się nawet do praktyk kościelnych („system po klasztorach zaprowadzony"). Przede wszystkim jednak Gwozdecki nie przewidział w swym projekcie żadnego miejsca dla kobiety jako „autonomicznego podmiotu", który mógłby stać się podmiotem autorefleksyjnym – czyli kształtować siebie w zgodzie z własnym systemem wartości. W tym wymiarze oba dyskursy (religijny i naturalistyczny) nakładają się na siebie, tak w sferze fundamentalnego celu wychowania, jak i pozycji kobiety postrzeganej jako bezwolny obiekt praktyk pedagogicznych, z których jedne histeryzują podmiot, drugie zaś ujmują go li tylko w kategoriach społecznej użyteczności.

Wydaje się, że konieczny był jeszcze jeden zwrot intelektualny, by pozycja kobiety w tak pojmowanym dyskursie ciała i seksualności mogła ulec faktycznej zmianie, zbliżając się do tego, co Anthony Giddens nazwie po latach typowym dla świata późnej nowoczesności „refleksyjnym projektem tożsamości" – pojmowanym jako „proces budowania tożsamości jednostki przez refleksyjne porządkowanie narracji"[35]. Jego pierwszymi zwiastunami w polskiej refleksji humanistycznej były choćby sugestie etyczne Władysława Witwickiego, wyrażone przezeń np. w *Pogadankach etycznych*, w których pisał on: „Nie można nikogo zmuszać do macierzyństwa niepożądanego, bo to jest przeciwne interesom przyszłego dziecka i może być zgubne dla mimowolnej matki"[36]. Sformułowana tu troska o „interes przyszłego dziecka" oraz, przede wszystkim, „interes matki", nie zaś wyraz lęku o przyszłość „populacji" czy „narodu" sytuuje problem w zupełnie innym kontekście. Praktyczną stronę owego sporu światopoglądowo-moralnego ilustruje zaś najlepiej międzywojenna publicystyka Tadeusza Żeleńskiego. Boy bowiem nie tylko piętnuje ideologiczne „propagowanie płodności" na przykładzie powojennych Niemiec – pisząc o regulacji urodzeń jako „programie pacyfizmu" – przeciwstawionym

---

[35] A. Giddens, Nowoczesność i tożsamość. „Ja" i społeczeństwo w epoce późnej nowoczesności, przeł. A. Szulżycka, Warszawa 2006, s. 316.
[36] W. Witwicki, Pogadanki etyczne, Warszawa 1962, s. 93. Eseje Witwickiego pochodzą z lat czterdziestych minionego stulecia, wybrzmiewają w nich jednak w sposób zdecydowany echa dyskusji etycznych okresu międzywojennego.

„imperializmowi nieograniczonego płodzenia"[37], ale także proponuje konkretne rozwiązania, wzorowane na praktykach angielskich i amerykańskich. Ich istotą jest „kształcenie kobiet" w sprawach higieny oraz płodności: „Nic nie stoi na przeszkodzie, aby w Kasach Chorych, aby przy szpitalach i ambulatoriach tworzyć poradnie dla kobiet, gdzie by pouczano młode kobiety o sposobach regulowania urodzeń, chronienia się od ciąży i dostarczano fachowych informacji i najlepszych środków ochronnych"[38]. Wszystko to zaś po to, by „wszczepić pojęcie, że ciąża to nie jest dopust boży, któremu godzi się z uległością poddać, ale czynnik życiowy, który człowiek **powinien rozumem swym opanować**"[39]. Widać w tej wypowiedzi Boya zasadnicze przesunięcie akcentu w postrzeganiu kobiety – nie jest już ona tylko „istotą duchową", ani też wyłącznie „istotą cielesną", ale przede wszystkim „istotą rozumną" zdolną samodzielnie decydować o swym losie. Program ten w sposób o wiele szerszy przedstawi Żeleński nieco później w cyklu felietonów *Jak skończyć z piekłem kobiet? („Świadome macierzyństwo")* – pisząc tam np. o tym, iż wykształcone kobiety „mają przeważnie dzieci kiedy **chcą**, ile **chcą**..."[40] i podkreślając związek macierzyństwa z wolą kobiety, zaś sam program regulacji urodzeń postrzegając konsekwentnie jako „walkę z ciemnotą"[41]. Program ten zakładał zatem upodmiotowienie kobiety jako istoty wyposażonej w rozum i wolę, nie zaś li tylko w, pozostające w dialektycznym zwarciu, (medyczne) ciało i (chrześcijańskiego) ducha.

---

[37] T. Żeleński (Boy), Błogosławieństwo czy przekleństwo?, w: tenże, Dziewice konsystorskie. Piekło kobiet. Jak skończyć z piekłem kobiet? Nasi okupanci, Pisma, t. XV, Warszawa 1958, s. 156.
[38] Tamże, s. 161.
[39] Tamże. Podkreślenie – D.B.
[40] T. Żeleński (Boy), Co to jest świadome macierzyństwo?, w: tenże, dz. cyt., s. 207. Podkreślenie – D.B.
[41] T. Żeleński (Boy), Przywilej biedaków, w: tenże, dz. cyt., s. 215.

AGNIESZKA STRABURZYŃSKA-GLANER

O tym, „o czym się nie mówi"
– tabu w twórczości Gabrieli Zapolskiej

Tytuł niniejszego artykułu jest – jak nietrudno zresztą zauważyć - na swój sposób przekorny. Zobowiązuje bowiem do podniesienia kwestii, o których się nie mówi, a właściwie – o których nie mówiło się w czasach współczesnych Gabrieli Zapolskiej. Kwestią kluczową w podejmowanych przeze mnie rozważaniach będzie zatem problem tabu. Nim jednak przejdę do istoty rzeczy, chciałabym dokonać pewnych uściśleń terminologicznych. Otóż w przypadku twórczości Gabrieli Zapolskiej mówienie o tabu zasadne jest wówczas, gdy pojęcie to rozumiemy nieco odmiennie, niż sugerowałoby to jego znaczenie pierwotne. Słowo tabu wywodzące się z języka polinezyjskiego oznacza „pewnego rodzaju powściągliwość; tabu wyraża się głównie w zakazach i ograniczeniach [przy czym] ograniczenia tabu różnią się od zakazów religijnych czy moralnych. Nie da się ich sprowadzić do przykazań boskich, albowiem w istocie są one zakazami same przez się; różnią się od zakazów moralnych tym, że nie da się ich włączyć w jakiś system, który generalnie uważa zakazy za konieczne i podaje powody tej konieczności. Zakazom tabu brak wszelkiego usprawiedliwienia i geneza ich nie jest znana"[1]. Współczesne znaczenie tabu ma natomiast charakter bardziej społeczny i ściślej związany z konwencją kulturową, a mniej z religią czy magią, i takie też znaczenie przyjmuję za Anną Dąbrowską, która definiuje tabu jako „zjawisko kulturowe, obejmujące wszystko to, co jest objęte zakazem społecznym (czasem również prawnym); są to zachowania, których nie należy praktykować, i tematy, jakich nie należy poruszać w danej społeczności (nie wypada o nich mówić), ponieważ są uznawane za wstydliwe, niebezpieczne, kontrowersyjne, przykre lub niemoralne"[2].

---

[1] S. Freud, Człowiek, religia kultura, Warszawa, 1967, s. 27.
[2] A. Dąbrowska, Zmiany obszarów podlegających tabu we współczesnej kulturze, w: Tom jubileuszowy, pod red. A. Dąbrowskiej, Język a Kultura, t. 20, Wrocław 2008, s. 175.

Epitety takie jak „wstydliwe" czy „niemoralne" od samego niemal debiutu pisarskiego towarzyszyły twórczości Gabrieli Zapolskiej. Autorka *Żabusi* jako artystka kontrowersyjna budziła spore emocje i zawsze stała w ogniu krytyki. Krytyki, która – dodajmy – podobnie jak sama literatka nie bała się używać określeń dosłownych i dosadnych. Oskarżano więc Zapolską o uprawianie „artyzmu zolowsko-pornograficznego, artyzmu kału i brudu"[3], pisano, iż „z upodobaniem rozgarnia [ona – przyp. A.S] cuchnące gnojowisko i objaśnia bez zawstydzenia plugastwo, jakie zeń bije w oczy, uszy i powonienie, [że] jest w dosłownym znaczeniu pornagrafistką. Stąd jej powieści są obrazem ścieków i odpadków robaczych [...]"[4]. Choć nie brakło i głosów pochlebnych, kultura literacka wytworzyła niewątpliwie złą legendę Gabrieli Zapolskiej, legendę fundowaną w dużej mierze na względach pozaliterackich. Dzisiejsze badania nad jej twórczością oddają sprawiedliwość autorce *Małaszki* w tym względzie, że za krytyką niedociągnięć warsztatowych idzie uznanie dla – będącego w czasach autorce współczesnych głównym celem ataków recenzentów – wyboru tematu.

Tematyka utworów Gabrieli Zapolskiej oscylowała bowiem w większości wokół zagadnień, które w dyskursie literackim omijano szerokim łukiem. Prostytucję, aborcję, akty pedofilii, kazirodztwa, dzieciobójstwa, gwałty i choroby weneryczne objęte w świecie twórczości artystycznej powszechną zmową milczenia, Zapolska, z niekrytym uporem wydobywała na światło dzienne. Hermetyzm tematyczny jej twórczości odczytywano niejednokrotnie jako wyraz z jednej strony wątpliwej moralności samej autorki i jej lubowania się w seksualnej perwersji, z drugiej natomiast, jako obraną świadomie i z premedytacją drogę autoreklamy poprzez obyczajowy skandal. Dzisiejsze badania zmierzają bardziej w stronę terapeutycznego wymiaru twórczości Gabrieli Zapolskiej.

„Wydaje się, że „kuracja" Zapolskiej miała polegać właśnie na „wyprowadzaniu z ukrycia" tajemnic chorej kobiety, które były zarazem tajemnicami chorego

---

[3] Kamienny [J. Jeleński], Na posterunku, w: „Rola"1891, nr 38, s. 646.
[4] A. Mazanowski, Współczesna galeria powieściopisarek polskich, w: „Przegląd Powszechny" 1916, 1. 130, ss. 317-318.

społeczeństwa. „Zapolska – mówi Chrzanowski – śmiało zdziera zasłonę, ukrywającą wulgarną, wstrętną i zatajoną stronę istnień człowieczych"[5].

Zapolska przedmiotem swej twórczości czyni stabuizowany świat miejskiej współczesności. Dociera do społecznego Id i konsekwentnie obnaża mechanizmy kierowanej instynktami i popędami rzeczywistości. Do diagnozy o chorobowym stanie otaczającego świata doprowadziła Zapolską uważna obserwacja środowiska. Dostrzeżenie wyraźnego rozdźwięku pomiędzy demonstracyjnym, purytańskim wręcz rygoryzmem obyczajowym a tajoną rozwiązłością seksualną było objawem hipokryzji, dla której Zapolska nie znajdowała słów usprawiedliwienia. Zwłaszcza, że konsekwencje takiego stanu rzeczy były daleko poważniejsze niż samo tylko oburzenie pisarki. Społeczny konwenans szczególnie dotkliwie obchodził się z przedstawicielkami płci pięknej.

„Jeszcze w XVIII wieku purytanizm mieszczański stworzył wzór kobiety cnotliwej, przywoitej, skromnej i mogącej kochać adoratora tylko wtedy, kiedy ich związek zostanie zalegalizowany. Ten stereotyp roli kobiety szybko zaczął oddziaływać na społeczeństwo. Tymczasem zachowanie kobiety, świadczące o jej wrażliwości seksualnej, odbiegało od istniejącego wzorca. Kobieta więc zaczęła być uosobieniem zła, gdyż, jak powszechnie uważano, to ona prowokowała mężczyznę do grzechu. Konflikt między rzeczywistością a konwencją (między miłością a konwenansem) nie doprowadził jednak do zburzenia stereotypowego wizerunku kobiety. Doprowadził natomiast, ujmując rzecz w skrócie, do „złagodzenia" rygorów dotyczących wierności małżeńskiej. Stąd tolerancja podwójnej moralności w ramach instytucji małżeństwa i zalegalizowanie trójkątów małżeńskich"[6].

O ile jednak swoboda życia seksualnego mężczyzn, także po opuszczeniu przez nich stanu kawalerskiego, cieszyła się społecznym przyzwoleniem, o tyle podejrzewana o stosunki pozamałżeńskie kobieta podlegała społecznemu ostracyzmowi.

Zaobserwowane przez Gabrielę Zapolską niechlubne i wstydliwe aspekty wielkomiejskiej obyczajowości były powszechnie znane, niemniej jednak należały do tych tematów, o których w towarzystwie mówić nie wypadało. Zapolska natomiast, nie bacząc na względy etykiety, z całej siły skierowała

---

[5] K. Kłosińska, Ciało, pożądanie, ubranie. O wczesnych powieściach Gabrieli Zapolskiej, Kraków 1999, s. 27.
[6] I. Gubernat, Przedsionek piekła. O powieściopisarstwie Gabrieli Zapolskiej, Słupsk 1998, s. 112.

ostrze swej krytyki przede wszystkim w stronę prostytucji, którą uważała za największe zło ówczesnej obyczajowości. W niej bowiem swój początek miały pozostałe dewiacje mieszczańskiej moralności. Prostytutki jako bohaterki literackich historii Gabrieli Zapolskiej pojawiają się już na kartach *Kaśki Kariatydy*. Jednak dopiero powstałą w 1909 roku *O czym się nie mówi* uznać należy za powieść w twórczości autorki przełomową. Tu bowiem po raz pierwszy kobieta lekkich obyczajów postawiona zostaje w roli bohaterki pierwszoplanowej. Franię Wątorek zwaną też Porankiem poznaje czytelnik w okolicznościach dość niecodziennych. Oto kiedy nieco przewrażliwiony, wiodący kawalerski żywot urzędnik podatkowy udaje się w poszukiwaniu kochanki na nocne łowy, zupełnie przypadkiem spotyka w tramwaju młodą, zadbaną dziewczynę, o niebieskich oczach. Frania daje się poznać Krajewskiemu jako istota wrażliwa, schludna i uczciwa. Czytelnik znacznie prędzej niż główny bohater powieści odkrywa prawdę o podwójnym życiu Frani. Jej dziwne zachowanie, ciągłe życie w biegu i wielokrotne mijanie się z prawdą budzą pewne wątpliwości mężczyzny, któremu jednak do utwierdzenia się w tych przypuszczeniach potrzebna była zaaranżowana wespół z Żydem Kornblumem zasadzka. Odkrycie smutnej prawdy o profesji ukochanej burzy świat idealnych wyobrażeń Krajewskiego. Rozczarowanie bohatera jest tak silne, że dalsze pożycie kochanków, choć trwa niezmiennie, staje się dla obojga istną męką.

Frania, która w przedziwny sposób zyskuje sympatię czytelnika, nie jest w powieści jedyną panną do towarzystwa. Pojawiają się także Funia, oraz znana jedynie z opowiadań Mania, córka stróżki Krajewskiego, Romanowej. Obie one, choć budzą litość, mają jednak w sobie coś pospolitego, co pozwala je włączyć w szeregi „tych kobiet" – w zasadzie przeznaczonych na straty, które sprowadza się jedynie do ich funkcji. Bo takich w opisywanej u Zapolskiej rzeczywistości jest wiele. Nie mają twarzy, co najwyżej ciała – zawsze spowite w mroku, niczym cienie snujące się szarymi uliczkami, jak w *O czym się nie mówi*:

„Po ulicach suną cienie. Słychać lekki szwargot, szept. Czasem coś zaszumi. Przemknie szybko. W ślad za tym szumiącym dąży drugi cień usłużny i gładki. – Giną w jamie jakiegoś domu. Tu i ówdzie w oknach światło. – Widać strzępy firanek ciemnoczerwonych, za którymi zdają się odprawiać jakieś tajemnicze, nikczemne obrzędy. I grozą, i trwogą aż wieje dokoła"[7].

A jednak opisana tu praktyka podziemnego handlu żywym towarem, choć budzi niepokój, stanowi jedynie przedsmak tego, co pragnie pokazać Gabriela Zapolska. W 1913 roku, na fali sukcesu powieści *O czym się nie mówi* ukazuje się kolejna – *O czym się nawet myśleć nie chce*. Lecz tak, jak w pierwszej z powieści tematem głównym jest prostytucja, tak w drugiej problem ten jest zaledwie kroplą w morzu obrzydliwości wielkomiejskiego świata. W *O czym się nawet myśleć nie chce* obserwujemy wyraźne nagromadzenie postaci i sytuacji, które zaliczyć by można do grona wątpliwych etycznie. Taka kondensacja moralnego błota w zestawieniu z podkreślaną nieustannie czystością głównej bohaterki czyni atmosferę powieści ponurą i wręcz depresyjną. Cecha ta stała się zresztą przedmiotem krytyki Józefa Kotarbińskiego, który w „Tygodniku Ilustrowanym" pisał:

„W powieści p. Zapolskiej zepsucie i nędza moralna przybierają jakieś potworne, makabryczne rozmiary. Demoralizacja zaułków wielkomiejskich urasta w jej wyobraźni, staje się jakąś straszliwą sarabandą widm plugawych, pląsających wśród zaduchu i ciemności, bełkotu, ryku, wycia hyen opasłych od trupiego festynu"[8].

W *O czym się nawet myśleć nie chce* poza wątkiem prostytucji Zapolska wydobywa na światło dzienne stabuizowaną rzeczywistość chorób wenerycznych, aktów dzieciobójstwa oraz – dokonywanych przy współudziale akuszerek – domowych praktyk aborcyjnych. Sam zaś problem prostytucji pojawia się ponownie, lecz nie na zasadzie prostego powtórzenia, lecz jako swego rodzaju reinterpretacja i rozwinięcie. Tym, co zaznacza się w powieści najsilniej, jest wszechobecność prostytutek oraz roztaczanej przez nie atmosfery brudnej, bo zezwierzęconej i sprzedajnej miłości:

„- Co się tam dzieje, u... nich – zastanawia się pogrążona w półśnie główna bohaterka powieści, Marysieńka – w tych domach, oświetlonych jaskrawo, z rozwianymi na wicher storami? Czy ciągle te same polki brzęczą uparcie i łaskoczą podle ciemnicę nocną? Czy dużo dziś przejechało dorożek i czy mężczyźni, przepełniający te dorożki, są bardzo pijani? Co robi ta znajoma jej dziewka? Czy ciągle nosi różę za podwiązką, czy śmiech jej i wrzask przecina ciągle powietrze wyciem pustynnej hyeny? [...]

---
[7] G. Zapolska, O czym się nie mówi, Warszawa 2005, s. 44.
[8] J. Kotarbiński, Z mętów życia, [w;] „Tygodnik Ilustrowany" 1914, nr 26, s. 506.

Jak nieprzeliczone rzesze wiedźm rozwydrzonych, o odkrytych, zgniecionych, znieważonych łonach, z włosami roztarganymi w pijackim szale, z plugawą pieśnią na wydętych i zsiniałych od pokąsań wargach, tak przywlokły się widmem w ślad za nią i nocą zawyły pod jej ślepymi oknami, niosąc z sobą wrażenie trujące sabatów odprawianych na trzęsawiskach, z których biły ofiarne, trupie wonie przepadłych, zabitych młodych egzystencji"[9].

Obrazy te, jak senne majaki powracające w myślach bohaterki, stają się jej obsesją. Psychoza wszechobecnej rozpusty staje się doznaniem tak silnym, że coraz trudniej rozróżnić akty wyobrażone od rzeczywistych. Niemniej jednak pożywką dla imaginacji chorego umysłu są zdarzenia, które dzieją się naprawdę. Prawdziwą jest dawna znajoma Zdzicha, żądająca od niego zaległej zapłaty za usługi, prawdziwą jest kucharka Zosia, która poczęte w prostytucji dziecko stara się za radą akuszerki zabić naparem z czarnego bzu, prawdziwe są wreszcie wszystkie te kobiety spotkane w teatrze i na ulicy, o starannie ufryzowanych głowach, eleganckich strojach, roztaczające mdły zapach nadużytych perfum przemieszany z wonią potu damskiego stanika.

Uderzające, jak bardzo różnią się one od Frani z *O czym się nie mówi*. Choć łączy je tak znienawidzona przez autorkę posługa wolnej miłości, Porankowi nie odmawia Zapolska resztek moralności. Romanowa z *O czym się nie mówi* ze smutkiem przyznaje: „z mojej już nic być nie mogło, ale z panowej to może co jeszcze, bo psiakrwie jeszcze z niej wszystkiego wstydu nie wydarli"[10]. Prostytucja jako proceder zasługuje w oczach pisarki na największe potępienie, jednak kobiety, które się jej poddają, nie zostają przez Zapolską zrównane w hańbie. Autorka *Małaszki* dostrzegłszy w społeczeństwie problem, mówi o nim bez ogródek, jednak wychodzi poza własne uprzedzenia, dostrzegając przede wszystkim człowieka. Gdyż, jak pisał Józef Rurawski: „trzeba już było i należało mówić o tych nocnych ćmach, o tych kobietach, które działając legalnie, w sposób dozwolony przez prawo i obyczaj, przeżywały niekiedy same tragedie, ale przede wszystkim przyczyniały się do tragedii Maryń i im podobnych"[11].

Powieść *O czym się nawet myśleć nie chce* przesycona jest atmosferą nierządu do tego stopnia, że granica tego, co rozumiemy pod pojęciem prostytucji

---

[9] G. Zapolska, O czym się nawet myśleć nie chce, Kraków 2004, s. 103.
[10] G. Zapolska, O czym się nie mówi, dz. cyt., s. 291.
[11] J. Rurawski, Gabriela Zapolska, Warszawa 1987, s. 283.

wykracza poza wolne związki, wdzierając się bezlitośnie w przestrzeń uświęconego sakramentem związku kobiety i mężczyzny.

„Strategia Zapolskiej, polegająca na „otwieraniu – jak pisze Krystyna Kłosińska – kobiecych szkatułek i upublicznianiu zawartych tam sekretów"[12], prowadzi do obnażania małżeństwa jako „legalnej prostytucji, gdzie żona oddaje się mężowi bez miłości, zaś mąż zmusza żonę do „otwarcia alkowy w chwili, gdy [...] chuć jego zażądać tego każe"[13]

W chwili, gdy czytelnik poznaje Marysieńkę i Zdzicha, są oni małżeństwem z zaledwie trzymiesięcznym stażem. Stosunek, jaki ich łączy, pozbawiony jest, o dziwo, tego nastroju serdeczności i romantyzmu, właściwego świeżo upieczonym małżonkom. Zamiast tego wyraźnie zarysowuje się atmosfera sypialnianej oschłości połączona z kurtuazyjną uprzejmością w sytuacjach oficjalnych. Zdzich, wyraźnie dominujący nad żoną, przyjmuje rolę pana i władcy, czego skrajnym przykładem staje się brutalne zniewolenie ciała Marysieńki:

„Stał przez chwilę bezradny – wreszcie nagle rzucił się na nią i objął ją stalowym, gniewnym uściskiem.
- Ja cię nauczę robić sceny – ty bachorze... ja cię nauczę!
Ustami ust jej szukał.
- Usta mi daj! słyszysz, usta!...
Zgniótł jej wargi i zatrzymał w ten sposób jęk spazmatyczny, który wydarł się z jej wnętrza.
- Ja nie chcę!... ja nie chcę!... ja nie chcę!.."[14]

Scena gwałtu na żonie jest dowodem ostatecznym miłości własnej, której bohater nawet po wstąpieniu w związek małżeński nie jest w stanie się wyrzec. Zdzich traktuje własną żonę – podobnie jak czynił to z pozostałymi kobietami w swym życiu – jako maszynę do zaspokajania seksualnych potrzeb. Rozkosz erotyczna również w małżeństwie jest swego rodzaju towarem, który kobieta winna jest zapewnić mężczyźnie:

„Była, jak każda świeżo w świat zmysłów wrzucona kobieta, niezdolna jeszcze do brania udziału w misteriach rozkoszy. On, typowy egoista, mało troszczył się o istotny stan rzeczy. Ogłuszony sam radosną rozkoszą, nie baczył, aby powołując ją do współuczestnictwa, zagłuszyć w niej jakiekolwiek inne silniejsze wrażenia. Nasyciwszy

---
[12] K. Kłosińska, Kobieta autorka, w: „Teksty Drugie" 1995, nr ¾, s. 103.
[13] I. Gubernat, Przedsionek piekła, dz. cyt., s. 131.
[14] G. Zapolska, O czym się nawet myśleć nie chce, dz. cyt., s. 50.

się, czuł do niej urazę za to, że nie wyrażała mu swej wdzięczności, i dziwił się temu. Nie przychodziło mu nawet na myśl, iż jest w niej coś potężniejszego, jakaś moc zwyciężająca go i dławiąca w niej rozegranie się swobodne napiętych przez niego pieszczotami strun miłosnych. Nie mógł przypuszczać nawet, że do punktu kulminacyjnego dochodzi on sam tylko – a w pół drogi zatrzymuje się jej sensacja, zdławiona nagle straszną, brutalną, żelazną ręką widm, towarzyszek nieodłącznych i już nieuniknionych"[15].

Podobnie relacje damsko-męskie przedstawione zostają w *O czym się nie mówi*. Choć Franię i Krajewskiego łączy zauroczenie, sam jednak stosunek seksualny przybiera charakter usługi:

„Objęła go miłośnie. Zaczęła go całować drobnymi, lekkimi pocałunkami, zarysowując kontury jego twarzy. Pieściła go z całą subtelnością i musiała nacisnąć tę strunę, która rozbłękitniała w nim jakieś dziwne uczucia tęsknej rozkoszy. [...] Zażądał od niej zsumowania i szczytu miłosnych dreszczy. Upadła mu w objęcia jak wielki kwiat biały i nie broniła mu kielicha swego ciała"[16].

W obu powieściach niesprawiedliwość społecznych układów jest źródłem cierpień przede wszystkim bohaterek kobiecych. Mimo to, trudno jednoznacznie zarzucić Gabrieli Zapolskiej postawę wojującej feministki z założenia wrogiej mężczyznom. Krajewski wprawdzie nie budzi sympatii czytelnika, ale też nie można go nazwać bohaterem antypatycznym. Łącząc zamiłowanie do filozofów z uwielbieniem dla wdzięków ciała sprawia raczej wrażenie nieprzystosowanego do otaczającej go rzeczywistości. Pragnie ciepła domowego ogniska, choć – jak sam przyznaje – nie stać go na żonę. Jednocześnie, brzydząc się nierządem, korzysta z jego najłagodniejszej formy – usług drobnych szwaczek. Na swój sposób i on stał się ofiarą konwencji społecznych, gdyż będąc człowiekiem nie bez aspiracji jest „[...] zmuszony przez popęd seksualny do korzystania z poniżających usług prostytutek bądź uwodzenia ubogich dziewcząt"[17]. Winę Zdzicha umniejsza zdecydowanie fakt, że to nie on pragnął ożenku. Postawiony przez swatki przed sytuacją dokonaną zrobił, co do niego należało, lecz od samego początku ani myślał wyzbywać się złotej, kawalerskiej wolności. Poza tym, cierpienia, które swym zachowaniem wyrządza Marysieńce, nie są wynikiem jego złej woli, a raczej braku wyczucia na wrażliwe usposobienie niezwyczajnej miejskich obyczajów żony.

---

[15] Tamże, dz. cyt., s. 40.
[16] G. Zapolska, O czym się nie mówi, dz. cyt., ss. 79-80.
[17] I. Gubernat, Przedsionek piekła, dz. cyt., s. 114.

Należy w tym momencie podkreślić, iż nie jest przypadkiem, że miejscem, w którym dzieją się wydarzenia obu powieści, jest właśnie miasto. Jak słusznie zauważa Irena Gubernat – „zło w małżeństwie wynika bezpośrednio ze zła miasta"[18]. Jego infrastruktura ukazana zostaje przez Zapolską głównie przez pryzmat nocy. Sieć spowitych w mroku uliczek tworzy labirynt zamieszkały przez demony miejskiego piekła – nierządnice, i korzystających z ich usług – w sposób usankcjonowany przez prawo i obyczaj – żonatych mężczyzn. Ci ostatni stanowią w tej społeczności mimowolny łącznik pomiędzy ulicą a pozornie bezpiecznym domowym zaciszem. Ohyda nierządu, jaką wnoszą do swych domostw, przybiera niekiedy wymiar materialny.

Zaraza prostytucji działa bowiem destrukcyjnie nie tylko na psychikę bohaterów, ale także na ich ciała. Poruszany przez Zapolską w *O czym się nawet myśleć nie chce* problem chorób wenerycznych ukazany zostaje wieloaspektowo. Infekcje stref intymnych funkcjonują w powieści nie tylko jako widzialny ślad małżeńskiej zdrady, lecz także jako główna przyczyna ślepoty a w perspektywie dalszej również śmierci córeczki głównych bohaterów. Pierwiastek chorobowy przyniesiony przez Zdzicha z ulicy sukcesywnie zatruwa życie młodego małżeństwa, sprowadza ból i cierpienie. Sam fakt jego przeniknięcia w uświęcony obszar domowego ogniska staje się znakiem wszechobecności zła w miejskim świecie. Nie sposób więc dziwić się głównej bohaterce powieści, która „zawsze od małego dziecka bała się ciemni ulicznej, którą znała mało, i z którą nie miała prawie styczności"[19]. Błędem byłoby jednak sądzić, że grzech nierządu zamyka się w granicach wyznaczanych przez bramy miejskie. Marysieńka z *O czym się nawet myśleć nie chce* zmęczona atmosferą miasta odwiedza chorą matkę na wsi. Powrót w rodzinne strony okazuje się jednak dla niej sporym przeżyciem. Odkrycie prawdy o niemoralnym prowadzeniu się tamtejszych pokojówek zmusza ją bowiem do rewizji poglądów na temat moralnej czystości wiejskich dziewcząt. Podobnie cieniem na sielskim wizerunku wsi kładzie się informacja o przedwczesnej inicjacji seksualnej Frani Wątorek, zbałamuconej przez pasterzy w wieku zaledwie 10 lat. Nierząd w świecie Gabrieli Zapolskiej nie zna żadnych świętości, jest wieczny i wszechobecny.

---

[18] Tamże, s. 146.
[19] G. Zapolska, O czym się nawet myśleć nie chce, dz. cyt., s. 33.

Warto zauważyć, że Zapolska, ukazująca w swych powieściach możliwie szeroki obraz prostytucji, zdecydowanie bardziej interesuje się jej miejską odsłoną. Co prawda, zarówno w jednym, jak i drugim wariancie nierządu mamy do czynienia z sytuacjami, w których sami bohaterowie wiedzą, że obracają się w rzeczywistości, o której się nie mówi. Wychowana na wsi Marysieńka funkcjonuje w powieści poniekąd jako ofiara tabu, którym obłożone zostały kwestie intymnego pożycia seksualnego. Matka, chcąca oszczędzić córce rozmów na tematy nieprzyzwoite, skazała ją mimowolnie na niewiedzę, skutkującą w jej dalszym życiu absolutnym nieprzystosowaniem do małżeństwa. W *O czym się nawet myśleć nie chce* czytamy:

„Marysieńka zapragnęła „domu", atmosfery rodzinnej, innej – koniecznej dla niej teraz, ażeby mogła w ciszy i odosobnieniu przetrawić wszystko to, co tak niespodziewanie zwaliło się na jej biedną istotę. Zajście w ciążę przyjęła bardzo normalnie i naturalnie z fizycznej strony. Matka powiadomiła ją o tej sprawie i niespodzianką dla niej nie była ta „macierzyńskość", która na nią czekała. Jak miało przyjść do tego – o tym matka nie uznała za stosowne i przyzwoite jej powiedzieć. Dość już, że i tak poszła z „postępem" – i mówiła z dziewczyną o rzeczach tak „nieprzyzwoitych", jak ciąża i poród"[20].

Wieś, jak widać, w sposób dość skuteczny radziła sobie z omijaniem w dyskursie publicznym tematów niewygodnych. Trzeba jednak pamiętać, że choć pewne sfery kultury podlegają zakazom tabu, to jednak w przypadku obostrzeń o charakterze niemagicznym czy niereligijnym zjawiskiem bardzo częstym jest relatywizowanie tabuizacji. Jeśli bowiem za złamanie zakazu nie grozi kara bóstwa, a jedynie sankcja społeczna, wówczas przy pomocy odpowiednich chwytów retorycznych można ominąć tabu, osiągając przy tym sukces w sferze komunikacji, która oficjalnie tabu podlega[21]. W omawianych powieściach Zapolskiej odnajdujemy fragmenty pozwalające odszyfrować mechanizmy retorycznego wykorzystania tabuizacji zarówno w komunikacji werbalnej (tu przykład licznych wymijających odpowiedzi Zdzicha czy matki Marysieńki) oraz behawioralnej. W opisanym przez Zapolską świecie mrocznych uliczek, teatrów czy podrzędnych hoteli czytelnik odkrywa rzeczywistość, która w sposób opanowany do perfekcji posługuje się kodem gestów i znaczących

---

[20] Tamże, dz. cyt., s. 69.
[21] Por.: T. Zgółka, Retoryka tabuizacji, w: Tabu w języku i kulturze, pod red. A. Dąbrowskiej, Wrocław 2009, ss.23-29.

spojrzeń. Opis wychodzącego na łowy Krajewskiego odsłania mechanizm funkcjonowania tej podziemnej, bezsłownej komunikacji:

„Tego wieczora wyszedł Krajewski na ulicę i szedł jawnie zgłodniały – kobiety, pragnąc coś sobie znaleźć. [...] Tu i ówdzie potrąca się o jakiegoś pana w palcie z naciśniętym na oczy kapeluszem. – Cichy chichot przebiega całą grupę. – Pan przystaje, ogląda się, uśmiecha. One przyspieszają kroku. Jedna się ogląda. [...] Krajewski także ma podniesiony kołnierz palta i naciśnięty kapelusz. Właściwie, nie wie, dlaczego to robi, bo mało ma znajomości „na świecie" – i w ogóle nie robi sobie wiele z tego, co ludzie mówią. Lecz jest taka tradycja, taki zwyczaj. W ten sposób markuje się wyjście na łowy. – Dziewczęta o tym wiedzą. Jedne uciekają, jakby spłoszone, inne (te, które mają już... kogoś) wydymają wzgardliwie usta, inne rzucają przelotne, ale znaczące spojrzenie. I one wiedzą, znają dobrze tych łowców, ostrzegając się i informując wzajemnie"[22].

Jeszcze wyraźniejszym przykładem sprawnego funkcjonowania owej wspomnianej przez Krajewskiego tradycji komunikacyjnej, jest zaobserwowane przez bohaterkę *O czym się nawet myśleć nie chce* zdarzenie:

„Przeczucie jej [...] mówiło, że na tym nie skończy się porozumienie pomiędzy tymi pięknymi duchami. Po upływie pewnego czasu siwy jegomość przełożył rękę za plecy żony i niedbale opuścił ją za poręcz fotela. Ręka ta, rasowa, dobrze utrzymana, ujęta w biel mankietu, spoczywała przez jakiś czas nieruchomo, odcinając się dobrze na tle aksamitu. Zdawał się ten gest być wypadkowym i bez celu. Lecz nagle palce owej ręki zaczęły się poruszać, jakby coś sygnalizując, i wreszcie ułożyły się w ten sposób, że stanowiły najwyraźniej liczbę dwa. Manewr ten powtórzył się kilkakrotnie, jakby ręka domagała się odpowiedzi. I otrzymała ją. Oto jedna z tych dam, do których znaki owe były skierowane, afiszem, ułożonym w kształcie wachlarza, musnęła niby niechcąco dwukrotnie rękę mężczyzny. Wszystko to odbyło się składnie, sprawnie i zręcznie. Obie strony zdawały się wyćwiczone na tej drodze i nie po raz pierwszy występowały na tym terenie. Zaraz ręka mężczyzny, spełniwszy swe zadanie telegrafu bez drutu, cofnęła się dyskretnie. Cofając się, mężczyzna potrącił lekko ramię żony. Przeprosił z całą galanterią. Ona uśmiechnęła się łagodnie i wytwornie. I znów siedzieli tak oboje bardzo poprawni, *correct*, szlachetni w liniach i wyrazie, przedstawiając idealną parę małżeńską, doskonale ułożoną w zaprzęgu i chodzącą równo po maneżu życiowym"[23].

Scena powyższa zbudowana w powieści na zasadzie teatru w teatrze staje się w pewnym sensie kluczowa dla charakterystyki wielkomiejskiej obyczajowości. Widoczny rozdźwięk pomiędzy oficjalną kulturą *savoir vivre'u* a praktykowaną pod osłoną nocy rozpustą jest tym, co budzi w autorce *Żabusi* największą pogardę. Tabu w jej twórczości odnosi się głównie do sfery komunikacyjnej

---

[22] G. Zapolska, O czym się nie mówi, dz. cyt., ss. 38-42.
[23] G. Zapolska, O czym się nawet myśleć nie chce, dz. cyt., ss. 62-63.

(tabu komunikacyjne), gdyż jak pisał Jerzy Rurawski, Zapolska „w zakresie treści pisała „o czym się nie mówi", a nie czego się nie robi; nie o czymś, co istnieje lub nie istnieje"[24]. A za tę bezceremonialność bezustannie sypały się na nią gromy zgorszonej krytyki. Warto jednak podkreślić, że sam sposób pisania przez Zapolską o tematach nieprzyzwoitych daleki jest od nieprzyzwoitości. O ile bowiem autorka *O czym się nie mówi* podnosząc kwestie drażliwe szokowała tematem swych dzieł, o tyle język pisarki, ugładzony, pełen metafor i niedopowiedzeń miał w sobie coś raczej z pensjonarskiej grzeczności niż z lubieżnego epatowania perwersją.

Krytyka Zapolskiej, co ciekawe, mimowolnie potwierdzała słuszność obserwacji pisarki, gdyż o ile w prasie rozpisywano się o moralnej szkodliwości lektury jej dzieł, o tyle w praktyce była ona autorką dla znacznie szerszego kręgu czytelników i teatralnych widzów, niż tylko „[...] nadpsutych młokosów, poszukujących łatwych zdobyczy wśród szwaczek, staniczarek i spodniczarek, [...] kucharek i pomywaczek niecierpliwie wyczekujących niedzielnego „wychodu" z kapralami"[25].

Co się jeszcze tyczy obecnych u Zapolskiej obszarów podlegających tabu warto nadmienić także o obecności tabu w jego znaczeniu pierwotnym. Myślę tu przekleństwie, jakie w *O czym się nawet myśleć nie chce* rzuca na Marysieńkę kucharka Zosia. Na odchodnym mówi ona „obyś ślepe szczenię urodziła" – potem motyw ten pojawi się, gdy przed kamienicą pokojówka znajdzie autentycznie ślepego szczeniaka, co będąca już w stanie błogosławionym Marysieńka uzna za złą wróżbę.

W nawiązaniu do bardzo ożywionych dyskusji, jakie toczyły się wokół dzieł Zapolskiej, warto jeszcze na zakończenie poruszyć kwestię oryginalności autorki w podejmowaniu problematyki odważnie erotycznej. Szokuje bowiem to, co nowe i nieoswojone. Tymczasem warto zauważyć, iż problem seksualności i związanej z nią moralności był kwestią dość popularną w ówczesnym piśmiennictwie teoretycznym i w publicystyce. Wspomnieć można chociażby studium socjologiczne Paula Bureau zatytułowane *Rozprężenie obyczajów*. Dzieło to w przekładzie na język polski wydane przez wydawnictwo

---

[24] J. Rurawski, O Zapolskiej – pozytywnie, w: „Przegląd Humanistyczny" 1976, nr 5, s. 70.
[25] A. Mazanowski, Współczesna galeria powieściopisarek polskich, w: „Przegląd Powszechny" 1916, t. 130, s. 318.

ks. Jezuitów ma charakter teoretyczno-moralizatorski. Obok nawoływań do zachowań zgodnych z dekalogiem zawiera także rzetelną analizę form oficjalnego funkcjonowania nierządu, charakterystykę objawów tytułowego rozprężenia obyczajów w dziedzinie seksualnej opartą – co ciekawe – o statystyki, szacunkowe liczby nieprawych narodzin czy sztucznych poronień. Na gruncie polskim podobne kwestie, choć nieco później, podejmował Tadeusz Boy Żeleński, który w cyklu felietonów zatytułowanym *Piekło kobiet i zaułki paragrafów* ostrze ironii skierował w stronę praktyk podziemnej aborcji, kawalerskiej swawoli oraz szczerzących się za jej sprawą chorób wenerycznych.

Czym innym jest jednak pisarstwo naukowe bądź publicystyczne, czym innym literatura piękna. Tu kwestie „niemoralne" były praktykami zdecydowanie rzadszymi, choć jeśli wierzyć Teodorowi Jeske-Choińskiemu powodów do zgorszenia ówczesną twórczością literacką było wiele. W 1913 roku krytyk pisał: „przeczytawszy stos najnowszych powieści polskich, należałoby wnioskować, że życie nasze wypełnia tylko miłość płciowa, że kochamy się od rana do wieczora, od wieczora do rana, niczego innego nie umiejąc, nie chcąc, nie pożądając"[26]. Obok Gabrieli Zapolskiej jako literatów-pornografów wskazuje on między innymi Stanisława Przybyszewskiego i Stefana Żeromskiego, a także twórców mniej znanych: Mieczysława Srokowskiego, (autora *Kultu ciała*), Gustawa Daniłowskiego (*Maria Magdalena*) oraz Helenę Orlicz-Garlikowską (*Misteryum. Opowieść erotyczna*). Co więc, wobec tak licznego grona pisarzy-seksualistów, mogło być przyczyną zaciętych sporów wokół niemoralności utworów Gabrieli Zapolskiej? Jedno z możliwych rozwiązań tej kwestii przynosi dość oryginalne rozumienie pojęcia niemoralności w literaturze zaproponowane przez Piotra Chmielowskiego:

„Niemoralnością w literaturze jest właściwie tylko sprzeczność przekonania wewnętrznego z wypowiedzeniem zewnętrznym, lubowanie się w scenach wstrętnych, obrzydliwych, śmietnikowych dla samej ich plastyki, spekulowanie na zmysłowość i drażliwość ludzką bez żadnego celu wyższego, bez żadnej myśli, bez żadnej tendencji. Nie fakta dają materiał na potworów moralności – pisał Chmielowski – ale sposób ich przedstawienia"[27].

---

[26] T. Jeske-Choiński, Seksualizm w powieści polskiej, w: „Kurier Warszawski" 1913, nr 181; [przedruk w:] T. Jeske-Choiński, Seksualizm w powieści polskiej, Warszawa 1914, s. 31.
[27] P. Chmielowski, Pisma krytycznoliterackie, oprac. H. Markiewicz, Warszawa 1961, s. 68.

Zapolska, dla jednych doskonała obserwatorka otaczającego świata, „patrząca w życie, w brudno-szarą kałużę kompromisów..., która w barykady przeżytków wali tęgą pięścią [...] idąc za głosem skrzywdzonych[28]„, dla innych była obłudną pozerką, lubującą się w przerysowanych obrazach świata „wykolejonych kalek i nałogowców, erotyków i histeryczek, aktorek i pensjonarek, wyrzutków i odpadków społecznych[29]„, do dziś pozostaje osobowością niejednoznaczną i intrygującą.

---

[28] C. Walewska, Zapolska w stosunku do sprawy kobiet, w: „Bluszcz" 1910, nr 32, s. 342.
[29] B. Głębski, Tendencja moralna i newroza w powieści, w: „Rola" 1894, nr 41, s. 672.

PIOTR ROSIŃSKI

Sztuka polska w pismach Gabrieli Zapolskiej

Zainteresowania Gabrieli Zapolskiej sztukami pięknymi były już przedmiotem badań kilku autorów. Najwcześniej, ponad pół wieku temu na ten problem zwróciła uwagę Józefa Czachowska[1]. Autorka zbadała wypowiedzi na temat malarstwa i rzeźby występujące w listach pisarki, z których duża część zawierała myśli, szczególnie na temat najnowszych zjawisk w sztuce francuskiej takich jak symbolizm, impresjonizm, neoimpresjonizm. Literaturoznawczy punkt widzenia na obecność malarstwa w twórczości Zapolskiej przedstawił w obszernym artykule Wiesław Olkusz, który jej głos na temat sztuki trafnie określił „miniaturowymi recenzjami"[2]. Były to w większości krótkie opisy obrazów, czasem z uwzględnieniem cech formalnych, w których nie brakowało emfazy i emocji. O jej wypowiedziach pisali także historycy sztuki[3]. Wiesław Juszczak zamieścił w antologii tekstów o malarzach, list z 1895 r. broniący zafascynowanego francuskim impresjonizmem Władysława Podkowińskiego – twórcę, którego ówczesne obrazy otwierały okres polskiej moderny. Juszczak, tym sposobem włączył autorkę *Moralności Pani Dulskiej* do grona takich krytyków jak Henryk Piątkowski, Cezary Jellenta czy Feliks Jasieński. Na Zapolskiej opinie o sztuce zwrócił także uwagę Jerzy Malinowski w ważnym studium dotyczącym malarstwa i krytyki artystycznej drugiej połowy XIX wieku. Ogólnie rzecz biorąc, uwaga wspomnianych autorów skupiona była jednak na opiniach Zapolskiej dotyczących sztuki obcej.

---

[1] J. Czachowska, Gabrieli Zapolskiej „Listy" o sztuce, w: „Sztuka i krytyka. Materiały do studiów i dyskusji z zakresu teorii i historii sztuki, krytyki artystycznej oraz badań nad sztuką", R. VIII, Warszawa 1957, nr 3-4, s. 230-262; tejże, Gabriela Zapolska. Monografia bio-bibliograficzna, Kraków 1966; zob. G. Zapolska, Publicystyka, cz. 1, oprac. J. Czachowska, E. Korzeniewska, Wrocław 1958, cz. 2, oprac. tychże, Wrocław 1959, cz. 3, oprac. J. Czachowska, Wrocław 1962; G. Zapolska, Listy, t. 1-2, zebrała S. Linowska, Warszawa 1970.
[2] W. Olkusz, Malarstwo w twórczości literackiej Gabrieli Zapolskiej, w: tegoż, Z pozytywistycznych zbliżeń literatury i malarstwa. Studia i szkice, Opole 1998, s. 155-212.
[3] W. Juszczak, Teksty o malarzach 1890-1918, w: Malarstwo polskiego modernizmu, Gdańsk 2004, s. 254-256; J. Malinowski, Imitacje świata. O polskim malarstwie i krytyce artystycznej drugiej połowy XIX wieku, Kraków 1987, s. 169, 191.

Warto jednak przyjrzeć się niektórym poglądom pisarki na ówczesną sztukę polską i zadać sobie pytanie, czy można pisać o autorce *Żabusi* jako o krytyku sztuki ? Czy wobec niej – publicznie wypowiadającej się o sztukach pięknych – można mówić, że uprawiała artystyczną krytykę, która z założenia wykracza poza zasięg wiedzy teoretycznej i wchodzi w obszar praktycznego oddziaływania na odbiorcę. W takim przypadku, odwołując się do ustaleń Marii Gołaszewskiej[4], która badała między innymi możliwości odbiorców sztuki jako krytyków, można postawić tezę, że sprawność krytyki Zapolskiej polegałaby na spełnieniu przez jej teksty najistotniejszych dla krytyki zadań. Spróbujmy ustalić czy pisarka dostarcza trafnych i uzasadnionych ocen dzieł sztuki, czy ukazuje odbiorcy różne możliwości ujmowania dzieła czy wreszcie stara się wzbudzić zainteresowanie dziełem. Warto też podjąć próbę określenia, jakim odbiorcą sztuk pięknych jest sama Zapolska. W zbadaniu tego problemu pomocna może być teoria konkretyzacji Romana Ingardena, według której dzieła sztuki są rekonstruowane i konkretyzowane przez widza o wysokiej kulturze estetycznej. Takim preceptorem jest Gabriela Zapolska.

„Środowisko" było tym czynnikiem, który miał szczególny wpływ na kształtowanie się plastycznych upodobań pisarki[5]. Pod tym pojęciem będziemy tu rozumieć jej liczne związki, głównie z malarzami i rzeźbiarzami. Powiązania te miały charakter różnorodny, były mniej lub bardziej sformalizowane, łączyły różne postacie kręgu paryskich nabistów, a także twórców i krytyków Młodej Polski z jej hierarchiami i logiką. Zdarzało się, że proponowano jej wykonanie portretu, bądź ilustrowanie utworów. Po pierwsze, wrażliwość pisarki na malarstwo kształtowała się w trakcie znajomości z krytykiem „Przeglądu Tygodniowego" Stefanem Laurysiewiczem i dotyczyła najnowszych zjawisk w sztuce. Ponadto zasadnicze i przełomowe znaczenie miał związek z Nabistą Paulem Sérusier'em (od 1893). Pobyt Zapolskiej w Paryżu, możliwość dyskursu, wizyty w pracowniach malarzy oraz dostępność muzealnych kolekcji i śledzenie bieżących wystaw – wszystko to sprawiało, że upodobania estetyczne

---

[4] M. Gołaszewska, Odbiorca sztuki jako krytyk, Kraków 1967, s. 180-185.
[5] W. Olkusz, dz. cyt., s. 155-212; J. Czachowska, Gabrieli Zapolskiej „Listy" o sztuce, s. 31-32; zob. także: R. Kasperowicz, „Środowisko" jako kategoria historii sztuki. Między Jacobem Burckhardtem a Martinem Warnke, w: Pracownia i dom artysty XIX i XX wieku. Mitologia i rzeczywistość, red. A. Pieńkos, Warszawa 2002, s. 57-69.

pisarki ewoluowały. Przez dziewięć lat była żoną Stanisława Janowskiego – wychowanka monachijskiej Akademii, biegłego portrecisty i malarza krajobrazów. W jego sztuce czytelny był, bliski wówczas Zapolskiej, wpływ malarstwa Jana Stanisławskiego, który korzystał z paryskich – impresjonistycznych doświadczeń. Nie bez znaczenia były także kontakty ze szwagierką – malarką Bronisławą Rychter-Janowską. Początkowo Zapolska wykazywała postawę pozytywistyczną, opowiadając się za realizmem w sztuce, widząc w nim kierunek społecznie doniosły i potrzebny. Dała temu wyraz w powieści *Kaśka Kariatyda* (1888), akcentując wagę realistycznych przedstawień w literackim sporze rzeźbiarza i krytyka. W *Listach* obserwujemy ewolucję jej upodobań. Początkowa niechęć do impresjonizmu, po kilku latach zmieniła się w zauroczenie. Ponadto zachwycała się symbolizmem Puvis'a, de Chavannes'a i Odilona Redon'a. Poprzez bliską znajomość ze wspomnianym Sérusier'em aprobowała malarstwo Nabistów, którzy przeciwstawiali się realizmowi i sztuce alegorycznej. Malarsko transponowali naturę, szukając ekspresji w liniach i płaszczyznach poszukując w sztuce pierwiastka duchowego.

Skoncentruję się na czterech tekstach Zapolskiej powstałych w latach 1894-1910. Dwa mają charakter krótkich monografii o artystach i dotyczą twórczości Mirosława Peszki (1894)[6] i Jacka Malczewskiego (1902)[7]. Tekst z 1901 r. jest poświęcony jednemu dziełu sztuki – kurtynie Teatru Miejskiego we Lwowie autorstwa Henryka Siemiradzkiego[8]. Ostatni z nich, to z 1910 roku omówienie Powszechnej Wystawy Sztuki Polskiej we Lwowie[9].

Przyczynę zainteresowania Mirosławem Peszką (1870-1949), który debiutował na X paryskiej wystawie „Niezależnych" w maju 1894 roku (Société

---

[6] G. Zapolska, Obrazy M. Peszkego na wystawie „Niezależnych" w Paryżu, w: Publicystyka, cz. 2, s. 263-264; zob. także: J. Polanowska, Peske (Peské, Peszke) Jan (Jean) Mirosław, w: Słownik Artystów Polskich (SAP), t. 7, Warszawa 2003, s. 34-38.
[7] G. Zapolska, Życiowym szlakiem. Jacek Malczewski, w: Publicystyka, cz. 3, s. 201-205.
[8] Kurtyna Siemiradzkiego, tamże, s. 64-67.
[9] Powszechna Wystawa Sztuki Polskiej, tamże, s. 461-468; zob. także: I. Huml, Chronologiczny przegląd ważniejszych wydarzeń 1890-1914 (oprac. I. H.: 1909-1914), w: Polskie życie artystyczne w latach 1890-1914, pod red. A. Wojciechowskiego, Wrocław 1967, s. 101; Z. Baranowicz, Towarzystwo Przyjaciół Sztuk Pięknych we Lwowie, w: tamże, s. 177-179. Była to wystawa zorganizowana we Lwowie 22 maja 1919 r. z okazji pięćsetnej rocznicy bitwy pod Grunwaldem w Pałacu Sztuki w parku Kilińskiego. J. Czachowska w Monografii..., s. 445 podaje inną datę – 22 października 1910.

des Artistes Indépendants) może wyjaśnić list Zapolskiej do Adama Wiślickiego, redaktora „Przeglądu Tygodniowego", w którym pisarka prosi o opublikowanie tekstu na temat utalentowanego malarza – Polaka, głównie pejzażysty, z którego rodzina chce zrobić „hreczkosieja"[10]. Informacja w warszawskiej gazecie byłaby w opinii Zapolskiej ważną wiadomością dla rodziny artysty i wielką przysługą promującą dobrze zapowiadającego się malarza, którego obrazy wiszą w Paryżu obok Maurice Denis'a czy Henri de Toulouse-Lautrec'a. Na podstawie czterech prac eksponowanych na wystawie, Zapolska dostrzegła samodzielność malarskich pomysłów Peszkego. Widziała nowatorstwo jego sztuki, w której, mimo studiów u akademików – Beniamina Constanta i Jeana Paula Laurensa - porzucił wywodzące się z ich metod nauczania malarskie „brudne tony" i „fatalny rysunek", zmierzając w stronę rozjaśniania palety oraz budowania przestrzeni światłem i kolorem („pomarańczowozłote tony"). Jej antyakademicka postawa ujawnia się także w momencie, gdy pisze o pomyślnym, edukacyjnym losie młodego malarza, który trafił do pracowni Paula Signaca. Z biografii artysty wiadomo, że to właśnie Zapolska poznała młodego Polaka ze słynnym neoimpresjonistą. Pisarka wierzy, że atelier wielkiego pointylisty będzie dla niego lepsze niż studia „z pokurczonych modeli tkwiących na stole w Akademii"[11]. Czas pokazał, że Zapolska nie myliła się wobec talentu malarskiego Mirosława Peszke. Jako krytyk miała „dobre oko". Peszke we francuskiej historii sztuki funkcjonuje jako przedstawiciel *École Post-Impressioniste*. Wielokrotnie wystawiał swoje prace w Paryżu. Był ceniony wśród paryskiej Polonii, a długoletnią kolekcjonerką jego prac była Maria Curie-Skłodowska.

Felieton Zapolskiej z 1901 roku na temat kurtyny Henryka Siemiradzkiego dla Teatru we Lwowie wywołał falę ostrej krytyki pod adresem pisarki. Kurtyna była przykładem dzieła typowo akademickiego. Na tle klasycznego łuku triumfalnego, artysta zamieścił alegoryczne wyobrażenia Natchnienia, Poezji, Historii, postacie oznaczające apoteozę opery, tańca, baletu itp. Oceny pisarki nazwano „brednami estetycznymi", zarzucano „brak logiki", „nieznajomość przedmiotu" itp. Tekst ten jednak wyraźnie pokazuje, że Zapolska cały czas stoi

---

[10] Obrazy M. Peszkego..., s. 463.
[11] tamże, s. 264.

po stronie bliskiej jej sztuki, określanej za Gauguinem jako „ucieczka od starego świata", która powinna posługiwać się takimi środkami formalnymi jak uproszczony, syntetyczny kształt, soczyste plamy barwne i wyraziste linie[12]. Są one dla pisarki podstawowymi znakami, dzięki którym w malarstwie można sformułować, jak pisze, „pojęcia duchowe". Postawa ta potwierdza jej estetyczne preferencje, które wykrystalizowały się dzięki kontaktom z Nabistami. Wiadomo, że ich sztuka miała wiele cech malarstwa Puvis'a de Chavannes'a takich jak uproszczone formy, zrytmizowane linie, duże kolorystyczne płaszczyzny. Zapolska ubolewa, że Siemiradzki nie rozumiał takich malarskich postaw, by używać linii i kształtów jako znaków do malowania swoich idei. Jej myśli z felietonu o kurtynie lwowskiego teatru – z punktu widzenia historii sztuki - jednak trafne i uzasadnione, współbrzmią z poglądami Alberta Auriera i Augusta Strindberga, którzy wypowiadali się na tematy związane z nowymi zjawiskami w malarstwie. Francuski pisarz-symbolista i krytyk uważał, że „przeznaczeniem malarstwa jest wyrażanie idei, poprzez tłumaczenie ich na specjalny język"[13]. Owe idee dla artysty malarza nie mogą mieć wartości jako przedstawiane na obrazie przedmioty, mogą być jedynie znakami, przy pomocy których „zapisana" – w tym przypadku - namalowana jest myśl. Pogląd Zapolskiej o tym, że dzieło sztuki „powinno być duchowe" inspirowany zaznaczonym w pierwszym zdaniu felietonu nazwiskiem wspomnianego wyżej Puvis de Chavannes'a jest paralelny do myśli Augusta Strindberga o sztuce tego malarza. W roku 1895 szwedzki dramaturg pisał do Paula Gauguina, że Puvis „malował wierzącą duszę". Odbierał jego malarstwo nie oczekując w nim wyobrażeń namalowanych przedmiotów. Znamienna jest tu myśl Strindberga o wyglądzie natury w obrazach Francuza: „widziałem drzewa, których by nie rozpoznał żaden botanik [...]"[14]. Negatywnie nastawiona do akademizmu Zapolska, jako jeden z podstawowych zarzutów wobec kurtyny, stawia szablonowe koncentrowanie się malarza na przedmiotach i postaciach, które, jak pisze, są „mało duchowe" i po prostu „mało piękne". Po raz kolejny

---

[12] Kurtyna Siemiradzkiego, s. 555; zob. także J. Dróżyk, Siemiradzki, Warszawa 1986, s. 496-505; W. Juszczak, Postimpresjoniści, Warszawa 1975, s. 75.
[13] A. Aurier, Symbolizm w malarstwie – Paul Gauguin, tłum. H. Morawska, w: Moderniści o sztuce, wybrała, opracowała i wstępem opatrzyła E. Grabska, Warszawa 1971, s. 269-270.
[14] A. Strindberg, List do Paula Gauguina, tłum. H. Ostrowska-Grabska, w: Moderniści o sztuce, s. 370.

zwraca uwagę na typowy dla malarstwa akademików „brudny koloryt". Tekst o lwowskiej kurtynie pokazuje, że sztuka de Chavannes'a czy Gauguina była dla pisarki miarą nowoczesności i zarazem określa nim, odczuwalny ton niechęci do Siemiradzkiego jako malarza-akademika. Jest jednocześnie afirmacją dla samodzielnego poszukiwania malarskich środków formalnych wyrażających „duchowość".

Wiadomo, że Zapolska miała negatywny stosunek do malarstwa alegorycznego, czemu wielokrotnie dawała wyraz. Wizyta w krakowskiej pracowni Jacka Malczewskiego wiosną 1902 roku i uwagi na temat tryptyku *Wiara, Nadzieja i Miłość* – alegorycznego obrazu, nad którym wówczas artysta pracował, odbiegają od kontestowanego przez pisarkę alegoryzmu czy historyzmu w malarstwie. O sztuce Malczewskiego Zapolska pisze:

„Szczerość wypowiedzenia swoich myśli nawet w alegoriach – niweczy ich banalność, a natomiast wprowadza w duszę patrzącego nastrój, dozwalający mu najzupełniej zgodzić się na wytwór wyobraźni artysty. Potężną musi być szczerość duszy Malczewskiego, skoro cisi i zapatrzeni stajemy przed jego dziełem"[15].

Tryptyk Malczewskiego w chwili, gdy widziała go Zapolska nie był jeszcze gotowy. Jego prawe skrzydło *Miłość* było w fazie malarskiego szkicu. Dzieło jest znane także pod tytułem *Kordian* i znajduje się w rogalińskim oddziale Muzeum Narodowego w Poznaniu[16]. Są to trzy wyobrażenia popiersi starszych mężczyzn. W części środkowej (*Wiara*) postać przedstawiona jest na wprost, trzyma w dłoni niewielki krzyżyk, przytulając go do piersi. Mężczyźni z bocznych skrzydeł (*Nadzieja* – lewa strona, *Miłość* – prawa) ujęci są profilem, robią wrażenie siedzących, opierają ręce na lasce, obaj spoglądają w stronę *Wiary*. W ich tle obserwujemy często występujące w obrazach Malczewskiego sylwetki aniołów i Tobiasza.

„Jest to cały poemat" – ta lakoniczna uwaga pisarki o tryptyku pozwala kwalifikować ją jako odbiorcę sztuki, reprezentującego tak zwany nurt Horacjański, w którym recepcja polega na niemal identycznym reagowaniu

---

[15] Życiowym szlakiem. Jacek Malczewski, s. 202.
[16] J. Puciata-Pawłowska, Jacek Malczewski, Wrocław 1968, s. 123-125, 329. Nadzieja (lewe skrzydło tryptyku, 55x45), 1902, Wiara (środkowa część, 55x45, 1902), Miłość (prawe skrzydło tryptyku, 55x45, 1902).

widza oglądającego obraz i czytelnika poematu. Jest to przeciwieństwo „nurtu Lessingowskiego" podkreślającego odrębności, różnice i autonomię sztuk[17]. Tryptyk odebrała jak utwór poetycki, „udzieliła mu głosu", aby pobudzić u czytelnika wyrazistość postrzegania, dążąc do ożywienia wykreowanej tam malarskiej rzeczywistości.

Zapolska zdecydowanie stwierdza, że odczuwa sztukę Malczewskiego i określa go mianem największego malarza w Polsce. Jej trafna i uzasadniona ocena jego malarstwa dotyczy między innymi sposobu wykańczania obrazów. Od lat 90-tych w twórczości artysty obserwuje się charakterystyczną szkicową fakturę, która była symptomem zerwania z akademizmem, w którym obowiązywało tzw. „wylizane" *fini*, jednak przy zachowaniu modelunku i dbałości o trójwymiarową przestrzeń. Pisarka eksponuje w tekście właśnie ten ważny dla profesjonalnej krytyki aspekt, pisząc, że realizm szczegółów nie niweczył duchowego nastroju w obrazach krakowskiego artysty. Sygnalizuje także kwestię kolorystyki w obrazach. Trafnym jest stwierdzenie o jasnej palecie stosowanej przez Malczewskiego, która jest zaprzeczeniem tego, na co Zapolska wielokrotnie zwracała uwagę, mianowicie na „brudny koloryt" w obrazach akademików, który polegał na posługiwaniu się przez malarzy tak zwanymi „ziemiami" - naturalnymi barwami brunatnymi.

W tekście o lwowskiej wystawie z 1910 roku warto skoncentrować się na fragmencie dotyczącym sztuki Xawerego Dunikowskiego. Już w pierwszym zdaniu o jego twórczości pisarka dokonała bardzo poważnej oceny całości zdarzenia w lwowskim Pałacu Sztuki. Obecność rzeźb Dunikowskiego określona została swoistą oceną, jako „clou" – gwóźdź wystawy, największa atrakcja, dla pisarki najważniejsza część ekspozycji, na której zgromadzono – co warto zaznaczyć - 550 prac autorstwa 164 artystów.

Jego cykl czterech rzeźb (*Kobiety brzemienne*, 1906-1908) to figury bez cokołu, usytuowane wprost na ziemi. Artysta przedstawił lekko pochylone

---

[17] Korzystam z pojęć: nurt Horacjański i nurt Lessingowski wg S. Wysłouch, Ut pictura poesis – stara formuła i nowe problemy, w: Ut pictura poesis, pod red. M. Skwary i S. Wysłouch, Gdańsk 2006, s. 5-7; por. także G. E. Lessing, Laokoon czyli o granicach malarstwa i poezji, oprac. J. Maurin Białostocka, przekł. H. Zymon-Dębicki,Wrocław 1962; J. Maurin-Białostocka, Lessing i sztuki plastyczne, Wrocław 1969.

postacie, o sylwetkach zdeformowanych macierzyństwem, jakby zamyślonych nad tajemnicą swojego posłannictwa. Z punktu widzenia historii sztuki tekst opublikowany w tym samym roku, zawiera wiele trafnych ocen tej nowej na ziemiach polskich sztuki. Autorka podkreśla „monumentalizm" figur i ich związek ze sztuką Augusta Rodina i związanego z Nabistami Georges'a Lacombe'a (1868-1916). Warto w tym miejscu podkreślić, że większość badaczy sztuki Dunikowskiego wiąże *Kobiety brzemienne* z wpływami twórczości Rodina, szczególnie ze wzmiankowanym z tekście pomnikiem *Mieszczanie z Calais* (1884-1886). Natomiast trudno odnaleźć w opracowaniach jakże trafne skojarzenie formalne z rzeźbą przedstawiającą *Marię Magdalenę* z lat 90-tych XIX wieku, dłuta wspomnianego Lacombe'a. Pisarka mogła osobiście znać francuskiego artystę, który był w kręgu bliskiemu jej Paula Sérusiera. Ponadto jego płaskorzeźba *Przyjaźń* należała do kolekcji Zapolskiej i była wcześniej eksponowana na wystawie prac zgromadzonych przez autorkę *Żabusi* w salach Towarzystwa Sztuk Pięknych we Lwowie w maju 1906 r[18].

O wykonaniu prac Dunikowskiego Zapolska pisze, że są „dziwnie proste", zaznaczając, że „nie prostacze". Jest to trafnie odczytane, charakterystyczne dążenie rzeźbiarza do uzyskania artystycznej prostoty. Typowa dla niego oszczędność środków wyrazu, syntetyzm surowej formy rzeźbiarskiej oraz stosowanie deformacji wzmacniającej ekspresję treści. Pisarka zwraca uwagę na „napięcie dramatyczne" figur, które z kolei wiąże się z Dunikowskiego kręgiem inspiracji. Jak wiadomo, było to oddziaływanie filozoficzno-literackich tendencji środowiska Młodej Polski, szczególnie „przybyszewszczyzny". Zapolska stawiając się w roli „tłumu" odbiorców, pisze dalej o odczuwaniu dreszczu „wielkiego wrażenia idącego prosto w serce egzystencji". Ta trochę emocjonalna, lecz ważna opinia, jako kolejny aspekt istoty artystycznej krytyki, to próba ukierunkowania odbiorcy w stronę możliwości oddziaływania dzieła sztuki. Jednocześnie pisarka wyeksponowała wielokrotnie wcześniej podnoszoną kwestię „duchowości" - żywą w koncepcji rzeźb Dunikowskiego, a daleką od negowanego przez pisarkę akademizmu. Dzieła zaliczane są do tych jego artystycznych wypowiedzi, które dotyczyły bytu człowieka, jego

---

[18] J. Czachowska, Gabriela Zapolska. Monografia..., s. 331; Listy, t.1, s. 469.

świadomości. Dodajmy, że na wystawie eksponowane były także rzeźby o tytułach *Fatum, Tchnienie, Macierzyństwo*.

Nie mamy wątpliwości, że Zapolska jest odbiorcą sztuki, którego charakteryzuje wysoka kultura estetyczna. Tylko taki odbiorca wypowiada oceny o dziełach sztuki. Idąc za teorią Ingardena dotyczącą odbioru obrazów, ocena wartości artystycznych i estetycznych możliwa jest jedynie dzięki wypowiedziom widza o takiej właśnie postawie jaką reprezentuje sposób odbioru sztuki przez autorkę *Moralności Pani Dulskiej*. Wedle Ingardenowskiej koncepcji, dzieła malarstwa charakteryzują się „niedookreślonością", czyli w swej strukturze mają miejsca niedookreślone, przy których odbiorze pisarka-perceptor domyśla się tego, co nie jest mu bezpośrednio dane w obrazie. Umożliwia to badanie mechanizmu „dookreślania" – wypełniania tych miejsc przez odbiorczynię konkretnymi wyobrażeniami i tworzeniem nowego bytu – przedmiotu estetycznego, czyli konkretyzacją pozwalającą na zbudowanie obrazu jej świadomości estetycznej.

W relacjach z pracowni malarzy czy z wystaw, a więc w wyniku bezpośredniego doświadczenia z dziełem sztuki, pisarka eksponuje te elementy, które są dla niej ważne i które wywołują estetyczną postawę i wpływają na emocjonalny często charakter wypowiedzi. Są to reakcje na dostrzeżone jakości wartości. Wśród nich są „estetycznie wartościowe jakości"[19]. Mogą one być formalne i dotyczyć struktur przedmiotowych występujących w dziele sztuki, np. „spokój" w liniach u Malczewskiego czy prostota figur Dunikowskiego. Obok nich występują jakości materialne, takie, które są ściśle związane z materiałem dzieła, np. w malarstwie dotyczy to barw, które mogą być jak u Mirosława Peszke – tony „pomarańczowo - złote". Ponadto bardzo czytelne w recepcji Zapolskiej są „jakości metafizyczne", które pojawiły się w kontekście sytuacji dotyczących w obrazach spraw ludzkich i międzyludzkich. Należą do nich szczególnie wyraźnie artykułowane w tekście o Malczewskiem -

---

[19] R. Ingarden, O budowie obrazu, w: Dzieła filozoficzne. Studia z estetyki, t. 2, Warszawa 1966, s. s. 34; tegoż, Wartości artystyczne i wartości estetyczne, w: Pojęcia, problemy, metody współczesnej nauki o sztuce. Dwadzieścia sześć artykułów uczonych europejskich i amerykańskich, wybrał, przekłady przejrzał, wstępem opatrzył J. Białostocki, Warszawa 1976, s. 194-214; por. także M. Gołaszewska, Estetyka współczesności, Kraków 2001, s. 219-223.

tragiczność, gorycz, smutek[20]. Dotyczą one odbioru atmosfery emanującej z obrazu i wiążą się z relacjami zachodzącymi między postaciami z całym obszarem zdarzeń i konfliktów. W tekście Zapolskiej spotykamy sporą ilość jakości metafizycznych ujawniających się aktywnie, czasem z emfazą przy obcowaniu z dziełem sztuki. Ich urok w obrazach pobudza jej wyobraźnię i zaspokaja głód za metafizycznymi jakościami, charakterystycznymi w ogóle u perceptorów o wysokiej kulturze estetycznej.

Według Ingardena, dzieła sztuki są wytworzone przez artystę intencjonalnie, a rekonstruowane i konkretyzowane przez widza – odbiorcę o wysokiej kulturze estetycznej. Pisarka jest odbiorcą obrazów i rzeźb z „tematem literackim" – przedmiotów intencjonalnych. Ta myśl o „intencjonalności" wytworzonego przez artystę dzieła sztuki harmonizuje z poglądem historyka sztuki Ernsta Gombricha, według którego „artysta musi zakodować przesłanie świata widzialnego"[21]. Jego metody badawcze, które mogą być tutaj przydatne, dotyczą psychologii percepcji i opierają się na odkryciach z zakresu psychologii eksperymentalnej. Stanowią one jeden z badawczych problemów historii sztuki podejmowanych z perspektywy widza. Uzdolnienia twórcy do sugerowania, dzięki warsztatowej doskonałości, muszą spotkać się ze zdolnością odbiorcy do odczytywania jego sugestii. Idąc za Giorgio Vasarim, Gombrich podkreśla znaczenie świadomości związków wyobraźni, które zachodzą między artystą i odbiorcą[22]. Dzieła powstałe w wyniku uniesień wyobraźni przemawiają do imaginacji preceptora. Zapolska ze swą wrażliwością estetyczną przekracza krąg, w którym wspomniana zdolność malarza do sugerowania spotyka się z jej zdolnością do odczytywania sugestii. W parze idą tu wyobraźnia i inspiracje oraz uznanie sztuki Malczewskiego czy Dunikowskiego jako działalności wysoce intelektualnej. Wczytując się w pisarki relację z wizyty w pracowni malarza czy w refleksje z wystawy, widać wyraźnie, że oglądanie obrazów i rzeźb przysparzało jej radości. Pisarka wciągała wyobraźnię w interpretacyjną

---

[20] R. Ingarden, O budowie obrazu, s. 62, 63.
[21] E.H. Gombrich, Sztuka i złudzenie, przełożył J. Zarański, Warszawa 1981, s. 182.
[22] Tamże, s. 190, 191. Biograf odwoływał się do dzieł Donatella i Luki della Robia – dwóch śpiewaczych chórów z florenckiej katedry, które świadczyły, że twórcy ci mieli na uwadze odbiór ich płaskorzeźb, a szczególnie Donatello z jego szkicowym charakterem reliefu, którego piękno widziane z odległości korzystniej działało niż misterność z bliska odbieranych prac Luki della Robia.

grę i budowała w niej własny, skończony w jej przekonaniu (subiektywny) obraz. Kształtowała spostrzeżenia wobec dzieł sztuki nie tylko przyglądając się im, ale także starała się wskazać odbiorcy różne możliwości odczytania prac artystów.

Adam Jarosz
Das Todesmotiv im Drama von Stanisław Przybyszewski

ISBN 978-3-8382-0496-3
256 Seiten, Paperback. € 34,90

Zu den bedeutendsten und konstantesten Motiven im literarischen Schaffen Stanisław Przybyszewskis (1868-1927) und insbesondere in seiner Dramatik gehört der Tod. Insofern ist es verwunderlich, dass dieses Motiv in der Forschung bislang nur am Rande Berücksichtigung fand.

Adam Jarosz untersucht das Todesmotiv in Przybyszewskis Dramenschaffen in seinen verschiedenen strukturellen, semantischen und funktionalen Bezügen, wobei hierzu eine Auseinandersetzung mit der Symbol-Auffassung des Dichters, seiner Geschlechtsmetaphysik und seinem Todesverständnis unabdingbar ist – unter Berücksichtigung der Natur-, Farben-, Pflanzen- und Dingsymbolik, symbolischer Gestalten und Zeichen sowie von Musik und Tanz.

Die Analyse der Symbole ist von umso größerer Tragweite, als der Tod in Przybyszewskis Dramen nahezu ausschließlich in symbolischen Repräsentationen zum Vorschein kommt. Besonders augenfällig wird dies an dem wiederholt in Erscheinung tretenden Motiv des Parks, der entgegen seiner traditionellen literarischen Bedeutung bei Przybyszewski vorwiegend als eine Art Übergangsraum fungiert. Ähnlich verhält es sich mit dem Motiv des Teichs, der sich meist als eine geradezu überdimensionale Kraft erweist. Bemerkenswert ist auch die beinahe durchgängige Verwendung von symbolischen Gestalten wie auch von ‚Katalysatorfiguren'. Freilich hat die symbolische Repräsentation des Motivs nicht zur Folge, dass der Tod in den Dramen Przybyszewskis in ‚abgeschwächter' oder ‚entschärfter' Form auftritt. Eine Sonderstellung nimmt letztlich das Element Wasser ein.

Bestellen Sie per Fax: 0511 26 222 01 | telefonisch: 0511 26 222 00 | online: www.ibidem-verlag.de
in Ihrer Buchhandlung

ibidem-Verlag
Melchiorstr. 15
D-70439 Stuttgart
info@ibidem-verlag.de

www.ibidem-verlag.de
www.ibidem.eu
www.edition-noema.de
www.autorenbetreuung.de

www.ingramcontent.com/pod-product-compliance
Lightning Source LLC
Chambersburg PA
CBHW072232290426
44111CB00012B/2064